Kohlhammer

Jörg Merten

Einführung in die Emotionspsychologie

Mit beiliegender CD-ROM

Verlag W. Kohlhammer

Dieses Werk einschließlich aller seiner Teile ist urheberrechtlich geschützt. Jede Verwendung außerhalb der engen Grenzen des Urheberrechts ist ohne Zustimmung des Verlags unzulässig und strafbar. Das gilt insbesondere für Vervielfältigungen, Übersetzungen, Mikroverfilmungen und für die Einspeicherung und Verarbeitung in elektronischen Systemen.

1. Auflage 2003

Alle Rechte vorbehalten
© 2003 W. Kohlhammer GmbH Stuttgart
Umschlag: Gestaltungskonzept Peter Horlacher
Gesamtherstellung:
W. Kohlhammer Druckerei GmbH + Co. Stuttgart
Printed in Germany

ISBN 3-17-017527-0

Inhalt

1 Einleitung und Überblick 9
  1.1 Was ist eine Emotion? 10
    1.1.1 Definitionen 12
    1.1.2 Komponenten einer Emotion 15
    1.1.3 Reflexe, Instinkte, Triebe, Primäraffekte, soziale Affekte 16
  1.2 Welche Emotionen gibt es und wie lassen sie sich ordnen? 18
    1.2.1 Emotionslisten 18
    1.2.2 Dimensionaler Raum oder unabhängige Kategorien ... 19
  1.3 Geschichte und Traditionen der Emotionspsychologie 22
    1.3.1 Emotionen in der Philosophie 22
    1.3.2 Traditionen der Emotionspsychologie 25
  1.4 Methoden der Emotionsforschung 27
    1.4.1 Wie werden Emotionen induziert? 28
    1.4.2 Wie werden die Komponenten einer Emotion erhoben? . 30
  1.5 Fragestellungen der Emotionspsychologie 32
  1.6 Zusammenfassung 33

2 Emotionen – unser phylogenetisches Erbe 35
  2.1 Darwin und die Folgen 35
    2.1.1 Die drei Prinzipien des Ausdrucksverhaltens nach Darwin 35
    2.1.2 Auswirkungen der Arbeiten von Charles Darwin 37
    2.1.3 Entwicklung und Funktion von Emotionen aus Sicht der Evolutionsbiologie 38
  2.2 Die phylogenetische Perspektive und ihre Überprüfung 39
    2.2.1 Basisemotionen bei Primaten 40
    2.2.2 Studien an Säuglingen 41
    2.2.3 Emotionsspezifische physiologische Profile und Hirnareale 45
  2.3 Die Universalitätshypothese des mimischen Ausdrucks 46
    2.3.1 Darwins „Missionarsstudie" 46
    2.3.2 Die „Fore"-Studie 47
    2.3.3 Kulturelle Unterschiede im Erkennen von Emotionsgesichtern 48

2.4 Kulturelle Universalität im stimmlichen Ausdruck von Emotionen ... 51
2.4.1 Aufbau des stimmlichen Apparats ... 51
2.4.2 Die kulturelle Universalität des stimmlichen emotionalen Ausdrucks ... 52
2.5 Basisemotionen und basale Verhaltensmuster oder die Suche nach ultimaten Ursachen der Emotionen ... 54
2.5.1 Instinkte und Emotionen, McDougall ... 54
2.5.2 Adaptive biologische Prozesse und Emotionen, Plutchik ... 54
2.5.3 Emotionen als „read-out" grundlegender motivationaler Zustände ... 56
2.5.4 Handlungsbereitschaften und Emotionen ... 57
2.6 Die neuro-kulturelle Theorie der Emotionen von Paul Ekman und Wallace Friesen ... 59
2.6.1 Die Charakteristika einer Basisemotion nach Ekman ... 59
2.6.2 Kulturelle Einflüsse und die „display rules" ... 61
2.6.3 Kritik an der Theorie von Ekman und Friesen ... 62
2.7 Evolutionspsychologische Theorien ... 63
2.8 Zusammenfassung ... 64
2.8.1 Fragen ... 65
2.8.2 Weiterführende Literatur ... 66

3 Emotionen und der Körper ... 67
3.1 Emotionen und körperliche Reaktionen ... 67
3.1.1 Periphere versus zentralnervöse Theorien der Emotionen ... 68
3.1.2 Welche Theorien fordern spezifische physiologische Profile? ... 71
3.1.3 Methodische Vorbemerkungen ... 72
3.1.4 Sind peripherphysiologische Reaktionen emotionsspezifisch oder -unspezifisch? ... 75
3.1.5 Die „Facial-Feedback-Hypothese" ... 79
3.1.6 Körperwahrnehmungen im Kontext von Emotionen ... 83
3.1.7 Zusammenfassung ... 85
3.1.8 Fragen ... 85
3.2 Die Neurobiologie der Emotionen ... 86
3.2.1 Methoden der Hirnforschung ... 87
3.2.2 Welche Hirnhemisphäre ist Sitz der Emotionen? ... 88
3.2.3 Die Lokalisation von Emotionen in bestimmten Hirnarealen ... 90
3.2.4 Hirnareale und die Wahrnehmung von Emotionsgesichtern ... 97
3.2.5 Neurochemische Emotionssysteme ... 99
3.2.6 Zusammenfassung ... 102
3.2.7 Fragen ... 102
3.2.8 Weiterführende Literatur ... 103

4 Emotionen und kognitive Bewertungsprozesse ... 104
4.1 Magda Arnold „Schaden oder Nutzen" ... 105
4.2 Die kognitiv-motivational-relationale Theorie von Lazarus ... 106
4.2.1 Kognitives Appraisal und Stress ... 106
4.2.2 Primäres und sekundäres Appraisal ... 107
4.2.3 Der Einfluss des Appraisal auf die emotionale Reaktion ... 108
4.2.4 Molekulare und molare Analyseebene (die „core relational themes" der Emotionen) ... 109
4.2.5 „emotion-focused" versus „problem-focused" coping ... 110
4.2.6 Die Kontroverse zwischen Zajonc und Lazarus ... 111
4.3 Das Komponentenprozessmodell von Scherer ... 112
4.3.1 Die einzelnen Schritte des Bewertungsprozesses ... 113
4.3.2 Was verbindet Bewertungsprozesse und Emotionen? ... 117
4.3.3 Empirische Bestimmung von Bewertungsprofilen ... 118
4.3.4 Kulturelle Unterschiede im Bewertungsprozess ... 120
4.3.5 Anwendung auf psychische Störungen ... 120
4.3.6 Emotionen als Bestandteile informationsverarbeitender Prozesse ... 121
4.4 Zusammenfassung ... 123
4.4.1 Fragen ... 123
4.4.2 Weiterführende Literatur ... 124

5 Emotionen, Kultur und Gesellschaft ... 125
5.1 Einleitung ... 125
5.1.1 Emotionsworte und kulturvergleichende Studien ... 126
5.1.2 Emotionaler Ausdruck und Display Rules ... 127
5.2 Kulturspezifische Emotionen oder kulturelle Varianten von Basisemotionen? ... 128
5.2.1 Kulturspezifische Auftretenshäufigkeiten und Varianten des „Ärgers" ... 128
5.2.2 Ker versus maluwelu ... 130
5.2.3 Fago ... 130
5.2.4 Amae ... 130
5.3 Kulturelle Unterschiede und Gemeinsamkeiten in der Bewertung emotionsauslösender Ereignisse ... 131
5.4 Emotionen und sozial-konstruktivistische Theorien ... 132
5.4.1 Averill ... 132
5.5 Zusammenfassung ... 135
5.5.1 Fragen ... 136
5.5.2 Weiterführende Literatur ... 136

6 Exkurse in Teil- und Anwendungsgebiete der Emotionspsychologie ... 137
6.1 Verräterische Emotionen oder die „undichten" Stellen im Verhalten ... 137
6.1.1 Einleitung ... 137
6.1.2 Welche Verhaltenskanäle haben die größten „Lecks"? ... 139

6.1.3 Das Vortäuschen positiver und Verheimlichen
negativer Emotionen 139
6.1.4 Der Polygraph als „Lügendetektor" 142
6.1.5 Zusammenfassung 143
6.1.6 Fragen 144
6.1.7 Weiterführende Literatur 144
6.2 Emotionale Ausdrucks- und Wahrnehmungsfähigkeit 144
6.2.1 Enkodierungs- und Dekodierungskompetenz 144
6.2.2 Verfahren zur Erhebung von De- und
Enkodierungskompetenz 147
6.2.3 Emotionale Intelligenz 149
6.2.4 Zusammenfassung 150
6.2.5 Fragen 150
6.3 Geschlechtsunterschiede im emotionalen Verhalten 151
6.3.1 Geschlechterstereotype und emotionales Verhalten 151
6.3.2 Kulturen, Geschlechtsstereotype und emotionales
Verhalten 156
6.3.3 Das Geschlecht des Interaktionspartners – eine
wichtige Kontextvariable 157
6.3.4 Das Geschlecht als Mediator interpersonaler
Erwartungen? 158
6.3.5 Zusammenfassung 159
6.3.6 Fragen 160
6.4 Emotionen und die Regulation von Beziehungen 161
6.4.1 Regulationsmodelle und die kognitiv-affektive
Modellierung von Führungsfunktionen 162
6.4.2 Die Funktionen mimisch-emotionalen Verhaltens 164
6.4.3 Das dyadische Blickverhalten als wichtige
Kontextvariable 166
6.4.4 Interaktives Involvement, emotionales Erleben und
Verhalten 167
6.5 Emotionen in der klinischen Psychologie 168
6.5.1 Beziehungsmuster und Leitaffekte 168
6.5.2 Leitaffekte und das emotionale Erleben 169
6.5.3 Das interaktive Involvement als Indikator von
Beziehungsregulationsstörungen 170
6.5.4 Strukturelle Aspekte der Persönlichkeit und die
Qualität der Selbst- und Beziehungsregulation 173
6.5.5 Die emotionale Qualität der therapeutischen
Beziehung 174

Literatur 180

Stichwortverzeichnis 198

1 Einleitung und Überblick

Wer interessiert sich nicht für Emotionen, ihren Ausdruck, ihre Wirkung auf den Körper und auf andere Menschen? Die Emotionspsychologie beschäftigt sich mit all diesen Fragen. Für interessierte Laien oder Studenten ist es meist jedoch nicht einfach, sich einen Überblick über dieses Fachgebiet und seine Aussagen zu verschaffen. Das vorliegende Buch soll dabei helfen, einen Einstieg in die Emotionspsychologie zu finden. Neben Theorien und Methoden der Emotionsforschung beschäftigt sich das Buch vor allem mit der Rolle von Emotionen in zwischenmenschlichen Beziehungen: Wie werden Emotionen ausgedrückt, wie erkennen wir Emotionen bei anderen Menschen und welche Rolle spielen sie für die Qualität von Beziehungen?

Die Auseinandersetzung des Menschen mit sich selbst und seiner Umwelt ist wesentlich von Emotionen bestimmt. Emotionen prägen das alltägliche Erleben und Verhalten. Sie zeigen sich nicht nur in den Gefühlen, sondern auch in dem, was wir tun, und wie wir mit anderen Menschen zusammenleben. Schon jeher spielen Emotionen im Leben des Menschen eine zentrale Rolle. Zum erfolgreichen alltäglichen Verhalten in Freizeit und Beruf gehören nicht nur Ziele und Pläne, sondern auch das Erkennen eigener und fremder Emotionen sowie deren adäquater Ausdruck. Emotionen dienen der Abstimmung von Verhaltensweisen zwischen einzelnen oder mehreren Personen und sind Grundlage sozialer Austauschprozesse. Emotionen treten als Massenphänomene bei Großveranstaltungen wie z. B. Fußballspielen, in kleineren Gruppen, bei Zwiegesprächen bis hin zu sehr intimen Situationen auf. Diese „Macht" der Emotionen führt dazu, dass sie eingesetzt werden, um Menschen zu manipulieren. Werbung oder Marketingstrategien setzen Emotionen ein, um Zielgruppen anzusprechen. Die Medienindustrie versucht emotionale Bindungen zu schaffen, um Zuschauer zu gewinnen und zu behalten.

In der Wissenschaft erleben Emotionen in den letzten Jahrzehnten eine Renaissance, nachdem sie von der Psychologie lange Zeit vernachlässigt wurden. Allerdings steht der unmittelbaren Vertrautheit mit dem Phänomen Emotion eine Unbestimmtheit des Begriffs „Emotion" gegenüber. Das gilt nicht nur für das Alltagsverständnis von Emotionen, sondern auch für die wissenschaftliche Auseinandersetzung mit Emotionen. Darin muss nicht unbedingt ein Widerspruch gesehen werden, denn unbestimmte Begriffe mit einem breiten konnotativen Feld eignen sich meist auch gut für eine weite – allerdings dann auch unspezifische – Verbreitung. Um diese Unbestimmtheit und Bedeutungsvielfalt zu systematisieren und zu ordnen, beginnt das Buch mit einer Übersicht über Definitionen und Begriffe, wie sie in der Emotionspsychologie verwendet werden.

Das **zweite Kapitel** beschreibt Theorien und Methoden der Emotionspsychologie. Die Theorien der Emotionspsychologie lassen sich ordnen nach historisch entstandenen Traditionen oder danach, auf welche Aspekte von Emotionen der Schwerpunkt gelegt wird. Manche konzentrieren sich auf die Analyse des Gefühls, also des Erlebens von Emotionen. Andere beschäftigen sich stärker mit dem Ausdruck von Emotionen in Mimik, Stimme und anderen nonverbalen Verhaltensweisen. Bei anderen Theorien stehen die mit Emotionen einhergehenden physiologischen oder kognitiven Prozesse im Mittelpunkt des Interesses. Wiederum andere betonen die soziokulturelle Einbettung von Emotionen.

Das **dritte Kapitel** beinhaltet Exkurse in aktuelle Anwendungs- und Teilgebiete der Emotionspsychologie. Gefragt wird z. B. nach unwillkürlichem Verhalten und dessen Rolle bei Täuschungsversuchen oder vorgetäuschten Emotionen. Besprochen wird auch der Einfluss des Geschlechts auf die emotionale Ausdrucks- und Wahrnehmungsfähigkeit von Emotionen. Das Kapitel beschreibt insbesondere die Rolle und Funktionen von Emotionen in sozialen Interaktionen und für die klinische Psychologie.

Der **Anhang** zum Buch umfasst einen Emotionserkennungstest, der auf CD-ROM mitgeliefert wird. Darin werden Emotionsgesichter gezeigt, die vom Testteilnehmer zu erkennen sind. Am Ende des Tests erfolgt ein differenziertes Feedback über die emotionsspezifische Erkennensleistung.

1.1 Was ist eine Emotion?

Was sind nun Emotionen? Die Beantwortung dieser Frage kann auf verschiedenen Wegen angegangen werden. Bevor ich auf wissenschaftliche Definitionen eingehe, möchte ich zunächst einige Begriffe voneinander abgrenzen, die im Umfeld von Emotionen Verwendung finden. Das hat den Vorteil, dass man von vorneherein bestimmte Eigenheiten des alltäglichen Sprachgebrauchs im Bereich der Emotionen unterscheidet und einigen dadurch bedingten Missverständnissen vorbeugt.

In Abbildung 1 sind vier verschiedene Begriffe aufgeführt, die im Kontext von Emotionen verwendet werden. Warum verwendet man nicht einfach den Begriff „Gefühl"? Dieser Begriff ist in mehrfacher Sicht irreführend. Er beschreibt nur einen Aspekt einer Emotion, namentlich den des Fühlens, also des Empfindens einer Emotion. Andere wichtige Komponenten der Emotion, wie emotionaler Ausdruck oder Handlungstendenzen, die weiter unten besprochen werden, bleiben unberücksichtigt. Die Verwendung des Begriffs „Gefühl", der Emotionen auf die Komponente des Empfindens einengt, bedingt gelegentlich auch, dass nur das Erleben zur Erhebung von Emotionen heran-

1.1 Was ist eine Emotion?

gezogen wird und andere wichtige methodische Zugänge, wie z. B. das Erfassen emotionalen Verhaltens und physiologische Veränderungen, zu kurz kommen oder gänzlich außen vor gelassen werden.

Ein weiterer im Umfeld von Emotionen verwendeter Begriff ist der des Affekts. Was ist das Besondere am Begriff „Affekt"? Ein Argument gegen die Verwendung des Begriffs „Affekt" als übergreifende Bezeichnung für emotionale Prozesse besteht darin, dass er den Beiklang des Heftigen und Unkontrollierbaren hat. Diese definitorischen Merkmale eines Affekts können im Anwendungsfall so weit gehen, dass im juristischen Sinne von einer Affekthandlung gesprochen wird. Diese wird über das Merkmal der Intensität und Unkontrollierbarkeit hinaus durch verminderte Einsicht in die Folgen der begangenen Tat definiert.

Affekt	Gefühl	Stimmung	Empathie
Beiklang des Heftigen, Unkontrollierbaren	Betonung der Komponente der subjektiven Wahrnehmung	eher mittel- und langfristige Veränderungen, keine Reaktionen auf unmittelbare, spezifische Reize	Einordnung des Gefühls in einen situativen Kontext

Abbildung 1: Begriffe im Umfeld der Emotion

Der Begriff der „Stimmungen" beschreibt eher mittel- und langfristige emotionale Veränderungen. Die Abgrenzung von anderen emotionalen Phänomenen durch die Dauer hat natürlich etwas Beliebiges, insofern, als festgelegt werden müsste, bis zu welcher Dauer von einer Emotion und ab welcher Dauer von einer Stimmung gesprochen wird. Besser abzugrenzen ist die Stimmung durch das Merkmal, dass sie nicht als Reaktion auf unmittelbare, spezifische Reize verstanden werden kann. Zwar lassen sich Ereignisse identifizieren, die den Stimmungsumschwung veranlasst haben. Diese werden aber nicht mehr als unmittelbare Auslöser für die aktuellen emotionalen Phänomene erlebt. Stimmungen könnten somit auch durch sich wiederholende, aber unbewusste emotionale Prozesse entstehen. Stimmungen bezeichnen also eher mittel- und langfristige Veränderungen, die nicht als Reaktionen auf unmittelbare, spezifische Reize zurückgeführt werden. Sie können allerdings auch als das Ergebnis anhaltender emotionaler Reaktionen auf mentale Stimuli, z. B. im Rahmen vorbewusster Selbstregulationsprozesse verstanden werden (Moser, von Zeppelin und Schneider, 1987). Ein emotionsauslösendes Ereignis, wie z. B. der schmerzende Verlust eines geliebten Menschen, wird dann vorbewusst immer wieder durchgespielt und löst so mehrfach und über größere Zeiträume emotionale Reaktionen aus, die als Stimmungen wahrgenommen werden.

Ein weiterer Begriff, der oft im Umfeld von Emotionen verwendet wird, ist der der „Empathie" oder des „Mitgefühls". Er ist vor allem durch die soziale Komponente von den anderen Begriffen abzugrenzen und beschreibt die Fähigkeit eines Menschen, sich in den emotionalen Zustand einer anderen Person einzufühlen oder hineinzudenken.

Im Folgenden wird im Anschluss an Frijda (1996) dem Begriff „Emotion" der Vorzug gegeben. Gegenüber den Begriffen Gefühl (Betonung der Komponente der subjektiven Wahrnehmung), Affekt (Beiklang des Heftigen, Unkontrollierbaren) und Stimmung oder Gemütsbewegung hat er den Vorteil, dass er zur umfassenden Beschreibung emotionaler Prozesse benutzt werden kann.

1.1.1 Definitionen

Wie schon die Diskussion der Begriffswahl vermuten lässt, ist es nicht so einfach, eine einheitliche Definition für den Gegenstand der Emotionspsychologie zu entwerfen. Manche Autoren weichen auf Arbeitsdefinitionen aus (Otto et al., 2000), andere grenzen mit der von ihnen gegebenen Definition den Bereich sehr eng ein, den sie unter Emotion zusammenfassen und untersuchen, während andere alles unkritisch als Emotion gelten lassen, was im Laienverständnis als Emotion gilt. Ziel des folgenden Überblicks ist es, zentrale Aspekte unterschiedlicher Definitionen zu identifizieren und zu versuchen, diese auf den kleinsten gemeinsamen Nenner zu bringen. Dazu haben zwei Autoren bereits wichtige Vorarbeiten geleistet. Kleinginna und Kleinginna (1981) geben einen Überblick der Definitionen von fast hundert verschiedenen Autoren, die sie in einer Arbeitsdefinition zusammenfassen (siehe Abbildung 2). Die Definition nähert sich dem Gegenstand dadurch, dass Phänomene, die mit einer Emotion einhergehen, in vier Gruppen beschrieben werden. Es werden „affektive Erfahrungen" genannt, wie sie oben unter dem Begriff des Gefühls diskutiert wurden. Diese Gefühle können Erregung widerspiegeln oder Lust/Unlust. Emotionen bewirken aber nicht nur Gefühle, sondern sie haben nach Kleinginna und Kleinginna auch Einfluss auf die Art und Weise, wie wir denken und unsere Umwelt bewerten (Punkt b). Hinzu kommen Änderungen in den physiologischen, körperlichen Prozessen, die als wichtiger Bestandteil von Emotionen angesehen werden. In der vorliegenden Definition werden sie als erforderliche Anpassungen an die Bedingungen angesehen, die Erregung ausgelöst haben. Auf diesen Aspekt und die Frage, ob es emotionsspezifische physiologische Anpassungen gibt, wird weiter unten noch genauer eingegangen (siehe Kapitel 3).

1.1 Was ist eine Emotion?

„Emotion ist ein komplexes Interaktionsgefüge subjektiver und objektiver Faktoren, das von neuronal/humoralen Systemen vermittelt wird, die

(a) affektive Erfahrungen wie Gefühle der Erregung oder Lust/Unlust, bewirken können;
(b) kognitive Prozesse wie emotional relevante Wahrnehmungseffekte, Bewertungen, Klassifikationsprozesse hervorrufen können;
(c) ausgedehnte physiologische Anpassungen an die erregungsauslösenden Bedingungen in Gang setzen können;
(d) zu Verhalten führen können, welches oft expressiv, zielgerichtet und adaptiv ist."

Abbildung 2: Definition der Emotion nach Kleinginna und Kleinginna (1981)

Auch das in Punkt (d) angesprochene Verhalten im Kontext der Emotion dient der Verwirklichung von Zielen und wird als adaptive Anpassung an Umweltbedingungen aufgefasst. Diese Sichtweise steht im Widerspruch zu der Auffassung, dass Emotionen zielgerichtetes, adaptives Verhalten eher behindern als fördern, wie sie sich z. B. in der Gegenüberstellung der Begriffe rational und emotional ausdrückt (Schönpflug, 2000). Wie in Punkt (b) beschrieben, können Emotionen zwar rationale Problemlösungsprozesse beeinflussen und damit auch behindern. In den meisten Fällen dienen sie jedoch der Anpassung an situative Anforderungen der Umwelt und enthalten wichtige Informationen darüber, welche Einstellung wir zu unserer Umwelt, insbesondere zu sozialen Situationen haben (Musch et al., 2003). Entscheidungsprozesse werden dadurch nicht behindert, sondern je nach der vorherrschenden Emotion werden unterschiedliche Arten von Heuristiken verwendet, z. B. verlässt man sich in gehobener Stimmung eher auf allgemeineres Wissen, während man in gedrückter Stimmung die Problemsituation genau analysiert (Schwarz, 2000).

Die aktuelle Emotion eines Lebewesens drückt sich auch expressiv in seinem Verhalten aus und zwar derart, dass daraus seine Verhaltenstendenzen, also das, was in naher Zukunft an Verhalten zu erwarten ist, abzulesen sind. Diese Funktion von Emotionen muss aber relativiert werden, da es in bestimmten Situationen von größerem Vorteil sein kann, den emotionalen Zustand nicht preiszugeben und statt dessen das Gegenüber zu täuschen.

Ziele eines Organismus, positive oder negative Konsequenzen für seine Ziele und daraus resultierende Handlungstendenzen spielen in vielen Emotionsdefinitionen eine Rolle. Der Prozess, der ein Ereignis daraufhin überprüft, ob Ziele eines Individuums betroffen sind, wird kognitiver Bewertungsprozess oder kognitives Appraisal genannt (siehe Kapitel 4). Eines muss jedoch vorweggenommen werden: der Begriff „kognitiv" impliziert nicht, dass diese Prozesse immer bewusst ablaufen, noch dass sie kontrollierbar und rational sein müssen.

Aus dem sehr empfehlenswerten Buch „Understanding Emotions" von Oatley und Jenkins (1996), stammt folgende Definition, die sich weitgehend auf Frijda (1986) bezieht. Anhand der Entstehung aktueller Emotionen – der Aktualgenese von Emotionen – wird beschrieben, was charakteristisch für eine Emotion sei. Als Verursachung oder besser Ausgangspunkt für die Entstehung einer Emotion wird die bewusste oder unbewusste Wahrnehmung angenommen, dass ein Ereignis bedeutsam für ein wichtiges Ziel der Person sei. Diese Sichtweise wird weiter unten im Kapitel über Emotionen und Bewertungsprozesse noch vertieft werden.

(a) Eine Emotion wird üblicherweise dadurch verursacht, dass eine Person – bewusst oder unbewusst – ein Ereignis als bedeutsam für ein wichtiges Anliegen (ein Ziel) bewertet; die Emotion wird positiv erlebt, wenn das Anliegen gefördert wird, und negativ, wenn es behindert wird.
(b) Der Kern einer Emotion ist die Handlungsbereitschaft (readiness to act) und das Bereitstellen (prompting) von Handlungsplänen; eine Emotion gibt einer oder wenigen Handlungen Vorrang, denen sie Dringlichkeit verleiht. So kann sie andere mentale Prozesse oder Handlungen unterbinden oder mit ihnen konkurrieren. Unterschiedliche Arten von Handlungsbereitschaften bedingen unterschiedliche Beziehungen zu anderen Personen.
(c) Eine Emotion wird gewöhnlich als ein typischer mentaler Zustand erlebt, der *manchmal* von körperlichen Veränderungen, Ausdruckserscheinungen und Handlungen begleitet wird.

Abbildung 3: Definition der Emotion nach Oatley und Jenkins (1996, S. 96), Frijda (1986)

Als Kern der Emotion werden Handlungsbereitschaften angesehen. Wird eine Emotion generiert, so erhält die zugehörige Handlungsbereitschaft auch höhere Priorität. Diese Handlungsbereitschaft ist nicht nur für das Individuum selbst von Relevanz, sondern es färbt auch die Qualität der aktuellen sozialen Beziehungen zu anderen Personen ein.

Als weiteres bestimmendes Merkmal wird vom Erleben eines spezifischen der Emotion zugehörigen emotionalen Zustands ausgegangen. Die von anderen Autoren zum Teil als zentral eingeschätzten Aspekte einer Emotion [körperliche Veränderungen, Ausdrucksverhalten und subjektives Erleben] werden hier als Begleiterscheinungen angesehen, die nicht notwendigerweise vorhanden sein müssen, um von einer Emotion zu sprechen.

1.1.2 Komponenten einer Emotion

Wie oben beim Überblick von Kleinginna und Kleinginna schon angedeutet, bestehen Emotionen aus mehreren Teilprozessen oder setzen sich aus mehreren Komponenten zusammen. Sie werden also nicht nur über das Erleben definiert, sondern z. B. auch über kognitive und motivationale Prozesse wie bei Oatley und Jenkins (1996). Hinzu kommen expressive und neurophysiologische Prozesse. Diese so genannten Komponenten einer Emotion werden im Modell von Scherer und Wallbott (1990) integriert und sind in Abbildung 4 mit den zugehörigen Subsystemen und Funktionen dargestellt.

Funktionen	Subsysteme	Komponenten
Reizbewertung	Informationsverarbeitungssystem	Kognitive Komponente
Systemregulation	Versorgungssystem	Neurophysiologische Komponente
Handlungsvorbereitung	Steuerungssystem	Motivationale Komponente
Kommunikation von Reaktion und Intention	Aktionssystem	Ausdruckskomponente
Reflexion und Kontrolle	Monitorsystem	Gefühlskomponente

Abbildung 4: Emotionskomponenten als Zustandsformen fünf organismischer Subsysteme (nach Scherer, 1990)

Nach Scherer (1990). Theorien und aktuelle Probleme der Emotionspsychologie. Psychologie der Emotion. Enzyklopädie der Psychologie.

Die kognitive Komponente dient der Reizbewertung und ist Teil des Informationsverarbeitungssystems. Sie beinhaltet die Bewertungen, die ein Individuum in Anbetracht eines bestimmten Reizes oder einer bestimmten Situation durchführt. In Abhängigkeit davon, wie die Bewertung einer Situation ausfällt, kommt es zu unterschiedlichen neurophysiologischen und motivationalen Veränderungen, mit denen bestimmte Ausdrucksmuster und Gefühle einhergehen können. Zur Frage, welche Komponenten in welchen Theorien benannt werden, sagt Scherer (1990):

„Während Zahl und Art der Komponenten von Autor zu Autor variieren, fehlt die Komponente des motorischen Ausdrucks in keinem dieser Definitionsversuche" (Scherer, 1990).

Wie oben bereits angesprochen, wird den Komponenten allerdings unterschiedlich große Bedeutung in den Emotionsdefinitionen zugesprochen. Die Bestandteile einer Emotionsdefinition sind in Abbildung 5 zusammengefasst.

(a) Emotionsprozesse werden definiert als enge Koordination der Subsysteme im Interesse einer Gesamtmobilisierung des Organismus.
(b) Ausgelöst durch tatsächliche oder vorgestellte (mentale Repräsentation von Ereignissen), diskrete Ereignisse oder Reize.
(c) Emotionen werden durch für den Organismus oder seine Ziele bedeutsame Ereignisse ausgelöst.

Abbildung 5: Bestandteile einer Emotionsdefinition

Emotionale Prozesse sind charakterisiert durch eine enge Koordination der Subsysteme zum Zweck der Gesamtmobilisierung des Organismus. Alle Subsysteme sollten beteiligt sein und synchronisierte Veränderungen gegenüber einer „Baseline" aufweisen. Diese Bedingung wird weiter unten dahin gehend relativiert, dass sie keine notwendige Bedingung für Emotionen darstellt. Die Auslösung durch diskrete Reize (b) schließt Stimmungen und Einstellungen aus. Es können aber wie oben beschrieben enge Wechselwirkungen mit Emotionen angenommen werden. Emotionen werden nur durch eine bestimmte Klasse von Ereignissen ausgelöst, nämlich durch solche, die aus unterschiedlichen Gründen Bedeutung für den Organismus erlangen.

1.1.3 Reflexe, Instinkte, Triebe, Primäraffekte, soziale Affekte

Wie wir oben bereits gesehen haben, definieren sich Emotionen nicht nur über das Gefühl, sondern auch darüber, dass sie Handlungen initiieren und steuern. Um zu verdeutlichen, was charakteristische Merkmale von Emotionen sind, werden sie im Folgenden von anderen Konzepten, die Verhaltensweisen regulieren – den Reflexen, Instinkten und Trieben – abgegrenzt. Darin besteht eine weitere Möglichkeit, sich dem Verständnis des Konstrukts der Emotionen zu nähern. Es wird aufgezeigt, wie sich die Steuerung von Verhalten hinsichtlich der Flexibilität der Verbindung von auslösenden Bedingungen und resultierenden Verhaltensweisen anordnen lässt. Dies entspricht auch der Einordnung in phylogenetische Ordnungssysteme. Phylogenetisch ältere Organismen lassen sich demgemäß durch eine höhere Rigidität des Verhaltens im Vergleich zu „höher" entwickelten Lebewesen abgrenzen.

Motivation wird von Buck (1988) definiert als „control of behavior, the process by which behavior is *activated* and *directed* toward some definable *goal*". Er unterscheidet Reflexe, Instinkte, primäre Triebe, Primäraffekte und soziale Affekte. Die Reflexe stellen die am wenigsten flexibelste Form der Verhaltenssteuerung dar, da es sich um „automatisch" erfolgendes und unkonditioniertes Verhalten handelt, das durch hoch spezifische internale und externale Stimuli ausgelöst werden kann. Bei den Instinkten können die beobachteten Verhaltensweisen zwar hoch komplex sein, sie sind jedoch weitgehend festgelegt, durch Vererbung bestimmt und für Lernprozesse nicht zugänglich. Im Fall der primären Triebe unterliegen die zur Befriedigung grundlegender physiologischer Bedürfnisse eingesetzten Verhaltensweisen bereits weitergehenden Anpassungen an die Gegebenheiten der Umwelt. Hunger z. B. wird als grundlegendes motivational-emotionales System angesehen (PRIME primary motivational-emotional system, Buck, 1985). Nach der Ansicht von Buck kann das zur Befriedigung eines PRIMES gezeigte Verhalten an die Umwelt adaptiert werden. Im Fall des Hungers wird eine Nahrungssuche eingeleitet. Ist das gezeigte Verhalten erfolgreich, so kommt es zur Sättigung und die vorher gezeigten Verhaltensweisen werden verstärkt.

Das höchste Niveau der Flexibilisierung ist mit den Primäraffekten (*primary affects,* Tomkins 1962) erreicht. Buck definiert diese als „read-out" motivationalen Potenzials in Form emotionalen Erlebens, zugehörigem Ausdrucksverhalten und physiologischen oder hormonalen Veränderungen (siehe Kapitel 2.5.3). Die Primäraffekte sind dadurch gekennzeichnet, dass sie keiner spezifischen Funktion dienen. Im Gegensatz zu den oben beschriebenen Verhaltenstendenzen (Oatley und Jenkins, 1996) geht Buck nicht davon aus, dass Primäraffekte oder Emotionen auch ein bestimmtes Verhalten nahe legen. Vielmehr besteht ihr Gewinn darin, dass eine Flexibilisierung und die Auswahl aus Verhaltensalternativen ermöglicht wird. Das heißt, dass es nicht nur eine Verhaltensweise gibt, sondern dass das subjektive Erleben der Emotion die Grundlage für einen Entscheidungsprozess liefert, in dessen Rahmen erst mögliche Verhaltensweisen gegeneinander abgewogen werden. Buck gibt als Beispiel den Ärger: wenn er einem als übermächtig erlebten Gegner gegenüber erlebt wird, führt das zu anderen Verhaltensweisen als im Fall eines als unterlegen eingeschätzten Gegners. Eine weitere Form der Affekte sind die sozialen, die zur Verhaltensabstimmung in sozialen Gruppen dienen und sich auf Normen der Gesellschaft, der Gruppe, aber auch der einzelnen Person selbst beziehen. Die aufgezeigte Flexibilisierung des Verhaltens im Laufe der onto- und phylogenetischen Entwicklung hat auch neurobiologische Korrelate (siehe Kapitel Die Lokalisation von Emotionen in bestimmten Hirnarealen).

1.2 Welche Emotionen gibt es und wie lassen sie sich ordnen?

1.2.1 Emotionslisten

Eine andere Möglichkeit, sich einer Definition des Konstrukts der „Emotion" zu nähern, ist die Erstellung und Analyse von Listen, die emotionale Phänomene beschreiben. Dies geschieht meist durch den Rückgriff auf Emotionsworte, seltener durch die Verwendung von Emotionsausdrücken wie z. B. Emotionsgesichtern (Schlosberg, 1954). Die sich ergebenden Listen von Emotionen geben einen Eindruck, welche Phänomene von verschiedenen Autoren der Emotionspsychologie als Emotionen verstanden werden. Eine klassische Auflistung findet man bei Darwin, der selbst bereits auf andere zeitgenössische Autoren zurückgreift. Er nennt z. B. im Zusammenhang mit der Phrenologie und Gall's Schädellehre mehrere Listen, die mentale Zustände beschreiben. In seinem Buch „Der Ausdruck der Gemütsbewegungen bei dem Menschen und den Tieren" beschreibt Darwin eine ganze Reihe von Emotionen, die in der folgenden Tabelle zusammengestellt sind.

Tabelle 1: Emotionen aus Darwins Buch

- Leiden und Weinen
- Gedrücktsein, Sorge, Kummer, Niedergeschlagenheit, Verzweiflung
- Freude, Ausgelassenheit, Liebe, zärtliche Gefühle, Andacht
- Überlegung, Nachdenken, üble Laune, Schmollen, Entschlossenheit
- Hass und Zorn
- Geringschätzung, Verachtung, Abscheu, Schuld, Stolz usw., Hilflosigkeit, Geduld, Bejahung und Verneinung
- Überraschung, Erstaunen, Furcht, Entsetzen
- Selbstaufmerksamkeit, Scham, Schüchternheit, Bescheidenheit, Erröten

Andere Aufstellungen findet man bei Izard (1977), Ekman (1992), Plutchik (1962), Scott (1958) und McDougall (1908). Auf diese Autoren und die von ihnen angenommenen Emotionen wird weiter unten noch eingegangen. Izards zehn Grundemotionen, die Bestandteil der Differential Emotion Scale sind, konnten bis auf Ekel empirisch gut bestätigt werden. In der deutschen Übersetzung DAS (Differentielle Affekt Skala, Merten und Krause, 1993) weisen die einzelnen Emotionsskalen ebenfalls befriedigende interne Konsistenzen auf. Power und Dalgleish (1997) geben einen Überblick über die unterschiedlichen Listen von Basisemotionen, wie sie von Arnold, Ekman, Frijda, Gray u. a. vertreten werden. Da die Orientierung an Emotionsworten, die vermeintlich emotionale Phänomene beschreiben, zu einer inflationären Anzahl von Emotionen führt, müssen Kriterien eingeführt werden, was als Emotion und insbesondere als Basisemotion zu verstehen ist. Ekman fordert deshalb, dass jede der zu diskutierenden vermeintlichen Emotionen bestimmte Kriterien erfüllen muss (siehe Kapitel 2.6). Eine Gegenüberstellung und Bewertung von Emotionslisten, die auf der empirischen Analyse von Emotionsworten beruhen, gibt z. B. Schmidt-Atzert (2000). Dort werden in allen referierten Studien die Emotionskategorien Ärger, Angst/Furcht, Traurigkeit und Freude gefunden. Ekel und Zuneigung konnten immerhin in vier von fünf Studien als Emotionskategorie bestätigt werden, während z. B. Interesse nur in der Studie von Izard (1977) auftritt. Dies lag daran, dass nur Izard Interesse als Emotion ansieht und die anderen Autoren Emotionsworte aus dem Bedeutungsfeld dieser Emotion erst gar nicht in ihre Studien aufnahmen.

1.2.2 Dimensionaler Raum oder unabhängige Kategorien

Um Ordnung zu schaffen in der Fülle der Dinge, die als Emotionen bezeichnet werden, können verschiedene Wege beschritten werden. Man kann versuchen, Dimensionen zu finden, nach denen sich einzelne Emotionen unterscheiden, wenn man davon ausgeht, dass es einen dimensionalen, emotionalen Raum gibt. Dazu alternativ ist die Unterteilung der Emotionen in voneinander unabhängige Kategorien. Ein kategorialer Ansatz ist notwendig, wenn sich herausstellt, dass die Struktur der Emotionen durch dimensionale Unterteilungen nicht ausreichend beschrieben werden kann. Das ist z. B. der Fall, wenn Emotionen aus zugrunde liegenden Motiven oder Instinkten abgeleitet werden. Klassische Beispiele dafür sind die Theorien von McDougall (1908) und Plutchik (1962) (siehe Kapitel 2.5). Auf diese Weise entstehen Annahmen, dass eine bestimmte Reihe von Emotionen existiert, die sich phylogenetisch aus Motiven und Instinkten entwickelt hätten und mit denen auch der Mensch der Neuzeit ausgestattet ist. Gleichzeitig wird angenommen, dass sich somit jede Emotion in einem spezifischen Kontext als Lösungsmechanismus für ein bestimmtes Problem entwickelt hat und somit jede Emotion eine Kategorie für sich bildet (siehe Evolutionspsychologie). Auf Theorien dieser Art wird im Kapitel „Emotionen – unser phylogenetisches Erbe" genauer eingegangen.

1.2.2.1 Dimension des emotionalen Raums

Schon früh beschäftigte sich die Psychologie mit dem Versuch, die Vielfalt der Gefühle auf Dimensionen zu reduzieren und zu ordnen. Wundt (1874) ging von den drei Dimensionen Lust – Unlust, Erregung – Beruhigung und Spannung – Lösung aus. Die meisten historischen und auch aktuelle Untersuchungen zu dimensionalen Modellen der Emotionen stützen sich weitgehend auf die Analyse von Emotionsworten. Eine Ausnahme bildet z. B. Schlosberg (1954), der die von Schauspielern mimisch dargestellten Emotionen einordnen ließ. Die Sprache bietet uns ein großes und differenziertes Repertoire von Worten, mit deren Hilfe wir Emotionen beschreiben können. Es sei vorweggenommen, dass diese Worte sich nicht immer nur auf die Gefühlskomponente beziehen müssen, sondern sie können auch andere Komponenten einer Emotion ansprechen. Um die dimensionale Struktur der Emotionen zu ergründen, werden die für die Beschreibung von Emotionen verwendeten Worte mit verschiedenen Methoden untersucht. Zum Beispiel können Paare von Emotionsworten miteinander auf ihre Ähnlichkeit verglichen werden. Die so gewonnene Ähnlichkeitsmatrix wird dann einer multidimensionalen Skalierung unterworfen, die den Vergleichsurteilen zugrunde liegenden Dimensionen extrahiert. Schmidt-Atzert (2000) nennt außerdem die Ähnlichkeitsmessung mithilfe semantischer Differenziale, freie Assoziationen zu Emotionsbegriffen, Sortiermethoden und die empirische Kovariation von Emotionen im Alltag. Wendet man solche Verfahren auf Emotionsworte an, erhält man im Wesentlichen die in Tabelle 2 aufgeführten Dimensionen, von denen die ersten beiden studienübergreifend gefunden werden.

Tabelle 2: Dimensionen der Emotionsworte

- *Valenz* (Lust/Unlust, positiv/negativ)
- *Aktivität* (Erregung/Ruhe)
- *Potenz* (stark/schwach)
- *Intensität*

Ähnliche Dimensionen erhält man, wenn man Emotionsworte auf semantischen Profilen (Osgood, 1980) einordnen lässt. Die Dimensionen, die man erhält, ähneln denen, die gefunden werden, wenn man semantische Profile auf andere Gegenstandsbereiche als den der Emotionen anwendet. Es handelt sich um die „Valenz" (angenehm versus unangenehm), die „Aktivität" (erregend versus beruhigend) und die „Potenz" (stark versus schwach) (siehe Rummer und Engelkamp, 2000). Diese geben die konnotative Bedeutung von Worten wieder, die von Rummer und Engelkamp mit der emotionalen Bedeutung gleichgesetzt wird.

Zu den angegebenen Dimensionen wird die Frage gestellt, ob sie als unipolar oder bipolar zu verstehen sind. Sind Lust und Unlust z. B. die entgegengesetzten Pole einer Dimension oder bilden beide eine je eigene Dimension mit den Polen „keine Lust" versus „ausgeprägte Lust" bzw. „keine Unlust" versus „ausgeprägte Unlust"? Die empirische Analyse der Ähnlichkeitsurteile tendiert dahin, dass es sich mit großer Wahrscheinlichkeit im Fall der Lust/Unlust um eine aus zwei entgegengesetzten Polen bestehende Skala handelt (Feldmann, Barrett und Russell, 1998).

Abschließend soll noch erwähnt werden, dass die Dimension *Erregung* von der Dimension *Intensität* unterschieden werden muss, was man sich am Beispiel der Emotion Trauer verdeutlichen kann. Trauer wird mit zunehmender Intensität als ruhiger und nicht als erregter eingestuft.

1.2 Welche Emotionen gibt es und wie lassen sie sich ordnen?

1.2.2.2 Kritik an dimensionalen Ansätzen und Probleme der Analyse von Emotionsworten

Die Kritik an dimensionalen Theorien kann an mindestens zwei Punkten ansetzen. Man kann prinzipielle Erwägungen ins Feld führen zur Angemessenheit dieser Theorien und man kann dimensionale Ansätze kritisieren, die sich auf die Analyse von Emotionsworten beschränken. Eine grundlegende Kritik an dimensionalen Ansätzen wird von Zentner und Scherer (2000) geäußert. Benutzt man Emotionsworte zur Bestimmung der Dimensionen, bleibt ungeklärt, auf welchen Teilaspekt des emotionalen Prozesses sich das Emotionswort bezieht. Die Dimensionen von Emotionen werden also je nach Theorie auf verschiedene Aspekte einer Emotion angewandt. Zentner und Scherer geben ein Beispiel dafür an:

„So kann die Valenzdimension sowohl die Bewertung eines Ereignisses oder Objekts (kognitive Bewertungsdimension) oder die erzeugte Handlungstendenz (Annäherung-Vermeidung) oder die Gefühlskomponente (Qualia) betreffen." (Zentner und Scherer, 2000)

Die Valenzdimension (positiv/negativ) kann sich also entweder auf das emotionsauslösende Ereignis oder das emotionsauslösende Objekt beziehen. Dieses wird als positiv oder negativ eingestuft. Sie kann sich aber auch auf die resultierende Handlungstendenz oder die Qualität der erlebten Emotion beziehen.

Die Kritik von Scherer kann auch auf die Verwendung von Emotionsworten als Forschungsmethode angewandt werden. Neben der Tatsache, dass viele „Emotionsworte" gar nicht als solche eingestuft werden (Schmidt-Atzert, 2000), kann kritisiert werden, dass die Worte sich nur auf unterschiedliche Teilaspekte beziehen, wie Stimmungen (z. B. Nervosität) und überdauernde Eigenschaften (z. B. Leidenschaft, Schüchternheit), oder lediglich eine prototypische, emotionsauslösende Situation beschreiben, auf die in vielfältiger Weise emotional reagiert werden kann. Das kann man z. B. für den Begriff der „Eifersucht" diskutieren. Das Gefühl der Eifersucht wird durch eine umschriebene Situation ausgelöst (eine wahrgenommene Bedrohung einer wertgeschätzten Beziehung, Daly et al., 1982). Die zugehörigen Emotionen variieren von Trauer bis Ärger auf das geliebte Objekt oder den Rivalen/die Rivalin. Die dimensionale Einschätzung durch Probanden variiert dann damit, welcher emotionalen Reaktion sie in Verbindung mit Eifersucht Priorität verleihen.

Ein weiteres Problem der Verwendung von Emotionsworten ist, dass Emotionen sich lange vor der Entstehung der Sprache entwickelt haben. Emotionsworte sind eine symbolische Repräsentation menschlicher emotionaler Erfahrungen und benutzen demzufolge auch die Kategorien der Sprache(n). Sie beziehen sich oft auch metaphorisch auf körperliche Vorgänge, die mit Emotionen einhergehen (Rosenthal, 1998). Nach Hupka et al. (1999) lässt sich die Kategorisierung von Emotionsworten durch die gleichen kulturübergreifenden Prinzipien charakterisieren wie die Worte für Farben oder botanische Lebensformen, nämlich das der binären Gegenüberstellung und das

Prinzip der „markedness". Zur Dimensionsbestimmung wurden Wörterbücher aus sechzig verschiedenen Kulturen (HRAF Human Relations Area Files) und Voegelins und Voegelins Klassifikation der Weltsprachen benutzt. Daraus ist abzuleiten, dass die Analyse von Emotionsworten verfälschte Ergebnisse liefert, die eher die Struktur der Sprache wiedergeben als die Struktur der Emotionen. Diese Kritik trifft vor allem dimensionale Emotionstheorien, da sie einen Großteil ihrer empirischen Unterstützung aus der Analyse von sprachlichen Äußerungen über Emotionen beziehen. Das Prinzip der „binären Gegenüberstellung", wie man es für Sprachen allgemein findet, führt geradezu zur „Dimensionalisierung" auch der Emotionsworte. Benutzt man statt Emotionswörtern Emotionsgesichter als Ausgangsmaterial und fordert die Versuchspersonen auf, diese nach Ähnlichkeit zu sortieren, erhält man dagegen Ähnlichkeitsverteilungen, die für eine kategoriale Struktur der Emotionen sprechen (Gelder, Teunisse und Benson, 1997). Es ist aus den genannten Gründen also eher angemessen, wenn man Emotionen als diskrete Kategorien versteht. Auf ein Beispiel für einen solchen kategorialen Ansatz wird weiter unten genauer eingegangen (siehe Kapitel 2.6). Aus neurobiologischer Perspektive ist es allerdings möglich, Emotionen sowohl dimensional als auch kategorial zu betrachten. Bezieht man sich auf die Formatio Reticularis als emotionalen Hirnmechanismus ist eine Variation entlang der Dimension Aktivierung offenkundig (Buck, 1985). Nimmt man aber die in Kapitel 3.2.3 beschriebenen Strukturen des limbischen Systems als Beurteilungsgrundlage, liegt eher die Annahme distinkter emotionaler Verhaltenssysteme nahe.

1.3 Geschichte und Traditionen der Emotionspsychologie

1.3.1 Emotionen in der Philosophie

Der folgende Abschnitt gibt einen kurzen Überblick philosophischer Theorien, in deren Rahmen auch Emotionen behandelt wurden. Im Wesentlichen lassen sich zwei Traditionen unterscheiden, die auf Platon und Aristoteles zurückgehen. Power und Dalgleish (1997) fassen die Arbeiten von Descartes, Locke, Hume und James als Entwicklungslinie im Anschluss an Platon zusammen. Während sie die Arbeiten von Aristoteles als Ausgangspunkt für die Theorien der Stoiker (Seneca und Chryssipus), von Thomas von Aquin und Spinoza ansehen, die in der zweiten Hälfte des 20. Jahrhunderts von Arnold, Kenny, Lyons und einer Reihe anderer Autoren fortgesetzt werden. Letztere Entwicklungslinie betont die Rolle der Kognitionen für emotionale Prozesse.

1.3 Geschichte und Traditionen der Emotionspsychologie

Tabelle 3: Philosophische und psychologische Theorien in den Entwicklungslinien von Plato und Aristoteles

Platon	Aristoteles
Descartes	Stoiker (Seneca und Chryssipus)
Locke	Thomas von Aquin
Hume	Spinoza
James	Arnold und andere

Für die Vertreter dualistischer Theorien stellt sich die Frage nach der Lokalisation der Emotionen. Sind diese im Körper oder in der Seele angesiedelt? Platon lokalisierte die Emotionen in der Seele und nicht im Körper (Lyons, 1999). Dort findet der nicht endende Kampf zwischen Verstand und Leidenschaft statt. Aus dieser Unterscheidung leiten sich auch spätere Ideen ab, dass bestimmte Leidenschaften, bestimmte Arten von Musik z. B., schädlich für die Seele seien, da sie als wilde und unkontrollierbare Kräfte in Opposition zum Verstand stehen. Die Kontrastierung von Vernunft und Emotion machte die Theorie von Platon besonders interessant für die Vertreter religiöser Strömungen im Christentum wie im Islam.

Descartes wendet die Prinzipien der neu entstehenden Wissenschaft auch auf den Menschen und seine Emotionen an. Die Verbindung der Mathematik und der Physik führte dazu, dass das Verhalten von Objekten vorhergesagt werden kann, sobald man sie einer Klasse von Objekten zugeordnet hat, für die bestimmte Gesetzmäßigkeiten gelten. Gefühle funktionieren demnach ebenfalls nach Naturgesetzen. Descartes lokalisiert die Emotionen in der Seele. Für Descartes war nur die bewusste Wahrnehmung emotionaler Prozesse, wie sie sich im Körper abspielen, das eigentliche definitorische Merkmal von Emotionen. Dadurch grenzt er auch Tiere, die nicht über eine Seele in seinem Sinn verfügen, ab. Der emotionale Prozess startet bei Descartes mit der Wahrnehmung eines z. B. Furcht erregenden Objekts. Diese Erregung wird dann über die Zirbeldrüse und mithilfe eines Systems von Botenstoffen zur Seele übertragen. In der Seele angekommen, findet ein Abgleich mit dem Gedächtnis statt und es werden entsprechende Reaktionen wiederum via Zirbeldrüse im Körper ausgelöst. Bis zum Beginn des Behaviorismus beherrscht Descartes die philosophische Sichtweise von Emotionen. Lyons (1999) nennt Hobbes und Spinoza (s. a. Frijda, 1986) für die Philosophie sowie Shand und McDougall für die Psychologie als Ausnahmen.

Aristoteles formuliert in seinem Werk *Rhetorik* (350 v. Chr. – Tugend = Wille, Passionen (Affekte) begleiten Handeln) eine differenziertere Auffassung von Emotionen, als Plato das tat. Für ihn waren sie das Resultat eines Zusammenspiels der höheren kognitiven Fähigkeiten mit mehr appetitiven Strebungen zusammen mit Aspekten des rein sinnlichen, auf Reizbefriedigung ausgerichteten Lebens. In der Hauptsache treten Gefühle aber im Kontext von Überzeugungen über und Wünschen an die Umwelt und insbesondere an andere Menschen auf. Ärger wird von Aristoteles definiert als der Impuls zur Rache in Reaktion auf eine deutliche und unberechtigte Beleidigung, die gegen einen selbst oder Freunde gerichtet ist. Den Sinn der Emotionen sieht er in ihrer Funktion, darin, dass sie es uns ermöglichen, bestimmte Dinge zu tun, wie z. B. uns zu rächen. Zu einer Emotion gehören nach Aristoteles drei Dinge: die Person muss in einem angemessenen mentalen Zustand sein, um eine Emotion erleben zu können, es muss ein (internaler) Stimulus vorhanden sein, der die Emotion auslöst, und es muss ein (externales) Objekt vorhanden sein, dem die Emotion gilt. Der mentale Zustand kann z. B. darin bestehen, dass etwas Gefährliches geschehen könnte, und ist das Resultat einer Bewertung einer Situation, in der ein bedrohliches Objekt wahrgenommen wird. Diese Bewertung wird zum Stimulus für die Emotion.

Die Stoiker strebten an, mehr von Emotionen zu verstehen, um sie danach besser kontrollieren zu können. Emotionen sind kognitiv induzierte Impulse, etwas zu tun, damit eine Notlage überwunden werden kann. Angst wird beschrieben als ein Impuls wegzulaufen oder zu kämpfen. Während die Stoiker Emotionen als Anzeichen fehlender Tugend betrachteten, gingen die Epikurer davon aus, dass sich darin fehlendes Wissen widerspiegle. Zum Beispiel ist die Angst vor dem Tod und vor Gott sinnlos, da der Mensch wie andere Gegenstände auch nur eine beliebige Ansammlung von Atomen sei. Man werde zwar gelegentlich von diesen Dingen erschreckt, aber Ziel sollte sein, sie zu kontrollieren und eine persönliche innere Ruhe zu finden.

Nach Lyons (1999) ist die aristotelisch-stoische Sichtweise der zeitgenössischen Philosophie und Psychologie am nächsten. Im Lauf des Mittelalters verlor sie allerdings an Bedeutung. Aristoteles wurde platonisiert, indem aus organisierter Materie, die kognitive und bewertende Funktionen hervorbringt, wieder ein von einer Seele bewohnter Körper gemacht wurde. Diese Sichtweise kam den theologischen Vertretern des Mittelalters natürlich mehr entgegen und spiegelt auch ihren Einfluss auf das Denken des Mittelalters wider. Die philosophische Aufarbeitung dieser theologisch bestimmten Strömungen führte z. B. dazu, dass Thomas von Aquin Emotionen als Triebe und Impulse ansah, die wir erleiden und nicht als das Ergebnis einer Person/Umwelt-Interaktion. So gesehen wurde die emotionale Theorie des Aristoteles der Kognitionen beraubt.

In seinem Werk *The Ethics* entwickelte Spinoza ein axiomatisches und rigoros deduktives System zum menschlichen Verhalten und Handeln. In diesem Zusammenhang behandelte er auch Emotionen. Sein Werk stieß zu Lebzeiten auf wenig Gegenliebe, vor allem seitens der katholischen Kirche, die einige seiner Werke mit einem Bann belegte. Das muss nicht verwundern, denn er widersprach der Ansicht, dass der Mensch aus Seele und Körper bestände. Vielmehr handele es sich um zwei unterschiedliche Wege, die „unendliche und ursprüngliche Substanz des Lebens" zu erkennen und zu reflektieren. Der Unmut orthodoxer Vertreter wurde noch dadurch gesteigert, dass er Gott mit dieser unpersönlichen Substanz gleichsetzte. Die einzelnen Emotionen entste-

1.3 Geschichte und Traditionen der Emotionspsychologie

hen nach Spinoza aus einer Interaktion körperlicher Veränderungen und kognitiver Prozesse. Aus den grundlegenden emotionalen Bausteinen Freude und Schmerz entwickeln sich alle anderen Emotionen durch gedankliche Modifikation. Wenn man ein angenehmes Gefühl erlebt und jemanden dafür verantwortlich machen kann, empfände man Liebe für ihn. Umgekehrt verhält es sich mit Wut oder Hass. Es handelt sich also um eine kognitive Theorie, in der jedoch keine Wirkungsrichtung angenommen wird. Die Kognitionen begleiten die körperlichen Veränderungen und färben sie ein. Gleichzeitig hat er Ähnlichkeit mit Freud, da auch er eine der Libido Freuds ähnliche Quelle motivationalen Verhaltens annahm: den *conatus*.

Der Exkurs in die Philosophie zeigt auf, dass einige Probleme und Fragen, mit denen sich auch die aktuelle Emotionspsychologie noch auseinander setzt, bereits seit den Anfängen philosophischer Theorien behandelt wurden.

1.3.2 Traditionen der Emotionspsychologie

Die Geschichte der Emotionen in der Psychologie begann Ende des 19. Jahrhunderts mit den Arbeiten von Watson, James, Wundt, Meinong, Stumpf und McDougall. Einige der von diesen Autoren besprochenen Theorien und ihr Einfluss auf die heutige Emotionspsychologie werden auch im vorliegenden Buch besprochen werden. In der Mitte des 20. Jahrhunderts ging das Interesse der Psychologie an den Emotionen zurück. Ausschlaggebend war vor allem das Aufkommen des Behaviorismus der amerikanischen Psychologie. Der Gegenstandsbereichs der Psychologie wurde zu Lasten subjektiver Aspekte – als die Emotionen vorwiegend angesehen wurden – auf beobachtbare Reize und Reaktionen eingeschränkt. Für Watson ist Emotion nichts anderes als das Muster physiologischer Reaktionen oder Veränderungen. Die Einsicht, dass es sich hier tatsächlich um eine Beschränkung handelte, wurde mit der „kognitiven Wende" der 60er Jahre in der Psychologie eingeleitet. In der weiteren Entwicklung wurde die Emotionspsychologie wieder zentraler Bestandteil der Psychologie.

Die Emotionspsychologie setzt sich auf den ersten Blick aus einer fast unüberschaubaren Vielfalt von Theorien zusammen. Diese Emotionstheorien haben sich jedoch in bestimmten historischen Zusammenhängen entwickelt und lassen sich verschiedenen Traditionen zuordnen. Zur Klassifizierung der Theorien können unterschiedliche Gesichtspunkte verwendet werden. Scherer (1990) wählt eine Einteilung nach den bereits oben besprochenen Komponenten (Kognition, Neurophysiologie, Ausdruck, Motivation, Gefühl). Eine ähnliche Einteilung nimmt Cornelius (1996) vor, er berücksichtigt jedoch stärker die historische Entwicklung der verschiedenen theoretischen Traditionen. Auch das Lehrbuch von Meyer et al. (1997, 2001) untergliedert die Emotionspsychologie nach ihren theoretischen Traditionen. Für das vorliegende Buch wurde ebenfalls eine Unterteilung nach vier Traditionen gewählt, obwohl es bei genauerer Betrachtung der einzelnen Theorien zu vielfältigen Überschneidungen kommt. Wie sich im Verlauf des Buchs zeigen wird, ist es

1 Einleitung und Überblick

kaum möglich, den Vertreter einer Theorie ausschließlich durch die Aussagen einer der vier Traditionen zu charakterisieren. Vielmehr ist es so, dass lediglich der Schwerpunkt der Annahmen der Autoren mehr der einen oder anderen Tradition zugeordnet wird. In diesem Zusammenhang muss auch erwähnt werden, dass eine zeitgemäße Theorie der Emotionen Aspekte aller Traditionen berücksichtigen und wenn möglich integrieren sollte. Im Kapitel 4 „Emotionen und kognitive Bewertung" wird auf ein Beispiel für eine integrative Theorie emotionaler Prozesse eingegangen.

Die Darstellung der theoretischen Traditionen beginnt mit den evolutionsbiologischen Theorien. Diese gehen auf die Entdeckungen und Arbeiten von Darwin zurück. Sie wurden von Izard, Tomkins und Ekman in den 60er und 70er Jahren des 20. Jahrhunderts wieder aufgegriffen und weiterentwickelt. Eine aktuelle Weiterentwicklung erfahren diese Theorien in der Evolutionspsychologie (Tooby und Cosmides, 1992).

Die evolutionsbiologische Tradition ist dadurch charakterisiert, dass Emotionen ein phylogenetisches Erbe darstellen und nur unter dem Aspekt von Selektionsprozessen zu verstehen sind. Es wird nach „ultimaten" Ursachen gefragt, also danach, welche Reproduktionsvorteile durch emotionales Verhalten erzielt werden können. Die oben genannten klassischen Vertreter dieser Traditon beschäftigen sich vor allem mit dem mimischen Ausdruck von Emotionen, der Frage nach der kulturellen Universalität desselben und dem Vorhandensein ähnlicher Verhaltensweisen bei unseren phylogenetischen Vorläufern.

Abbildung 6: Emotionen – unser phylogenetisches Erbe

Die im Kapitel „Emotionen und der Körper" dargestellten Theorien gehen auf James (1884) und Lange (1885) zurück. Beide gehen davon aus, dass körperliche, insbesondere physiologische Reaktionen die notwendige und hinreichende Grundlage für emotionale Prozesse sind. Aus dieser Tradition ergaben sich unterschiedliche Forschungstraditionen. Zum einen solche, die peripherphysiologische und viszerale Muster suchen, die für einzelne Emotionen spezifisch sein sollen. Neben physiologischen Reaktionen werden auch mimische Ausdrucksmuster als Grundlage für das Erleben von Emotionen diskutiert (siehe Facial – Feedback – Hypothese). Zum anderen entwickelte sich eine Forschungstradition, in der die unspezifische, physiologische Erregung als Ausgangspunkt für emotionales Erleben angenommen wurde. Diese unspezifische Erregung sollte ihre spezifisch emotionale Bedeutung durch nachfolgende Interpretationen und kognitive Bewertung erhalten (Schachter und Singer, 1962).

In neuerer Zeit gilt die Aufmerksamkeit stärker zentralnervösen Reaktionen im Kontext emotionalen Verhaltens. Ziel der Untersuchungen sind die Identifikation von Hirnarealen, die emotionalen Prozessen zugrunde liegen, und das Verständnis ihres Zusammenwirkens. Diese Ansätze werden im Unterkapitel zur Neurobiologie behandelt.

Nicht alle Menschen bewerten emotionsauslösende Situationen gleich. Das heißt, nicht alle Menschen reagieren auf die gleiche Situation mit den gleichen Emotionen. Ziel der Theorien des kognitiven Bewertungsprozesses ist es zu beschreiben, wie es von einer auslösenden Situation über kognitive Bewertungen zu emotionalen Reaktionen kommt. Die Theorien beschäftigen sich mit der Auslösung und vor allem der Differenzierung emotionaler Reaktionen auf Reize, Ereignisse oder Situationen. Der Schwerpunkt der Theorien liegt in der Analyse der kognitiven Bewertungen, die emotionale Reaktionen auf eine Situation erklären sollen; demnach lässt sich die emotionale Bedeutung einer Situation erst bestimmen, wenn der individuelle kognitive Bewertungsprozess in Rechnung gestellt wird.

Der Einfluss kultureller und gesellschaftlicher Randbedingungen auf das emotionale Erleben und Verhalten wird zusammen mit sozialkonstruktivistischen Theorien der Emotion diskutiert. Ihr Hauptvertreter James Averill vertritt den Standpunkt, dass Emotionen das Ergebnis sozialer Konstruktionsprozesse sind und als soziale, temporäre Rollen verstanden werden müssen, durch die die Komponenten von Emotionen erst den Status eines emotionalen, zusammenhängenden Syndroms erlangen.

1.4 Methoden der Emotionsforschung

Die Beschreibung der Methoden der Emotionsforschung ist den folgenden Kapiteln vorangestellt, da die einzelnen Theorien sich zum Teil nicht nur durch theoretische Vorannahmen charakterisieren lassen, sondern auch durch das daraus abgeleitete methodische Vorgehen. In den Theoriekapiteln wird immer wieder auf dieses Methodenkapitel Bezug genommen werden. Es kann an dieser Stelle nur ein begrenzter Überblick gegeben werden, da die Vielfalt der verwendeten Erhebungs- und Induktionsmethoden den Rahmen des vorliegenden Buchs bei weitem überschreiten würde.

1.4.1 Wie werden Emotionen induziert?

Emotionen können in verschiedenen Umfeldern untersucht werden. Parrot und Hertel (1999) unterscheiden zwischen (1) emotionsauslösenden Bedingungen, die durch den Experimentator geschaffen werden, (2) solchen, die auf natürliche Ereignisse zurückgehen, (3) länger anhaltenden emotionalen Tendenzen (z. B. bei affektiven Störungen) und (4) solchen, von denen sie annehmen, dass dadurch keine Emotionen induziert werden, wie z. B. bloße Imagination eines emotionalen Zustands, das Lesen einer emotionalen Vignette oder das Erinnern eines emotionalen Ereignisses. Es ist jedoch mehr als fraglich, dass durch Letztere keine Emotionen induziert würden. Die bei weitem meisten Studien finden im Umfeld (1) der experimentellen Untersuchung statt. Um Emotionen in experimentellen Situationen untersuchen zu können, bedarf es Verfahren, die es ermöglichen, Versuchspersonen in die vom experimentellen Setting geforderten emotionalen Zustände zu versetzen. Zur Erreichung dieses Ziels wurde eine Vielzahl von Vorgehensweisen entwickelt und erprobt. Die Induktion von Emotionen kann an verschiedenen Stellen ansetzen und die Verfahren zur Emotionsinduktion können danach unterschieden werden. In Bezug auf Izard (1990) können die einzelnen Verfahren zur Emotionsinduktion der neuronalen, der sensumotorischen, der motivationalen Ebene und der Ebene kognitiver Prozesse zugeordnet werden (siehe Tabelle 4: Ebenen der Emotionsinduktion).

Tabelle 4: Ebenen der Emotionsinduktion

1. Neuronale Ebene: Beeinflussung von Neurotransmittersystemen, Substanzen, die Emotionen auslösen, aufrechterhalten oder verstärken. Zum Beispiel durch Injektion von Neurotransmittern oder Rezeptorenblockern.
2. Sensumotorische Ebene: „directed facial action task" (sukzessive Herstellung von emotionalen Gesichtsausdrücken), emotionale Körperhaltungen einnehmen, „Pen-method" von Strack et al. (1998).
3. Motivationale Ebene: Diskrete Reize (Geschmack, Geruch, Schmerz), phobierelevante Abbildungen oder Objekte (Schlangen, Spinnen), Emotionen können durch Emotionen ausgelöst werden.
4. Kognitive Prozesse: Interviews mit emotionsrelevanten Themen, Velten-Induktionsmethode (Kärtchen mit selbstreferentiellen Stimmungsaussagen laut vorlesen), schwirige Aufgaben oder bedrohliche Ereignisse ankündigen, Musik, Fotos, Filme, Rollenspiele, Imagination, Hypnose.

Der Einsatz der in Tabelle 4 aufgezählten Verfahren zur Induktion von Emotionen kann von unterschiedlichem Erfolg sein. Einen Überblick über die

1.4 Methoden der Emotionsforschung

Effektivität von Induktionsmethoden gibt die Metaanalyse von Westermann et al. (1996). Sie kommt zu folgenden Ergebnissen: Negative Emotionen lassen sich im Allgemeinen besser induzieren als positive (d = .526 versus d = .407). Am besten schneiden Filme und Geschichten ab (d = .743, *negativ*, d = .726 *positiv*). Die Personen wurden dabei explizit aufgefordert, sich in die Stimmung zu versetzen. Tut man dies nicht, liegen die Effektstärken niedriger (d = .499 *negativ*, d = .533 *positiv*). Durch die Vorgabe von Filmen und Geschichten kann eine positive Stimmung induziert werden. Alle anderen von Westermann et al. untersuchten Verfahren schneiden hier schlechter ab. Vor allem die „directed facial action task" zeigt in der Metaanalyse besonders niedrige Effekte. Izard (1990) argumentiert jedoch, dass ein Unterschied gemacht werden muss zwischen Gesichtsausdrücken, die von außen manipuliert wurden (d = .275), und solchen, die von der Person selbst initiiert wurden (d = .457). In der Studie von Soussignan (2002) zeigte sich, dass es entscheidend für eine erfolgreiche Induktion ist, Gesichtskonfigurationen zu verwenden, die sich als valide Ausdrucksformen der Basisemotionen erwiesen haben.

Um valide empirische Ergebnisse einer Untersuchung sicherzustellen, ist es für jede einzelne Untersuchung unerlässlich, den Effekt der Emotionsinduktion zu kontrollieren. Dies kann dadurch erfolgen, dass man die einzelnen Komponenten (s. o.) der Emotion zur Überprüfung heranzieht. Allzu oft wird lediglich das subjektive Erleben der Versuchspersonen für den gesamten Zeitraum der experimentellen Untersuchung abgefragt. Dabei handelt es sich um ein über die Zeit der Untersuchung akkumuliertes Urteil, in dem möglicherweise vielfältiges emotionales Erleben zu einem Gesamturteil aggregiert werden muss. Da emotionale Reaktionen aber nur kurz andauernde und vorübergehende Phänomene sind, die auch sofort einer weiteren emotionalen Regulation unterworfen werden, liefern über die Zeit aggregierte Erlebensberichte keine validen Aussagen über den emotionalen Zustand in der experimentellen Situation. Dieses Problem besteht auch für die in der Metaanalyse von Westermann untersuchten Studien (s. o.).

Alternativ kann versucht werden, den emotionalen Zustand zeitgleich zum experimentellen Vorgehen zu erheben. Hier ergeben sich allerdings meist praktische Umsetzungsprobleme, da z. B. die ständige Rückmeldung des emotionalen Zustands die eigentlich interessierenden Prozesse stören kann. Eine weitere Alternative zur Bestimmung des emotionalen Zustands ist die Erhebung nonverbaler emotionaler Verhaltensweisen während des Experiments. Weiter unten wird z. B. eine Untersuchung von Davidson und Ekman (1990) vorgestellt, in der nur diejenigen Zeitintervalle für die Analyse ausgewählt wurden, in denen der Emotionsinduktion entsprechende emotionale Gesichtsmimik zu beobachten war. Ein solches Vorgehen ist natürlich ungleich aufwändiger als das Erheben aggregierten emotionalen Erlebens und erfordert differenzierte Erhebungsmethoden der nonverbalen Hinweisreize, es wird aber der zeitlichen Struktur emotionaler Prozesse eher gerecht.

1.4.2 Wie werden die Komponenten einer Emotion erhoben?

Die Erhebungsmethoden für emotionale Phänomene lassen sich am besten anhand der zu einer Emotion gehörigen Komponenten strukturieren.

1.4.2.1 Die Gefühlskomponente

Die Gefühlskomponente und die kognitive Komponente werden mit ähnlichen Verfahren erhoben. Eingesetzt werden verschieden strukturierte Verfahren der Befragung, z. B. Fragebögen oder Interviews. Die Intensität eines Gefühls wird gelegentlich auch während des Versuchsablaufs kontinuierlich erhoben. Die Probleme, die bei der Erhebung des emotionalen Erlebens auftreten können, wurden bereits oben im Zusammenhang mit der Effektivität von Methoden zur Emotionsinduktion diskutiert.

1.4.2.2 Die kognitive Komponente

Aussagen über die kognitive Komponente des emotionalen Prozesses werden gewöhnlich gewonnen, indem man sich auf die Beschreibungen der Probanden verlässt, die einem emotionsauslösenden Ereignis ausgesetzt waren. Sie können danach befragt werden, wie sie das Ereignis oder die Situation bewertet haben. Zum Beispiel, ob das Ereignis unerwartet eingetreten ist oder ob sie darauf vorbereitet waren (siehe unten). Durch die Befragung läuft man jedoch Gefahr, dass nicht die eigentlichen Prozesse, sondern Vorstellungen der Probanden über die Prozesse, wiedergegeben werden. Validere Informationen liefern Methoden, die den Einfluss der kognitiven Komponente indirekt erschließen lassen, z. B. psycho-physiologische Messungen oder die Erhebung von Verhaltensdaten wie z. B. Reaktionszeitmessungen in Priming-Aufgaben (Moors und Houwer, 2001).

1.4.2.3 Die Ausdruckskomponente

Emotionaler Ausdruck und die Wahrnehmung desselben können unterschiedlichen Verhaltenskanälen und Sinnesmodalitäten zugeordnet werden. Eine wesentliche Rolle spielen visuelle und akustische Informationen, in besonderen Fällen können aber auch taktile und olfaktorische Informationen Teil der Emotionswahrnehmung sein. Folglich lassen sich unterschiedliche Erhebungsmethoden unterscheiden.

1.4.2.3.1 Gesichtsmimik

Ein wissenschaftliches Interesse am Ausdruck von Emotionen ist bereits im 19. Jahrhundert vorhanden. Die spezifischsten emotionalen Informationen liefern die Gesichtsmimik und die vokale affektive Qualität des stimmlichen Ausdrucks. Eine bestimmte Form des Lächelns („Duchenne Smiles"), die von Ekman und Friesen (1982) als Ausdruck echter Freude angenommen wird, ist noch heute nach Duchenne de Bologne benannt, einem französischen Neurologen, der noch vor Darwin ein Buch zur muskulären Grundlage der Mimik veröffentlichte. Eine sehr elaborierte Beschreibung stammt z. B. auch von Hjortsjö (1970). Ausgesuchte Aspekte der Gesichtsmimik werden in vielen Studien verwendet. In den meisten Fällen ist die Güte der verwendeten Kodiersysteme jedoch infrage zu stellen. So wird Lächeln oft unkritisch als Indikator einer positiven Emotion erhoben und interpretiert, obwohl es eine Vielzahl unterschiedlicher Lächelformen gibt (Bänninger-Huber und Rauber-Kaiser, 1989), die es zu unterscheiden gilt. Eine der Komplexität der Gesichtsmimik angemessene Kodierung ist nur möglich, wenn ein ausreichend differenziertes Kodiersystem verwendet wird, wie es z. B. FACS (Ekman und Friesen, 1978) oder EMFACS (Friesen und Ekman, 1984) sind.

Ein Verfahren zur Erhebung selbstreflexiver Emotionen, das sich sowohl auf die Mimik als auch auf begleitendes nonverbales Verhalten bezieht ist das Self-Evaluative-Emotions-Coding System von Geppert, Schmidt und Gallinowski (1997). Eines der wenigen Verfahren, das eine differenzierte automatisierte Kodierung mimischen Verhaltens erlaubt, ist das Facial-Analysis-Tool von Kaiser und Wehrle (1992). Eine direkte Messung der Muskelaktivität kann mithilfe des Elektromyogramms EMG (Schwartz, 1977) erfolgen. Erfasst werden meistens die Aktivitäten des Corrugators, der die Augenbrauen zusammenzieht.

1.4.2.3.2 Stimmqualität

Die emotionsrelevanten Aspekte des stimmlichen Ausdrucks lassen sich über die Analyse der Grundfrequenz und des Frequenzspektrums vokaler Äußerungen bestimmen. Dazu werden die Vokale aus der gesprochenen Sprache extrahiert und mithilfe einer Vielzahl von Parametern der stimmliche Ausdruck erhoben (Scherer und Wallbott, 1990). Weiter unten wird im Zusammenhang mit der Frage nach der kulturübergreifenden Universalität stimmlichen Ausdrucks genauer auf den stimmlichen Apparat und die stimmlichen Parameter eingegangen.

1.4.2.3.3 Gestik, Kopf- und Körperhaltungen

Während mimisches und vokales Ausdrucksverhalten spezifische, emotionale Informationen übermittelt, ist dies für den Bereich der Gestik und Körperhaltungen nicht in diesem Maß der Fall. Durch sie werden eher dimensionale Informationen wie die der Intensität übermittelt. Kopf- und Körperhaltungen sind aber wichtige Kontextvariablen, die zusammen mit dem mimischen und stimmlichen Verhalten das Gesamtbild des emotionalen Ausdrucks entscheidend mitbestimmen. Ein Lächeln kann z. B. völlig unterschiedliche Bedeutungen haben, je nachdem mit welcher Kopfhaltung es zusammen gezeigt wird. Ist der Kopf gesenkt, entsteht ein Eindruck der Scham (Geppert et al., 1997), ist der Kopf zur Seite geneigt, wird es zu einem gewinnenden Lächeln, wie es im Verhaltenscluster des Flirtens („court-ship behavior", Tramitz, 1990; Bänninger-Huber und Rauber-Kaiser, 1989) auftritt. Weitere unterschiedliche Funktionen des Lächelns in Abhängigkeit von der Kopfhaltung findet man bei

Kaiser und Bänninger-Huber (1989). Systeme zur Erfassung von Hand-, Kopf- und Körperbewegungen lassen sich unterscheiden in solche, die funktionale Kategorien verwenden, und solche, die versuchen, das beobachtbare Verhalten in der Art seines Auftretens möglichst genau zu erfassen (Efron, 1972; Frey et al. 1981).

1.4.2.4 Die neurophysiologische Komponente

Die zur Erhebung der neurophysiologischen Komponente eingesetzten Verfahren und experimentellen Vorgehensweisen werden im Kapitel 3 beschrieben. Dort wird untersucht, wie z. B. die neurophysiologischen Parameter Herzfrequenz, Herzminutenvolumen, Hautwiderstand, Fingertemperatur und andere mit emotionalen Reaktionen kovariieren.

1.4.2.5 Die motivationale Komponente

Die motivationale Komponente kann dadurch erschlossen werden, dass bei einer experimentellen Emotionsinduktion folgendes direktes oder indirektes Verhalten beobachtet wird. Induziert man z. B. Wut bei einer Versuchsperson, kann man im weiteren Verlauf des Versuchs untersuchen, ob sie sich gegenüber anderen Versuchspersonen aggressiver verhält oder ob sie z. B. in einem projektiven Test mehr aggressive Inhalte produziert als vergleichbare Kontrollprobanden. Eine durch die Emotionsinduktion bedingte Handlungstendenz wird also erfasst, indem man ihr Gelegenheit gibt, sich in tatsächlichen Handlungen zu zeigen.

1.5 Fragestellungen der Emotionspsychologie

Viele der Fragen, die im Bereich der Emotionspsychologie bearbeitet werden, leiten sich aus dem Streit zwischen den unterschiedlichen oben beschriebenen Traditionen ab. Einen theorieübergreifenden Überblick gibt das Buch von Ekman und Davidson (1994), in dem Autoren unterschiedlichster theoretischer Orientierung zu Wort kommen und ihre Theorie- und Forschungsfragen vorstellen.

Tabelle 5: Fragestellungen der Emotionspsychologie

1. Die Frage nach der kulturellen Universalität des mimischen Ausdrucks von Emotionen
2. Welcher Ansatz ist zur Erklärung von Emotionen besser geeignet? Ein kategorialer Ansatz, der Basisemotionen benennt, oder ein dimensionaler Ansatz, der Dimensionen sucht, auf denen Emotionen eingeordnet werden können?
3. Inwieweit sind Emotionen biologisch determiniert und wo beginnt und endet der Einfluss kultureller Sozialisation?
4. Wenn man sich für einen an Basisemotionen orientierten Ansatz entschieden hat, kann man fragen, wie viele Basisemotionen es gibt?
5. In welcher Art und Weise werden Emotionen ausgelöst? Wodurch werden Emotionen ausgelöst, gibt es universelle antezedente Bedingungen?
6. Welche Rolle spielt die kognitive Bewertung für die Auslösung und Differenzierung von Emotionen?
7. Wie kann ein kognitiver Bewertungsprozess beschrieben werden?
8. In welchem Zusammenhang steht der kognitive Bewertungsprozess mit den restlichen Komponenten einer Emotion?
9. Was kommt zuerst, die Kognition oder die Emotion? (Lazarus/Zajonc – Debatte)
10. „Wie viel" Kognition ist nötig für eine Emotion?
11. Welchen Einfluss haben kulturelle Eigenarten oder Geschlechtsstereotype auf das Erleben und Zeigen von Emotionen?
12. Gibt es emotionsrelevante Komponenten unterhalb der Basisemotionen?
13. Welche Rolle spielen körperliche, peripherphysiologische Prozesse für emotionales Erleben?
14. Gibt es Emotionen ohne Beteiligung körperlicher Prozesse?
15. Gibt es emotionsspezifische physiologische Muster?
16. Inwieweit sind Emotionen kontrollierbar?
17. Welcher Zusammenhang besteht zwischen Emotionen und Gesundheit bzw. psychischer oder psychosomatischer Erkrankung?

1.6 Zusammenfassung

Was im Laienverständnis und zum Teil auch in wissenschaftlichen Theorien als Emotion angesehen wird, stellt in vielen Fällen nur einen Sonderfall eines emotionalen Prozesses dar. Vielmehr kommen zur Komponente des emotionalen Erlebens weitere hinzu: die kognitive, die neurophysiologische, die motivationale und die expressive Komponente. Entsprechend wurde der Begriff „Emotion" in Abgrenzung zum Begriff „Gefühl" als übergreifende Bezeichnung gewählt. Die Definitionen dessen, was unter dem Konstrukt „Emotion" zu verstehen ist, sind vielfältig. Jedoch konnten einige Bestimmungsstücke extrahiert werden, die vielen der zahlreichen Definitionen gemeinsam sind. Es handelt sich bei Emotionen um Verhaltensweisen, die durch Reize oder besser Situationen ausgelöst werden, die für das Individuum an Bedeutung gewinnen,

1 Einleitung und Überblick

weil Ziele desselben betroffen sind. Damit einher gehen die Aktivierung von Handlungstendenzen, physiologische Reaktionen, Ausdrucksverhalten und emotionales Erleben.

Scherer fordert genau wie Ekman (s. u.), dass Emotionen zu einer engen Koordination dieser Subsysteme führen müssten. Von einer solchen Koordination kann aber nicht immer ausgegangen werden. Sie stellt vielmehr nur einen Sonderfall dar, wie er z. B. beim Vorliegen von Emotionen mit hoher Intensität auftritt. Wobei eine hohe Intensität allein noch keine hinreichende Bedingung darstellt für die Koordination der Subsysteme. Darüber hinaus können emotionale Prozesse auch dann vorliegen, wenn einzelne Komponenten nicht aktiv sind. Es sind prinzipiell alle möglichen Kombinationen aus den oben genannten Komponenten denkbar. Man kann dies am Beispiel des emotionalen Erlebens demonstrieren. So kann die Ausdruckskomponente beobachtbar sein, ohne dass ein Erleben berichtet werden muss *(Ausdruckskomponente ohne Gefühlskomponente)*. Zusätzlich kann auch die motivationale Komponente sich in Form von Handlungsanbahnungen und ausgeführten Handlungen äußern und es können zugehörige neurophysiologische Prozesse ablaufen, ohne dass es zwangsweise zum Erleben oder dem Ausdruck der Emotion kommt. Man kann also bereits von einer Emotion sprechen, wenn einzelne Komponenten emotionsspezifische Muster aufweisen (Ekman und Davidson, 1994).

2 Emotionen – unser phylogenetisches Erbe

Evolutionstheoretische Ansätze der Emotion stellen die Frage nach den Reproduktionsvorteilen, die durch emotionale Verhaltensweisen gewonnen werden. Sie suchen nach ultimaten Erklärungen für emotionales Verhalten: Welchen Zweck erfüllt ein Verhalten im Hinblick auf das Überleben des Individuums oder welche Reproduktionsvorteile bietet es? Damit unterscheiden sie sich von anderen Ansätzen dadurch, dass sie sich nicht nur mit Prozessen der Auslösung und Differenzierung von Emotionen beschäftigen (proximate Erklärungen) und auch nicht nur deren ontogenetische Entwicklung thematisieren (distale Erklärungen). Am Anfang des Kapitels wird auf den Begründer evolutionstheoretischer Theorien eingegangen, Charles Darwin. Zu nennen ist in diesem Zusammenhang auch McDougall, beide veröffentlichen zwar bereits um die Jahrhundertwende ihre Werke, Aufmerksamkeit wurde ihnen aber erst wieder in den 70er und 80er Jahren des 20. Jahrhunderts zuteil. Eine zentrale Streitfrage aktueller Ansätze dreht sich um die kulturübergreifende Universalität des mimischen Ausdrucks von Emotionen. Hier haben sich vor allem Paul Ekman und Wallace Friesen mit ihren empirischen Arbeiten verdient gemacht. Ihre Theorie wird weiter unten ausführlicher behandelt, nicht zuletzt deshalb, weil sie kulturelle Einflüsse auf das emotionale Verhalten integriert.

2.1 Darwin und die Folgen

2.1.1 Die drei Prinzipien des Ausdrucksverhaltens nach Darwin

Ein Ziel Darwins war es zu zeigen, dass Ausdrucksverhalten und insbesondere die differenzierte Struktur der Gesichtsmuskeln nicht dem Selbstzweck dient, Seelenzustände auszudrücken, wie es andere zeitgenössische Autoren annahmen. Er war auf der Suche nach einer Erklärung, warum dies so geschieht und welchen Sinn es machen könnte, Artgenossen über innere Zustände zu unterrichten.

Eine ausführliche Beschreibung der Ansichten und Theorien, die Autoren zurzeit von Darwin hatten, findet sich in der Einleitung zu seinem Buch „Der Ausdruck der Gemütsbewegungen bei dem Menschen und den Tieren". Darwin kommt zu dem Schluss, dass sich die Autoren seiner Zeit über die Frage nach dem Sinn und Zweck emotionalen Ausdrucks erstaunlich wenig Gedanken machten. Sir Charles Bell (1806) ging z. B. davon aus, dass die Fähigkeit zum Ausdruck beim Menschen gottgegeben sei und keinerlei Funktion habe. Wichtig ist Darwin die Abgrenzung seiner Lehre von der Physiognomik Lavaters, deren Auswirkung Darwin am eigenen Leib zu spüren bekam. Denn Lavaters Physiognomik (herausgegeben von Moreau, 1807) hätte fast die Fahrt Darwins auf der Beagle verhindert. In den Augen von Kapitän Fitz-Roy – einem Anhänger von Lavaters Theorien – strahlte Darwins Nase nicht ausreichend Energie und Willenskraft aus, wie sie für eine lange Schiffsreise nötig sind.

Anders als Bell (1840) ging Darwin von einer kontinuierlichen Entwicklung emotionalen Ausdrucks von den Tieren zum Menschen aus. Darwin behauptete, dass Affen Emotionen wie Vergnügen, Kummer, Ärger, Eifersucht u. a. empfinden würden. Das tat er nicht nur aus rhetorischen Gründen, um den Lesern das Verständnis zu erleichtern, sondern weil er daran glaubte. Aus diesem Grund wurde Darwin vorgeworfen, dass er in seiner Beschreibung der „Gemütsbewegungen" einen unzulässigen Anthropomorphismus vertrete. Ekman sieht darin einen von mehreren Gründen, warum „Der Ausdruck der Gemütsbewegungen bei dem Menschen und den Tieren" zurzeit der Veröffentlichung keine weite Verbreitung fand. Die Frage nach den Emotionen bei Tieren muss dahin gehend präzisiert werden, ob sie Emotionen erleben können und diese sich nicht nur im Verhalten zeigen. Ob Tiere diese auch bewusst erleben können, ist eine Frage, die von weit reichender Bedeutung für den Umgang des Menschen mit ihnen ist, die allerdings kann sie noch nicht beantwortet werden.

Die Analyse des Ausdrucksverhaltens führte Darwin zu der Erkenntnis, dass es sich gemäß drei Prinzipien organisiert. Die von Darwin aufgestellten Prinzipien sind das der „zweckmäßig assoziierten Gewohnheiten", „des Gegensatzes" und der „konstitutionellen Erregung". Das erste Prinzip besagt, dass Ausdrucksverhalten ursprünglich einem anderen, nichtemotionalen Ziel diente und sich aus diesem entwickelte. Wie Verhaltensweisen, die instrumentellen Charakter haben, zu Signalen werden, kann am Beispiel einer angriffsbereiten Katze verdeutlicht werden (Abbildung 7). Die emotionalen Signale können als sinnvolle Verhaltensweisen im Kontext eines Angriffs interpretiert werden. Die mit einem potenziellen Angriff assoziierten Gewohnheiten können auch dann auftreten, wenn der zugehörige „Seelenzustand" nur schwach vorhanden ist und mit den assoziierten Handlungen kein direkter Nutzen verbunden ist.

Die Ohren sind zum Schutz angelegt und der Mund ist geöffnet und zeigt die fletschenden Zähne. Dieses Ausdrucksmuster kündigt die zu erwartende Handlung an und besteht aus Verhaltensweisen, die im Zusammenhang mit der tatsächlichen Ausführung der Handlung nötig sind. Das Ausdrucksmuster signalisiert dem Gegenüber, dass ein Angriff erfolgen könnte. Weitere Beispiele, etwa zur Signalfunktion des Grinsens und seiner Entstehung, geben Andrew (1965) oder Scherer und Wallbott (1977).

Abbildung 7: Katze, vor einem Hunde erschreckend. Nach der Natur gezeichnet von Mr. Wood. (Aus Darwin, 2000)

2.1.2 Auswirkungen der Arbeiten von Charles Darwin

Vor allem Darwins Theorie der Evolution des Ausdrucksverhaltens und die beiden ersten der drei Prinzipien beeinflussten die weitere Forschung, deren Hauptvertreter Tomkins, Ekman und Izard sind. Sie haben die Darwinsche Tradition theoretisch weiterentwickelt und nach empirischen Belegen für die Richtigkeit derselben gesucht. Diese Bemühungen lassen sich durch die folgenden theoretischen Annahmen und Forschungsstrategien verdeutlichen. Es wird davon ausgegangen, dass angeborene motorische Programme für die Auslösung und Differenzierung von Emotionen verantwortlich sind. Aus dieser ersten Annahme folgt, dass lediglich eine begrenzte Anzahl diskreter Basisemotionen oder Primäraffekte existieren. Durch Tomkins (1962) trat der mimische Ausdruck der Basisemotionen in den Mittelpunkt der Forschung. Izard (1977) richtet die Aufmerksamkeit auf die ontogenetische Entwicklung von Emotionen und sucht – wie bereits Allport (1924), Asch (1952) und Tomkins (1962, 1963) – nach Erklärungen für interkulturelle Unterschiede, die trotz der Annahme der biologischen Verankerung mimischen Ausdrucksverhaltens, nicht zu leugnen sind.

Während Darwin eine ganze Reihe von Basisemotionen aufzählte (siehe Tabelle 1), werden von den heutigen Vertretern evolutionsbiologischer Theorien lediglich sechs bis acht Emotionen als grundlegend angesehen. Ekman, auf den weiter unten noch im Detail eingegangen wird, zählt z. B. die Emotionen Angst, Ärger, Ekel, Freude, Trauer, Überraschung und Verachtung dazu. In diesem Zusammenhang ist es wichtig, darauf hinzuweisen, dass auch angeborenes Verhalten sich nicht gänzlich unabhängig von Umweltbedingungen entfalten kann. Eine ausführliche Diskussion des Begriffs „angeboren" findet sich

z. B. bei Eibl-Eibesfeldt (1995) in „Die Biologie des menschlichen Verhaltens. Grundriss der Humanethologie".

2.1.3 Entwicklung und Funktion von Emotionen aus Sicht der Evolutionsbiologie

Evolutionsbiologisch orientierte Autoren gehen davon aus, dass Entstehung und Funktionen von Emotionen nur unter Rückgriff auf die stammesgeschichtliche Entwicklung von Lebewesen verstanden werden können. Emotionen müssen einen Selektionsvorteil mit sich bringen, hierin wird ihr ultimater Nutzen gesehen. Der Ausdruck von Emotionen ist nach Darwin keine pure Laune der Natur, sondern muss seiner Meinung nach bestimmten Funktionen dienen. Im Kampf ums Überleben nutzen Emotionen dem Individuum, indem sie es flexibel und schnell auf Umweltereignisse reagieren lassen (*Organismische Funktion*, Scherer und Wallbott, 1990). Für ganze Gruppen von Artgenossen sind Emotionen von Nutzen und Bedeutung, da der emotionale Ausdruck Informationen über „Seelenzustände" der einzelnen Gruppenmitglieder vermittelt *(Kommunikative Funktion)*. Ein Vorteil dieser Informationsübermittlung kann z. B. darin bestehen, dass das Verhalten einer ganzen Gruppe durch emotionales Ausdrucksverhalten eines einzelnen Gruppenmitglieds aufeinander abgestimmt wird. Die restlichen Gruppenmitglieder werden so emotional angesteckt und es kommt zu einer Synchronisation des Verhaltens oder der Handlungstendenzen innerhalb einer Gruppe von Artgenossen. So kann z. B. eine Gruppe die Flucht ergreifen oder fluchtbereit werden, sobald eines der Tiere einen Fressfeind entdeckt und emotional darauf reagiert hat. Ein weiterer Vorteil des emotionalen Ausdrucks besteht darin, dass es möglich wird, Handlungsabsichten zu signalisieren. Wenn es einem Organismus möglich ist, eine Handlung anzukündigen, können Ankündigung und Ausführung einer Handlung voneinander entkoppelt werden. Das ist z. B. im Kontext aggressiver Handlungen von Vorteil. Hier wird möglicher Schaden eines Gruppenmitglieds dadurch vermieden, dass es gar nicht erst zu schädigenden Handlungen kommen muss. Es kommt zu einem Moratorium, das eine Lösung ermöglicht, die ohne die tatsächliche Ausführung der angekündigten Handlung auskommt. Der emotionale Ausdruck, das Signalisieren der Wut kann z. B. bereits ausreichen, um einen Artgenossen in seine Schranken zu weisen. Ein weiterer Gewinn liegt darin, dass der emotionale Ausdruck, soweit er vom signalisierenden Individuum selbst wahrgenommen wird, Informationen in der Art einer Probehandlung liefert.

Im Folgenden wird auf die von Darwin im Zusammenhang mit dem Ausdrucksverhalten aufgestellten Prinzipien, ihre Auswirkung auf die weitere Forschung, aber auch auf neuere kritische Theorien eingegangen. So wird die Annahme, dass es sinnvoll sei, Informationen über seelische Zustände für andere Artgenossen sichtbar zu machen, von evolutionspsychologischen Theorien wie z. B. der ethologischen Theorie der Mimik von Fridlund (1994, *behavioral ecological view*) infrage gestellt.

2.2 Die phylogenetische Perspektive und ihre Überprüfung

Im Folgenden wird die Frage behandelt, wie die oben formulierten evolutionsbiologischen Annahmen zur Entwicklung und Funktion von Emotionen empirisch überprüft werden können. Geht man davon aus, dass es sich im Fall der Emotionen – zumindest der Basisemotionen – um angeborenes Verhalten handelt und insbesondere die motorischen Programme zum mimischen Ausdruck genetisch bestimmt sind, bieten sich mehrere Methoden zur Überprüfung an. Alle dienen der Beantwortung der Frage, inwieweit das Ausdrucksverhalten des Menschen genetisch und phylogenetisch bestimmt ist. Um die Frage nach der biologischen Verankerung emotionalen Ausdrucksverhaltens zu untersuchen, nannte Darwin selbst fünf Möglichkeiten. Die Beobachtung von Kindern und die von Geisteskranken erschien Darwin geeignet, weil bei Kindern der emotionale Ausdruck noch weitgehend ungehemmt sei und Geisteskranke, weil sie „Ausbrüchen der stärksten Leidenschaft ausgesetzt sind, ohne sie irgendwie zu kontrollieren" (Darwin, 2000, S. 21). Als drittes schlug er so genannte Dekodierungsstudien vor, in denen Emotionen aus Gesichtsausdrücken erschlossen werden müssen. Darwin selbst führte solche Versuche durch, indem er Aufnahmen, die von Duchenne de Bologne gewonnen worden waren, benutzte. Duchenne de Bologne reizte mithilfe von Elektroden einzelne Gesichtsmuskeln so, dass sie emotionalen Ausdruck zeigten, und fotografierte diese Gesichter. Die Versuchspersonen Darwins sollten einschätzen, welche Emotionen in den fotografierten Gesichtern zu erkennen seien. Eine weitere Möglichkeit sah Darwin darin, Mitglieder von Kulturen zu untersuchen, die keinen Kontakt miteinander haben. Das traf vor allem für „weniger entwickelte" Kulturen zu. Darwin tat das in seiner „Missionarsstudie".

Weitere Möglichkeiten bestehen darin, Primaten als evolutionäre Vorläufer des Menschen zu untersuchen. Ziel dieser Untersuchungen war es, emotionales Verhalten in seiner phylogenetischen und ontogenetischen Entstehung zu verfolgen. So kann man z. B. die phylogenetische Entwicklung untersuchen, indem man Entwicklungslinien bestimmter Ausdrucksmuster von den Primaten zu den Menschen zu bestimmen sucht. Aber auch die Untersuchung von Säuglingen kann Hinweise auf angeborene Verhaltensmuster geben. Wobei hier die Gefahr groß ist, Fehlschlüsse zu ziehen, wenn der Begriff angeborenen Verhaltens falsch verstanden wird (Eibl-Eibesfeldt, 1995). Da es darum geht, das spontane Auftreten mimischer Ausdrucksmuster in der ontogenetischen Entwicklung zu untersuchen und insbesondere Einflüsse durch Imitation oder Beobachtungslernen auszuschließen, werden Untersuchungen des Ausdrucksverhaltens blind geborener Kinder durchgeführt (Galati et al., 2001).

Ebenfalls als Hinweis auf eine angeborene Prädisposition für emotionales Verhalten kann der Nachweis neurobiologischer emotionaler Areale und/oder peripherphysiologischer emotionsspezifischer Prozesse verstanden werden (siehe Kapitel 4).

Im Folgenden werden einige Ansätze erläutert, die emotionales Verhalten bei Primaten und Säuglingen untersuchen. Die am häufigsten verwendete und diskutierte Methode zum Nachweis der evolutionsbiologischen Annahmen ist aber die Suche nach kulturübergreifenden Übereinstimmungen im Ausdruck, Erleben und Benennen von Emotionen, die als Universalitätshypothese des mimischen Ausdrucks weiter unten behandelt wird.

2.2.1 Basisemotionen bei Primaten

Die Untersuchung von Primaten soll Aufschluss darüber geben, inwieweit die heute beim Menschen zu beobachtenden Verhaltensweisen auf solche bei seinen phylogenetisch älteren Vorläufern zurückverfolgt werden können. Mehrere Autoren versuchten den mimischen Ausdruck von Emotionen beim Menschen und bei Primaten zu vergleichen. Jedoch fehlt bis heute eine detaillierte Beschreibung emotionaler Verhaltenskomplexe in spezifischen Situationen, die nötig wäre, um die phylogenetische Entwicklungsannahme empirisch bestätigen zu können. Ansätze für eine solche Kategorisierung findet man z. B. bei van Hooff (1976), Chevalier-Sknolikoff (1973), Ekman (1972), Redican (1975) und Jane Goodall (1986). Chevalier-Sknolikoff (1973) sieht Übereinstimmungen zwischen dem Ausdrucksverhalten bei Menschen und Schimpansen für Ärger, Lächeln, Frustration-Trauer und Lachen. Die von Chevalier-Sknolikoff als Ärger Typ I bezeichnete Ausdrucksform beim Menschen geht auf das „ärgerliche" Anstarren mit zusammengepressten Lippen beim Affen zurück. Ärger Typ II ist eine gemischte Ausdrucksform aus Furcht und Ärger, die beim Affen als ängstlich-ärgerliches Kreischen mit geöffnetem Mund auftritt. Bemerkenswert ist, dass Chevalier-Sknolikoff Lächeln und Lachen verschiedenen Vorläufern beim Schimpansen zuordnet. Das Lachen ist aus dem Spielgesicht („Mund-offen-Gesicht", van Hooff (1972)) entstanden, das wiederum eine freundliche Beißintention signalisiert. Der Ausdruck ist draufgängerisch-freundlich aggressiv, während der Ausdruck des Lächelns freundlich submissiv ist. Es handelt sich in diesem Fall also eher um ein „soziales" Lächeln, das z. B. zur Beschwichtigung eines Artgenossen eingesetzt werden kann.

Nach van Hooff (1976) findet man die Hauptkategorien der nichtmenschlichen Primaten zumindest in ihrer basalen Form auch bei Menschen wieder. Sein Vergleich umfasst die Primäremotionen Interesse, Überraschung, Ärger, Furcht, Abscheu, Trauer und Freude. Die Ergebnisse von van Hooff (1982) haben einen besonderen Stellenwert, da sie mit aufwändigen methodischen Verfahrensweisen gewonnen wurden. Van Hooff untersuchte z. B. das Aufeinanderfolgen, den sequenziellen Ablauf von Verhaltensweisen und fand dabei überzufällige Muster, denen in ihrem situativen Kontext auch spezifische Bedeutungen zukamen. Auch Jane Goodall (1986) zählt, basierend auf ihren Beobachtungen von Schimpansen, eine Reihe von Emotionen mit zugehörigen mimischen Ausdrucksmustern auf, die in bestimmten Situationen auftreten,

z. B. Ärger in Dominanzkämpfen und reziprok dazu Angst, wenn sie einem aggressiven Verhalten ausgesetzt sind.

Nach Schneider und Dittrich (1989) treten Emotionen bereits im Ausdrucksverhalten und insbesondere in der Mimik von Primaten auf. Ausgewählte mimische Ausdrücke sind das Lippenschmatzen, das Spielgesicht und die Drohmimik. Das Lippenschmatzen wird gezeigt, wenn positiver sozialer Kontakt zum Gegenüber gewünscht wird. Es umfasst weitere strukturelle Komponenten, die als Verhaltenskomplex auftreten. Dazu gehören Auf- und Abbewegungen des Unterkiefers ohne Berührung der Zahnreihen, Vorstülpen der Lippen und Öffnen und Schließen der Lippen, Vorstrecken und Zurückziehen der Zunge, Anlegen der Ohren und Hochziehen der Augenbrauen, Anheben des Kopfes mit Nicken und leichtem seitlichen Rotieren und Blickkontakt mit dem Empfänger. Das Augenbrauenheben als Teil dieses Musters wurde von Eibl-Eibesfeldt (1995) mithilfe von Filmaufnahmen auch in traditionellen Kulturen unterschiedlicher Wirtschaftsformen beobachtet (siehe Abbildung). Buschleute der Kalahari, Yanomami (Venezuela, Pflanzer), Eipo (West-Neuguinea, Pflanzer), Himba (Hirtenkriegervolk, Südwestafrika), Trobiand (Gartenbauer, Fischer), Balinesen (Bauernkultur) heben alle zum Gruß die Augenbrauen. Herannahende wohl gesonnene Besucher werden schon aus der Ferne mit dem Augengruß willkommen geheißen.

2.2.2 Studien an Säuglingen

Schon Darwin fand es mit Bezug auf Sir Ch. Bell besonders ergiebig, Kinder zu beobachten, da diese „seelische Erregungen mit außerordentlicher Kraft" darbieten. Noch schlüssiger sind Beobachtungen an Säuglingen, da dort die Einflüsse von Erziehung und emotionalen Austauschprozessen mit den Bezugspersonen noch relativ gering anzusetzen sind.

Die Frage, ob Säuglinge aufgrund genetischer Ursachen bereits dazu in der Lage sind, die Basisemotionen auszudrücken, lässt sich in mehrere Teilfragen zerlegen:

1. Sind die Gesichtsbewegungen von Säuglingen ausreichend differenziert, um emotionale Informationen zu übermitteln?
2. Zeigen Säuglinge mimische Ausdruckskonfigurationen, die dem Ausdruck von Basisemotionen bei Erwachsenen entsprechen?
3. Sind Säuglinge in der Lage, Gesichtsausdrücke zu imitieren?
4. Ist der Ausdruck der Basisemotionen bei Säuglingen kontextabhängig oder zufällig?

2.2.2.1 Sind die Gesichtsbewegungen von Säuglingen ausreichend differenziert, um emotionale Informationen zu übermitteln?

Säuglinge sind dazu in der Lage, diejenigen Gesichtspartien zu bewegen, die als Bausteine für den Ausdruck von Primäremotionen notwendig sind (Oster und Rosenstein, 1993).

2.2.2.2 Das spontane Auftreten emotionaler Gesichtsausdrücke bei Säuglingen

Die Angaben zum spontanen Auftreten emotionaler Gesichtsausdrücke sind uneinheitlich und zum Teil widersprüchlich. Nach Steimer-Krause (1996) besteht Einigkeit darüber, dass die Expressionen von Freude, Überraschung und Ekel schon in den ersten Tagen oder Wochen zu beobachten sind (Malatesta, 1985), Wut nach Camras (1987) innerhalb der ersten sechs Wochen. Uneinigkeit betrifft die Emotionen Trauer, Angst und Wut, die wahrscheinlich erst ab dem dritten Monat erkannt werden. Freude, Ekel, Interesse, Überraschung und Ärger sind bereits in den ersten sechs Monaten zu beobachten (Scherer, 1979), während Angst und Trauer erst zwischen sechs und zwölf Monaten auftreten.

2.2.2.3 Wahrnehmung und die Imitation von Emotionsgesichtern

Es stellt sich im weiteren die Frage, ob die spontanen mimischen Äußerungen lediglich zufällige motorische Ereignisse sind oder ob sie regelhaft in bestimmten Kontexten auftreten. In einem ersten Schritt können Studien zur Dekodierungs- und Imitationsfähigkeit von Säuglingen herangezogen werden. Inwieweit und ab welchem Alter sind sie in der Lage, die Emotionen anderer Artgenossen wahrzunehmen und nachzuahmen?

Der Begriff des Wahrnehmens bezieht sich dabei im Wesentlichen auf die experimentellen Paradigmen der visuellen Präferenz und der Habituation. Einen weiteren Zugang stellen Studien zur Imitationsleistung dar, da hier zusätzlich zur Wahrnehmung des Gesichtsausdrucks die Fähigkeit zur Nachahmung untersucht wird. Das darf aber nicht dahingehend missverstanden werden, dass Säuglinge bereits die Fähigkeit besäßen, den emotionalen Zustand eines anderen Menschen wahrzunehmen. Überprüft werden lediglich die Fähigkeit zur Wahrnehmung und Imitation der jeweiligen Gesichtsausdrücke.

Dass Säuglinge schon ab der Geburt über Fähigkeiten zur Erkennung und Imitation von Gesichtsbewegungen verfügen, belegt die Studie von Kugiumutzakis (1999). Schon in den ersten vierzig Minuten nach der Geburt imitieren Säuglinge Gesichtsbewegungen wie Mundöffnen und Zunge zeigen. Bereits zwei bis drei Wochen alte Säuglinge sind in der Lage, Gesichtsausdrücke und Gesten zu imitieren (Meltzoff, 1985).

Eine methodisch hoch einzuschätzende Studie ist die von Endres de Olivera (1989), da sie zur Erfassung der Mimik der Säuglinge ein differenziertes Codiersystem einsetzte. Endres de Olivera (1989a, 1989b) untersuchte zwei Gruppen von Säuglingen. Gruppe I bestand aus 11–16 Wochen alten Säuglingen (6 m, 7 w), Gruppe II aus 18–24 Wochen alten Säuglingen (2 m, 7 w). Den Säuglingen wurden in ihrer vertrauten Umgebung Fotos von Erwachsenen gezeigt, auf denen die sechs Basisemotionen gezeigt wurden. Die Fotos wurden für die Dauer von 45 Sekunden im Abstand von 35 cm dargeboten und die mimischen Reaktionen der Babys wurden dabei auf Video aufgezeichnet und

2.2 Die phylogenetische Perspektive und ihre Überprüfung

mit FACS (Ekman und Friesen, 1978) codiert. In Gruppe I fanden sich deutliche Hinweise auf mimische Imitationen der gezeigten Emotionen. Obwohl die zweite Gruppe aus nur etwa sieben bis acht Wochen älteren Säuglingen bestand, wiesen sie ein völlig anderes Reaktionsmuster auf. Die mimischen Reaktionen auf die Fotos waren in Gruppe II deutlich reduziert und wiesen abweichende Fehlermatrizen auf. Während bei der ersten Gruppe zahlreiche mimische Reaktionen, am häufigsten Imitationen, zu beobachten waren, waren diese in der zweiten Gruppe deutlich seltener und dauerten auch weniger lang an. Die Säuglinge der Gruppe II verarbeiteten die Reizvorlagen also bereits völlig anders als die Säuglinge der ersten Gruppe. Da viele Studien zum Säuglingsverhalten sich auf unterschiedliche Phasen des ersten Lebensjahrs beziehen, erfassen sie damit auch unterschiedliche Arten emotionaler Verarbeitung. Das ist möglicherweise ein Grund dafür, dass die im Folgenden beschriebenen Studien zum kontextabhängigen Auftreten von Emotionen zu widersprüchlichen Ergebnissen kommen.

2.2.2.4 Ist der Affektausdruck bei Säuglingen kontextabhängig oder zufällig?

Um die Frage nach der Kontextabhängigkeit der mimisch-emotionalen Äußerungen von Säuglingen weiter zu untersuchen, werden sie in Situationen beobachtet, die aus der Sicht von Erwachsenen bestimmte Emotionen auslösen. Als Beispiel dafür kann die Reaktion auf unterschiedliche Geschmäcker dienen. Nach Oster und Rosenstein (1993) sind mimische Reaktionen auf Geschmacksproben angeboren. Es handelt sich also um einen nachvollziehbaren Zusammenhang zwischen einem emotionsauslösenden Ereignis und der zugehörigen mimischen Reaktion. Kann man Ähnliches auch in anderen Situationen feststellen? Lächeln tritt bei Säuglingen bereits in den ersten Lebenswochen auf. Es stellt sich aber die Frage, ob es sich um Reaktionen auf bestimmte Stimuli handelt oder lediglich um zufällige Reaktionsmuster. Lächeln tritt bei Säuglingen nämlich auch in den ersten Wochen während REM-Schlafs auf. Das kann Anlass zur Annahme sein, es als zufälliges Produkt anzusehen. Diese Befunde belegen jedoch lediglich, dass es keinen Zusammenhang zu äußeren (exogenen) auslösenden Stimuli gab. Sie können aber nicht ausschließen, dass das Lächeln Ausdruck eines emotionalen Zustands des Säuglings ist, der als Reaktion auf innere, mentale Prozesse eingetreten ist (z. B. Trauminhalte).

Mit Sicherheit reagieren Säuglinge ab dem dritten Monat auf Stimuli wie z. B. Zuwendung durch primäre Bezugspersonen mit Lächeln. Lächeln tritt auch auf, wenn Babys erfolgreich Einfluss auf ihre Umwelt nehmen. Lewis et al. (1990) gaben Babys die Möglichkeit, eine Musikaufzeichnung durch Ziehen an einem Seil zu starten. Die Babys, die die Musik durch Ziehen am Seil starteten, zeigten mehr Lächeln als diejenigen, denen Musik ohne ihr eigenes Zutun vorgespielt wurde.

Schwierigkeiten treten vor allem bei der Identifikation und Diskrimination negativer Emotionen auf. Ein Grund dafür besteht darin, dass es unterschiedliche Methoden gibt, um emotionale Gesichtsausdrücke zu erfassen. Während das Lächeln relativ einfach zu erfassen ist – obwohl auch hier bei näherer Betrachtung erhebliche Unterschiede festzustellen wären – gilt dies für die negativen Affekte nicht. Zwei konkurrierende Systeme zur Erfassung mimischen Verhaltens (s. o.) liefern bei der Einstufung des emotionalen Gehalts von fotografierten Babys unterschiedliche Ergebnisse. Nur drei von 19 Fotos, die mithilfe von MAX als negativ emotional eingestuft worden waren, hielten den Kriterien des eigens für Babys entwickelten Baby-FACS (Oster und Rosenstein, 1993) stand. Die Autoren schließen daraus und aus eigenen Studien, dass Babys lediglich undifferenzierte negative Gefühle, jedoch mit unterschiedlicher Intensität, aufweisen.

Bezieht man spezifische emotionsauslösende Situationen in die Betrachtung mit ein, erhält man ebenfalls uneindeutige Ergebnisse. Hiatt et al. (1979) fanden, dass vor allem Freude häufiger als andere Emotionen in der Freudesituation auftrat und auch im Vergleich mit anderen Situationen hier häufiger auftrat. Dies entspricht den Anforderungen, die zu stellen sind, um von kontextabhängigem Auftreten der Emotion zu sprechen. Für den Ausdruck von Angst waren diese beiden Kriterien nur schwach erfüllt. Diskrepanzen zwischen erwarteten und beobachteten emotionalen Reaktionen fand auch Camras (1992) in einer Einzelfallstudie an ihrer Tochter Justine. Sie folgert, dass distinkte Emotionen als erwartbare Reaktionen erst beim Erwachsenen zu beobachten sind.

Erklärungen für die vielfältigen unterschiedlichen Befunde lassen sich aber auch in methodischen Aspekten der Studien und in theoretischen Überlegungen finden. Zum Ersten ist es schwierig, Emotionen zielgenau zu induzieren. Das bedeutet, dass es schwierig ist, vorherzusagen, welche Emotion durch eine bestimmte Situation ausgelöst wird. Damit hängt auch zusammen, dass sich der emotionsauslösende Prozess bereits in den ersten Monaten, ja sogar Lebenswochen unter dem Einfluss von Umweltgegebenheiten bereits verändert. Ein Beispiel für eine solch frühe und dicht aufeinanderfolgende Änderung in der Reaktion auf emotionsauslösende Bedingungen stellt die oben beschriebene Studie zur emotionalen Imitationsfähigkeit von Endres de Olivera dar.

Außerdem werden in den meisten Studien zweidimensionale und statische Abbildungen verwendet. Insbesondere Babys scheinen aber stärker dreidimensionale, bewegte Objekte wahrzunehmen und darauf zu reagieren (Field, 1985; Stern, 1992).

Ein weiteres Argument für die biologische Prädisposition des mimischen Ausdrucks liefert die Untersuchung blind geborener Kinder. Galati et al. (2001) untersuchten das mimische Verhalten von zehn blind geborenen Kindern im Alter von sechs Monaten bis vier Jahren in sieben verschiedenen emotionsauslösenden Situationen und verglichen es mit dem von zehn sehenden Kindern. In der Ärgersituation wurde dem Kind z. B. ein Biskuit gegeben; sobald es mit dem Essen begonnen hatte, wurde ihm der Biskuit wieder weggenommen. Durch die Unterbrechung dieser Handlung kann recht zuverlässig Ärger induziert werden, wie die Autoren berichten. Die restlichen untersuchten Situationen sollten Ekel, Trauer, Interesse, Überraschung, Angst und Freude auslösen. Die Reaktionen der Kinder wurden videografiert und mit MAX (Maximally discrimininative facial movement coding system, Izard, 1979) codiert. Zusätzlich wurden sie 280 Beurteilern gezeigt. Es ergab sich, dass die von den blinden Kindern gezeigte Mimik sich nicht von der der sehenden Kinder unterschied, von den Beurteilern erkannt wurde und dass die am häufigsten vorkommenden mimischen Muster auch den theoretisch erwarteten entsprachen (Izard, 1979).

2.2.2.5 Zusammenfassung

Die Gesichtsmuskulatur von Säuglingen ist ausreichend differenziert, um die bei Erwachsenen zu beobachtenden emotionalen Muster zu zeigen. Sie nehmen Emotionsgesichter wahr und imitieren diese zumindest in Teilen. Sie zeigen kontextabhängiges Lächeln. Unklarer ist die Situation bei negativen Emotionen. Hier sind die Ergebnisse uneindeutig, was möglicherweise aber auf unterschiedliche Phasen der Entwicklung und auf die verwendeten Erfassungsmethoden zurückzuführen ist. Wendet man differenzierte Codiersysteme an, relativieren sich die gefundenen Ergebnisse. Jedoch besteht für die meisten Studien das generelle Problem einer ökologisch validen Emotionsinduktion, wie es sich z. B. in der Verwendung 2-dimensionaler, statischer Stimuli zeigt. Einen starken Beleg für die biologische Prädisposition mimischen Ausdrucks liefert die Untersuchung der Mimik blind geborener Kinder, die nicht zuletzt durch ihre methodische Qualität in der Emotionsinduktion und der Auswertung überzeugt. Die Entwicklung von Emotionen im Verlauf der Ontogenese wird in dem von Mascolo und Griffin (1998) herausgegebenen Buch „What develops in emotional development?" im Überblick beschrieben.

2.2.3 Emotionsspezifische physiologische Profile und Hirnareale

Wenn emotionales Verhalten evolutionsbiologisch verankert ist und den Körper auf bestimmte Handlungsweisen vorbereitet, sollten die physiologischen Veränderungen, die im Kontext von Emotionen auftreten, spezifisch für die einzelnen emotionalen Zustände und die zugehörigen Handlungen sein. Ob das tatsächlich so ist und auf welche Probleme man stößt, wenn man dieser Frage nachgeht, wird weiter unten im Kapitel „Emotionen und der Körper" besprochen.

2.3 Die Universalitätshypothese des mimischen Ausdrucks

Im Zentrum der Diskussion um die evolutionsbiologische Verankerung der Emotionen beim Menschen steht die Frage nach der Universalität des mimischen Ausdrucks der Basisemotionen. Die Annahme, dass bestimmte Muster von Gesichtsbewegungen bei allen Menschen existieren, wird als „Universalitätshypothese" des mimischen Ausdrucks bezeichnet. Nach dieser Hypothese sollen eine Reihe von Gesichtsbewegungen existieren, die als Ausdruck bestimmter Emotionen gelten und in denen von allen Menschen auch die zugehörigen Emotionen erkannt werden. Ekman (1994) weist jedoch darauf hin, dass die Universalitätshypothese nicht dahingehend missverstanden werden darf, dass es sich um 100%ige Erkennensraten der Gesichtsmuster handelt, sondern er räumt ein, dass Ausdruck und Erkennen von Emotionen durch kulturelle Lernprozesse veränderbar sind. Darwin formulierte diese Hypothese folgendermaßen:

> „Fünftens schien es mir von großer Bedeutung zu sein, zu ermitteln, ob dieselben Weisen des Ausdrucks, dieselben Gebärden bei allen Menschenrassen, besonders bei denjenigen, welche nur wenig mit Europäern in Berührung gekommen sind, vorkommen, wie so oft, ohne viele Belege zu geben, behauptet worden ist." (Darwin, 2000, S. 23)

2.3.1 Darwins „Missionarsstudie"

Um die Frage der kulturübergreifenden Universalität des mimischen Ausdrucks beim Menschen nachzugehen, stellte Darwin 16 Fragen zum Ausdrucksverhalten zusammen und versendete diese an Personen, die Kontakt mit Völkern hatten, die selbst wenig mit Europäern zu tun hatten (Darwin, 2000). Eine Frage lautete z. B.: „Wird das Erstaunen dadurch ausgedrückt, dass die Augen und der Mund weit geöffnet und die Augenbrauen in die Höhe gezogen werden?" oder „Wenn ein Mensch einen anderen verhöhnt oder bissig anfährt, wird dann der Winkel der Oberlippe über dem Hunds- oder Augenzahn auf der Seite erhoben, auf welcher der so angeredete Mensch sich befindet?". Aus den meist von Missionaren zurückgesendeten Fragebögen schloss er, dass sich „ein und derselbe Zustand der Seele durch die ganze Welt mit merkwürdiger Gleichförmigkeit" ausdrückt. In der Tradition von Darwin wurde eine Vielzahl von methodisch weit besser geplanten Studien durchgeführt. Diese dienen dazu, die Universalitätshypothese des mimischen Ausdrucks zu überprüfen.

2.3 Die Universalitätshypothese des mimischen Ausdrucks

2.3.2 Die „Fore"-Studie

2.3.2.1 Die Untersuchung von „non-TV cultures"

Eine der wichtigsten Studien, die zur Überprüfung der Universalitätshypothese durchgeführt wurden, ist die „Fore"-Studie von Ekman und Friesen (1971). Um sicherzustellen, dass das Ausdrucksverhalten der untersuchten Probanden noch frei von westlichen Einflüssen war, wählten Ekman und Friesen Stämme aus, die noch fast keinen Kontakt mit Vertretern der westlichen Kultur hatten. Ekman besuchte die Fore, eine Sprachgruppe in Neuguinea, und führte eine Studie zur Universalitätshypothese durch.

Die oben beschriebenen Kulturen findet man heute nur noch selten, siehe dazu die Reiseberichte von Eibl-Eibesfeldt (1993) in „Das verbindende Erbe. Expeditionen zu den Wurzeln unseres Verhaltens". Eibl-Eibesfeldt besuchte verschiedene Stammesgebiete in den 70er Jahren und berichtet anhand mehrerer Beispiele, wie stark sich das Verhalten und Zusammenleben dieser Menschen bis heute geändert hat. Aus ökonomischen, missionarischen oder politischen Interessen werden sie aufgesucht und mit den „Segnungen" neuerer Kulturen bedacht. Zurück zur Studie über die Fore. In der Studie wurden Erwachsenen und Kindern je drei Fotos mit Emotionsgesichtern vorgelegt, die sie einer kurzen Schilderung einer emotionalen Situation zuordnen sollten.

Abbildung 8: Paul Ekman bei den Fore (mit freundlicher Genehmigung von P. Ekman)

Die Situationsschilderungen wurden in die Sprache der Fore übersetzt und anschließend noch einmal rückübersetzt, um sicherzustellen, dass in etwa die gleichen emotionalen Bedeutungen abgefragt wurden. Es ergaben sich die folgenden Ergebnisse: Bis auf „fear" wurden alle Basisemotionen mit einer Rate von 64 % bis 100 % erkannt, die meisten lagen am oberen Ende dieses Wertebereichs. „fear" wurde oft mit „surprise" verwechselt. Ekman und Friesen argumentieren, dass die Fore zwar die „fear"- und „surprise"-Fotos unterscheiden konnten, in der Erfahrung sind „fear" und „surprise" aber eng miteinander verbunden. Ekman und Friesen führten den Versuch auch mit von Fore gestellten Emotionsgesichtern an amerikanischen College-Studenten erfolgreich durch.

Auch die an zehn weiteren Kulturen durchgeführten Untersuchungen unterstützen die Hypothese der Universalität des mimischen Ausdrucks von

Tabelle 6: Schilderungen emotionaler Situationen im Rahmen der „Fore"-Studie

Happiness:	His (her) friends have come, and he (she) is happy.
Sadness:	His (her) child (mother) has died, and he (she) feels very sad.
Anger:	He (she) is angry; or he (she) is angry, about to fight.
Surprise:	He (she) is just now looking at something new and unexpected.
Disgust:	He (she) is looking at something he (she) dislikes; or he (she) is looking at something that smells bad.
Fear:	He (she) is sitting in his (her) house all alone, and there is no one else in the village. There is no knife, ax, or bow and arrow in the house. A wild pig is standing in the door of the house, and the man (woman) is looking at the pig and is very afraid of it. The pig has been standing in the doorway for a few minutes, and the person is looking at it very afraid, and the pig won't move away from the door, and he (she) is afraid the pig will bite him (her).

Emotionen. So wird Freude in allen Kulturen in mehr als 90 bis zu 98 % der Fälle erkannt. Eine Ausnahme ist Sumatra, dort liegt die Erkennensrate nur bei 69 %. Die niedrigste Erkennensrate liefert mit 60 % die Ekelvorlage in Japan. Die Mehrzahl der Erkennensraten liegt allerdings über 80 %. In diesen Untersuchungen wurden „Caucasians" (weiße Amerikaner) als Stimulusproduzenten und Collegestudenten als Rezipienten verwendet, nach Ekman wird die Aussagekraft der Ergebnisse dadurch aber nicht eingeschränkt. Sozialisierungsprozesse als Alternativerklärung sind äußerst unwahrscheinlich, da über zehn Kulturen (zum Teil eigentlich nur Nationalitäten) verglichen wurden.

2.3.3 Kulturelle Unterschiede im Erkennen von Emotionsgesichtern

Wenn man auf der Suche nach Gemeinsamkeiten zwischen Kulturen ist, wie sie im Rahmen der Universalitätshypothese angenommen werden, verliert man Unterschiede zwischen den Kulturen leicht aus dem Auge (Russell, 1994). Um kulturelle Unterschiede zu erfassen, müssen die verwendeten Verfahren so konstruiert sein, dass sie für bestehende Unterschiede auch sensitiv sind. Nach Biehl et al. (1997) und unter Berücksichtigung der Kritik von Russell (1994) müssen folgende Anforderungen erfüllt sein: Den Probanden muss das gleiche Stimulusmaterial vorgelegt werden und die auf den Fotos abgebildeten Gesichter müssen die zu untersuchende Emotion auch valide abbilden. Jede Stimulusperson sollte auch nur einmal im Bildersatz auftreten, um Einflüsse auf das Urteil durch z. B. physiognomische Eigenschaften der Stimulusperson zu minimieren. Besonders wichtig ist, dass die Stimuluspersonen aus mehreren

2.3 Die Universalitätshypothese des mimischen Ausdrucks

Kulturen oder Rassen stammen sollten, dass also nicht nur weiße Amerikaner auf den Fotos zu sehen sind. Biehl et al. entwickelten ein Verfahren, das diesen Anforderungen gerecht wird. Sein Name ist JACFEE (Japanese and Caucasian Facial Expression of Emotions). Es handelt sich um einen Satz von 56 Bildern, die die sieben Basisemotionen (inklusive Verachtung) darstellen. Die Fotos umfassen Aufnahmen von Japanern und „caucasians" (weiße Amerikaner), die im Folgenden als Stimuluspersonen bezeichnet werden. In den untersuchten Hypothesen gehen die Autoren von großen Gemeinsamkeiten zwischen den Kulturen aus, sie nehmen aber auch Unterschiede hinsichtlich des Übereinstimmungsniveaus an.

Die Stichprobe, an der die Hypothesen überprüft wurden, bestand aus 271 Amerikanern, 75 Polen, 45 Ungarn, 44 Japanern, 34 Vietnamesen und 32 Sumatranern. Die Probanden sahen jedes Foto zehn Sekunden lang, danach mussten sie ankreuzen, welche Emotion sie auf den Fotos erkannten und in einem zweiten Durchgang, wie intensiv die dargestellte Emotion war. Es wurden mehrere Auswertungen mit folgenden Ergebnissen zu den einzelnen Hypothesen durchgeführt.

2.3.3.1 Universelle Übereinstimmung

Die Modalwerte der Beurteilungen entsprachen in 321 der 336 möglichen Fälle (56 Fotos × 6 Länder) der gezeigten Emotion. Der (unzulässigerweise angewendete) Binomialtest war hoch signifikant ($p < .1$). Das gilt auch bei Verwendung der von Wagner (1993) vorgeschlagenen „unbiased hit-rates". Zusätzlich wurden für jede Emotion Schwellenwerte für Erkennungsraten errechnet, ab denen das Verhältnis richtig eingeschätzter zu den theoretischen Möglichkeiten nicht mehr überzufällig war. Es ergaben sich die folgenden Werte, je größer der Wert, desto kleiner waren die kulturellen Unterschiede in den Erkennungsraten: happiness (95 %), surprise (90 %), sadness (80 %), disgust, contempt und anger (75 %), fear (60 %).

2.3.3.2 Kulturelle Unterschiede in den Erkennungsraten

Biehl et al. (1997) gruppierten die untersuchten Nationen in westliche W- und nicht-westliche NW-Kulturen. Die Probanden W *hatten eine höhere Erkennungsrate als NW*. Es zeigte sich eine *signifikante Wechselwirkung* zwischen der Kultur des Beurteilers, der Emotion und dem Geschlecht und der Nationalität der Stimulusperson. Deshalb wurden separate Tests des Einflusses der Kultur des Beurteilers für alle vier Arten von Stimuluspersonen und alle sieben Emotionen durchgeführt, die zu folgenden Ergebnissen führten.

- Für „happiness" und „surprise" ergaben sich *keine Unterschiede* zwischen W und NW.
- NW erkannten bei allen vier Stimuluspersonen („poser") die Emotion *contempt* besser.

- W erkannten *anger* (in drei von vier Bedingungen), *disgust* (in drei von vier Bedingungen), *fear* und *sadness* (in allen vier Bedingungen) besser.

Eine mögliche Kritik besteht darin, dass die zusammengefassten Nationen *keine homogene Kultur* repräsentieren. Biehl et al. fanden, dass dieser Einwand hinsichtlich der Erkennungsraten berechtigt ist, da es innerhalb der W- und NW-Gruppen einen signifikanten Nationalitäteneffekt gibt. Auf die Darstellung der Ergebnisse der Intensitätsratings wird hier verzichtet. Die Emotion des vorhergehenden Bildes machte keinen Effekt. Auch die Reihenfolge der Darbietungen machte keinen Effekt. Erwartet wurde ein ansteigender Trend der Erkennungsraten aufgrund von Übungseffekten.

Ein ähnliches Verfahren wurde von Merten (2002a) mithilfe des World Wide Web durchgeführt. Die Probanden müssen 28 Fotos der sieben Basisemotionen, die von je zwei weiblichen und zwei männlichen Stimuluspersonen anhand der EMFACS-Kategorien gestellt wurden, in die Kategorien der Basisemotionen einstufen. Jedes Foto zeigt eine andere Stimulusperson. Der Test wurde in vier unterschiedliche Sprachen übersetzt (Deutsch, Englisch, Spanisch und Französisch) und ist auf der dem Buch beiliegenden CD-ROM enthalten.

Die Ergebnisse der Studie werden hier erwähnt, da sie auf einer sehr großen Stichprobe beruhen (N = 7379). Der Modus der abgegebenen Einstufungen deckt sich für alle Emotionen außer Angst mit der richtigen Antwort. In Tabelle 7 sind die mittleren Erkennungsraten, Mediane und Standardabweichungen für einzelne Emotionen angegeben. Es kann dort abgelesen werden, wie viele der vier pro Emotion vorgegebenen Bilder richtig eingestuft wurden.

Tabelle 7: Erkennungsraten der einzelnen Emotionen

	Joy	Surprise	Disgust	Anger	Sadness	Contempt	Fear
M	3,85	3,06	3,03	2,78	2,74	2,53	1,71
Median	4	3	3	3	3	3	2
SD	,55	,87	1,00	,96	,92	1,02	1,11

M = Mittelwert, SD = Standardabweichung

Die auf den Fotos zu sehenden Emotionen werden also bis auf Angst insgesamt gut erkannt. Obwohl Probanden aus sehr unterschiedlichen Nationen an der Studie teilnahmen, kann nicht auf kulturelle Universalität im engeren Sinne geschlossen werden. Neben grundsätzlichen Überlegungen zur Validität der in WWW-Studien erhobenen Daten handelt es sich bei den Probanden sicherlich nicht um solche, die bisher keinen oder wenig Kontakt mit westlichen Kulturen hatten. Darüber hinaus ergeben sich auch hier für einige Emotionen Unterschiede zwischen den Nationen in der Häufigkeit korrekter Antworten. Es kann festgehalten werden, dass die in den beschriebenen Studien vorgegebenen Emotionsgesichter überzufällig häufig erkannt werden, dass es jedoch auch Unterschiede zwischen den einzelnen Nationen gibt. Diese gehen aber nicht soweit, dass die Erkennungsraten unter das bei zufälliger Variation zu erwartende Niveau fallen.

2.4 Kulturelle Universalität im stimmlichen Ausdruck von Emotionen

2.4.1 Aufbau des stimmlichen Apparats

Neben der Mimik spielt die Stimme eine wichtige Rolle beim Ausdruck von Emotionen. Der Stimmapparat formt den stimmlichen Ausdruck, indem die Stimmlippen den Luftstrom unterbrechen und einen Kehlkopfton erzeugen (Larynx). Im Laufe der Evolution wanderte der Kehlkopf von einer höheren Position (direkt hinter der Mundhöhle beim Affen) zu seiner heutigen tiefergelegenen Stellung, was zu einer Vergrößerung des Rachenraums führte und eine größere Flexibilität der Filtereigenschaften des Vokaltraktes ermöglichte. Damit ergibt sich die Möglichkeit zu einem nuancenreichen stimmlichen Ausdruck. Gleiches vollzieht sich auch in der Ontogenese des Säuglings, denn während des ersten Lebensjahres wandert der Kehlkopf von einer höhergelegenen Position, äquivalent zu der des Affen, in seine endgültige Position. Die Ontogenese zeichnet so die Phylogenese nach. Aufgrund der Lage des Kehlkopfes ist beim Affen die Fähigkeit zur Produktion von Vokallauten eingeschränkt.

Man kann prinzipiell zwei Systeme unterscheiden, die die Lautproduktion bestimmen, nämlich die Phonation und die Artikulation. Durch subglottalen Druck, das ist der Druck im Raum zwischen Lunge und dem Kehlkopf (Larynx), entstehen Stimmlippenvibrationen (Ort der Phonation), die zusammen mit den Veränderungen der Resonanzeigenschaften im Mund-Rachen-Raum (Ort der Artikulation) die vom Mund abgestrahlten Schallwellen beeinflussen. Primär für das Stimmsystem ist die Respiration, da in der Lunge der benötigte Luftstrom erzeugt wird. Diese drei Systeme sind wiederum durch das limbische System und den Kortex beeinflusst. Grundlage der Sprechproduktion ist der Luftstrom, der beim Ausatmen durch Kehlkopf und den Mund-Rachen-Raum fließt. Allerdings ist auch beim Einatmen prinzipiell Lautproduktion möglich. Die Art des Tons wird bestimmt durch die Stellung der Stimmritzen. Sind sie geöffnet, werden stimmlose Geräusche erzeugt. Dies ist typisch für Konsonanten wie p oder t. Sind die Stimmritzen geschlossen, werden stimmhafte Geräusche produziert, dies betrifft vor allem die Vokale und einige Diphtenonge.

Wichtig für die Beschreibung der Stimmqualität ist die Fundamentalfrequenz. Sie entsteht durch die Vibration, die erfolgt, wenn die Stimmbänder aufgesprengt werden. Da dies in gewissen Abständen auftritt, entsteht eine Grundfrequenz der Stimme, genannt Fundamentalfrequenz. Die Stimmlippen werden durch die Spannung, Aduktion/Abduktion und von extra- und intralaryngalen Muskeln (Muskeln, die sich innerhalb und außerhalb des Kehlkopfes befinden) kontrolliert. Die Höhe der Frequenz wird durch die Spannung, die Masse und die Dicke der Stimmlippen bestimmt. Je größer die Spannung der Stimmlippen, und je kleiner ihre Masse und Dicke ist, desto schneller lassen sie sich öffnen und schließen und desto höher ist die Fundamentalfrequenz. Emotionale Zustände nehmen implizit Einfluss auf diese Determinanten, auch wenn gar keine Emotionen ausgedrückt werden sollen. Zum Beispiel führt eine hohe Spannung zu einer erhöhten Fundamentalfrequenz. Da die Produktion von Lauten diachronisch abläuft, kann die Vokalisierung und Stimme sehr viel stärker als die Mimik zeitabhängige Emotionen wie Langeweile und Ärger ausdrücken.

Die Stimme ist bei weitem reichhaltiger in Bezug auf ihre Parameter als die Mimik: Die Grundfrequenz wird erstens beeinflusst vom Geschlecht der Person. Außerdem spielt die Perturbation eine wichtige Rolle, das ist die Dauer der glottalen Zyklen. Weiterhin besitzt die Grundfrequenz einen Mittelwert, einen Variationsbereich, die Variabilität und eine Kontur. Die Kontur stellt die Grundfrequenzwerte über einen bestimmten Zeitraum hinweg dar. Sie ist die wichtigste Variable, da man ihr entnehmen kann, ob Änderungen der Grundfrequenz regelmäßig oder unregelmäßig erfolgen. Einen weiteren Hinweis auf emotionale Einflüsse auf die Stimme geben die so genannten Formanten. Das sind signifikante Energiekonzentrationen im Spektrum außerhalb der Grundfrequenz. Neben dem Rauschen, dem Frequenzbereich und der Sprechrate gehörten die Bandbreite, die Genauigkeit und die Intensität der Formanten zu den relevanten Charakteristika der Stimme. So lassen sich anhand der Stimme Rückschlüsse auf die Basisemotionen ziehen.

2.4.2 Die kulturelle Universalität des stimmlichen emotionalen Ausdrucks

Auch für den stimmlichen Ausdruck kann die Universalitätshypothese überprüft werden. Der Vielzahl methodisch ausgereifter Studien zum Nachweis der Universalitätshypothese im Bereich des mimischen Ausdrucks stehen aber nur wenige Studien gegenüber, die sich mit der Universalität des stimmlichen Ausdrucks beschäftigen. Als Beispiel soll die Studie von Scherer, Banse und Wallbott (2001) dargestellt werden. Die Autoren bemängeln die methodische Qualität bisheriger Studien und entwickeln eine eigene Vorgehensweise, um mögliche Einwände gegen die Methodik zu eliminieren. Problematisch ist z. B. die Instruktion, die einem Sprecher gegeben wird. Sagt man ihm, er solle einen Satz ärgerlich aussprechen, kann das von verschiedenen Sprechern sehr unterschiedlich verstanden werden. Ein anderes Problem liegt darin, dass das zu erstellende Reizmaterial keine verbal-inhaltlichen Hinweise auf die Emotion enthalten darf. Scherer et al. benutzen einen szenischen Ansatz, um den Encodern mitzuteilen, wie die sinnlosen Sätze zu sprechen sind. Pro Emotion wurden zwei Situationen vorgegeben. Die Situationen erwiesen sich in vor-

2.4 Kulturelle Universalität im stimmlichen Ausdruck von Emotionen

hergehenden kulturvergleichenden Untersuchungen als spezifisch emotionsauslösend und einigermaßen universell. Zum Beispiel sollten die Sprecher sich vorstellen, dass eine geliebte Person gestorben sei. Diese Vorstellung löst in den meisten Fällen kulturübergreifend Trauer aus. Zur Bildung der sinnlosen Sätze wurde ein mehrstufiges Verfahren entwickelt und angewandt. Die sinnlosen Sätze wurden aus einem Pool von sinnlosen Silben zufällig zusammengesetzt. Die Silben stammten aus sechs unterschiedlichen europäischen Sprachen. Aus den zufällig gebildeten Sätzen wurden die folgenden beiden von einer Expertengruppe nach Kriterien der Artikulation, Sprachneutralität und dem Status als Satz ausgewählt.

„had sundig pron you venzy"
„Fee gott laish jonkill gosterr"

Zusammengenommen wurden achtzig emotionale Äußerungen untersucht (vier Schauspieler × zwei Szenen × fünf Emotionen × zwei Sätze). Die fünf Emotionen waren joy/happiness, sadness, fear, anger, disgust. Hinzu kamen acht neutrale. Aus den achtzig emotionalen Items wurden nach einem Vortest diejenigen selektiert, die eine Emotion gut wiedergaben. Für die Emotion Ekel/disgust konnten die von Scherer et al. gesetzten Kriterien nicht erreicht werden. Sie wurde aus dem Stimulusmaterial entfernt.

2.4.2.1 „Optimale" Erkennensraten in Deutschland

Optimale Erkennensraten wurden für die deutschen Versuchspersonen erwartet, da das Stimulusmaterial aus dieser Kultur stammte und somit die gleiche Sprache und kulturelle Stereotype zum Tragen gekommen sein könnten, auch wenn man versucht hatte, dies bei der Erstellung der Stimuli zu kontrollieren.

Die emotionalen Äußerungen wurden erwartungsgemäß von der deutschen Stichprobe gut erkannt. Besonders gut waren die Erkennensraten für Ärger, Trauer, Angst und die neutralen Äußerungen (74 % bis 88 %). Freude wurde mit 48 % nur sehr schlecht erkannt und sehr häufig als neutral eingestuft (34 %). „Systematische" Fehler (> 10 %) gab es außerdem nur für Angst, die mit Trauer verwechselt wurde (15 %), und Trauer, die oft als neutral eingestuft wurde (14 %).

2.4.2.2 Kulturelle Unterschiede

Die Probanden aus den unterschiedlichen Ländern schnitten folgendermaßen ab: Nach den oben beschriebenen Deutschen folgten französisch-sprechende Schweizer, Briten, Niederländer, Bürger der USA, Italiener, Franzosen, Spanier und Indonesier. Der einzige signifikante Unterschied besteht zwischen der Gruppe der Deutschen und der der Indonesier, die sich aber von den anderen Gruppen nicht signifikant unterscheiden. Auch die Verwechslungsmatrizen aller Länder ähneln sich. Die Fehlerstruktur ist also ähnlich, was ebenfalls auf kulturübergreifende Gemeinsamkeiten im Wahrnehmungsprozess hinweist.

2.5 Basisemotionen und basale Verhaltensmuster oder die Suche nach ultimaten Ursachen der Emotionen

Im Folgenden werden einige Beispiele gegeben für Autoren, die den Ursprung von Emotionen in basalen Verhaltensmustern sehen, die zur Lösung von Problemen im Umgang mit der Umwelt gelöst werden müssen. Allgemein gesprochen handelt es sich bei den skizzierten Theorien um die Abstimmung der Wahrnehmung von Umweltanforderungen mit Bedürfnissen des Organismus und die Auswahl und Instantiierung der zur Problemlösung nötigen Handlungstendenzen.

2.5.1 Instinkte und Emotionen, McDougall

McDougall (1908) kann zusammen mit Darwin als einer der Begründer evolutionsbiologisch orientierter Theorien angesehen werden. In seinem Werk „An introduction to social psychology" forderte er, dass evolutionstheoretische Erkenntnisse und Methoden Grundlage der Sozialwissenschaften sein müssten. Sein eigener Ansatz lässt sich durch die Herleitung der Emotionen aus instinktiven Verhaltensweisen charakterisieren. Nach Ansicht von McDougall emanzipierten sich die Emotionen von den Instinkten durch eine Flexibilisierung der Auslöseprozesse, die vor allem als perzeptive und kognitive Teilprozesse zu verstehen sind, und der zugehörigen Handlung, die im Falle des Instinkts noch festgelegt ist. Er benannte mehrere Instinkte, unterschied sie in Haupt- und Nebeninstinkte und ordnete diesen Emotionen zu. Zum Beispiel werden die beim Fluchtinstinkt ablaufenden Prozesse als Furcht erlebt und bedingen die Handlungstendenz davonzulaufen oder sich zu verstecken. Kritisiert wurde die Theorie McDougalls wegen der Beliebigkeit, mit der Instinkte reihenweise aufgelistet wurden, und dem Mangel an empirischer Unterstützung.

2.5.2 Adaptive biologische Prozesse und Emotionen, Plutchik

Plutchik (1962, 1980) hat eine strukturelle, evolutionärpsychologische Theorie der Emotionen entwickelt. Bezeichnend für seine Theorie sind die von ihm verwendeten Dimensionen und die Annahme, dass dieses Konzept der Emotion auf alle Lebewesen von der Amöbe bis zum Mensch anwendbar sei. Die Dimensionen Plutchiks „Intensität", „Ähnlichkeit", „Polarität" und „Primary versus Secondary" variieren in Abhängigkeit von funktionalen Anforderungen, die jedes Lebewesen erfüllen muss. Funktionale Anforderungen sind z. B. die der Arterhaltung, der Nahrungssuche und Nahrungsaufnahme oder das Ziel, die eigene Unversehrtheit sicher zu stellen. In Anlehnung an Scott (1958) geht Plutchik von acht basalen oder prototypischen Verhaltensmustern aus,

2.5 Basisemotionen und basale Verhaltensmuster

die bei allen Organismen gefunden werden. Diese prototypischen Verhaltensmuster ähneln in ihrer Struktur den Emotionen und können auf Emotionen abgebildet werden. Angst/Schrecken sind z. B. mit dem Verhaltensmuster der Protektion, Ärger/Wut mit dem der Destruktion verbunden. Andere Verhaltensmuster sind das der Reintegration, die mit der Basisemotion Trauer verbunden ist, und das der Reproduktion, das mit Freude einhergeht.

Plutchik ordnet diese Emotionen in einem Emotionskubus gemäß den von ihm vorgeschlagenen Dimensionen an. Es handelt sich um ein Circumplex-Modell mit den Dimensionen Ähnlichkeit und Polarität, das durch die vertikale Dimension der Intensität zu einem Emotionskubus erweitert wird. Jeder Horizontalschnitt durch den Kubus liefert ein zweidimensionales Circumplex-Modell der Emotionen mit variierender Emotionsintensität.

Die Dimension Intensität deckt sich mit den oben eingeführten „gängigen" Dimensionen. Die Dimension der Polarität dagegen ist nicht notwendigerweise deckungsgleich mit der Dimension „Lust – Unlust". Sie besagt lediglich, dass sich Emotionen im Emotionszirkel gegenüberliegen. Die Dimensionen des Emotionszirkels sind aber Polarität UND Ähnlichkeit. Die Dimension der Ähnlichkeit stellt ein Problem innerhalb des dimensionalen Ansatzes von Plutchik dar. Es ist nämlich anzunehmen, dass die Ähnlichkeit durch weitere Dimensionen aufgeklärt werden kann, die von Plutchik nicht berücksichtigt wurden. Ähnlichkeitsurteile bilden ja wie oben bereits erwähnt die Grundlage für die Gewinnung von Dimensionen. Eine weitere Einschränkung wird von Plutchik selbst gemacht. Er geht davon aus, dass die Dimensionen nur für die *Emotionssprache* Gültigkeit haben. Dementsprechend kritisiert Euler den Versuch Plutchiks, Emotionen in einem dimensionalen Raum einzuordnen als *„einen Rückfall auf scholastische Vorstellungen", „bei dem die Konstruktionsästhetik im Vordergrund steht, was dem historischen Prinzip der Evolution zuwider läuft"* (Euler, 2000).

2.5.2.1 Sechs Basisemotionen der Emotionssprache, Shaver

Shaver vertritt eine ähnliche Theorie wie Plutchik. Alle Menschen sollten eine Menge prototypischer Reaktionen auf Eigenarten ihrer Umgebung entwickeln. Wie Frijda (siehe Kapitel 2.5.4) betrachtet Shaver (1992) Emotionen als „action tendenies", Handlungsbereitschaften, die sich aus einer Bewertung der Umwelt ableiten. Aufgrund von Ähnlichkeiten in den Umweltbedingungen sollten sich substanzielle kulturübergreifende Ähnlichkeiten in den Bewertungs- und Verhaltensmustern zeigen. Anders als Ekman und Izard wählt er Repräsentation von Emotionen in der Sprache als Ausgangspunkt für seine Untersuchungen. Mit einer Sortieraufgabe führte Shaver kulturvergleichende Studien durch (Amerikanische Collegestudenten, Italiener und Chinesen). 135 Emotionsnamen mussten hinsichtlich ihrer Ähnlichkeit sortiert werden. Anschließend wurden die Daten einer hierarchischen Clusteranalyse unterzogen. Auf diese Weise fand Shaver sechs Basisemotionen: Liebe, Freude, Überraschung, Ärger, Trauer und Angst. In China trat statt Liebe eine Kategorie aus einer Mischung von Trauer und Liebe auf. Ein Nachteil dieser Vorgehensweise

55

ist, dass sie sich ausschließlich auf die Sprache bezieht. Somit besteht die Gefahr, dass die Dimensionen des semantischen Raums sich der möglicherweise unterschiedlichen Dimensionierung der Emotionen überlagern. Die erhaltene Liste weist aber deutliche Überschneidungen mit den aufgrund mimischen Verhaltens gefundenen Basisemotionen auf.

2.5.3 Emotionen als „read-out" grundlegender motivationaler Zustände

Die Theorie von Ross Buck wurde bereits oben in Teilen beschrieben. Er definiert Emotionen als „read-out" grundlegender motivationaler Zustände (Primary motivational emotional systems PRIMES), die ständig Bericht über den aktuellen motivationalen Zustand eines Organismus liefern. Die „read-outs" werden in drei Aspekte unterteilt. Das erste, als „Emotion I" bezeichnete read-out besteht aus Aktivitäten des autonomen Nervensystems, des endokrinen Systems und des Immunsystems. Der emotionale Ausdruck und die Bereitschaft, Emotionen bei anderen wahrzunehmen, ist ein weiteres read-out des motivationalen Potenzials und wird als „Emotion II" bezeichnet. Das subjektive Erleben von Gefühlen und Wünschen ist das dritte read-out (Emotion III). Die auf grundlegenden motivationalen Bedürfnissen beruhenden Emotionen sind so genannte „special-purpose processing systems", die für einen bestimmten Zweck im Laufe der phylogenetischen Entwicklung entstanden sind und die wenig Flexibilität aufweisen. Sie interagieren allerdings im Lauf der Entwicklung (des Individuums und der Art) mehr und mehr mit „general-purpose processing systems" wie Lernen, Kognitionen höherer Ordnung und der Sprache beim Menschen. Daraus leitet sich eine Hierarchie ab, an deren unterem Ende auf ganz bestimmte Aufgaben spezialisierte motivational-emotionale Prozesse zu finden sind. Bewegt man sich in der Hierarchie nach oben, wird der Einfluss von Lernprozessen, Kognitionen und Sprache größer und die ursprünglichen Verhaltensweisen werden verändert und flexibilisiert. Buck versucht so eine Theorie zu erstellen, die Motivation, Emotion und Kognition und ihre jeweiligen Einflüsse auf das Verhalten in einem hierarchischen System anordnet und integriert. Das resultierende beobachtbare Verhalten kann demnach „spontan" und sehr ähnlich den zur Befriedigung des motivationalen Bedürfnisses nötigen Verhaltensweisen sein oder es kann stark von Lernprozessen, Kognitionen oder sozialen und kulturellen Anforderungen durchsetzt und modifiziert sein (siehe „display rules"). Die erste Variante bezeichnet Buck als *affect*, es handelt sich um angeborene neurochemische und auf bestimmte Zwecke gerichtete read-outs, die als unmittelbar und direkt erlebt werden. Eine vollständige Beschreibung der Theorie gibt Buck (1985), eine Zusammenfassung mit Bezugnahme auf neuere neurobiologische und neurochemische Befunde findet man bei Buck (1999).

2.5.4 Handlungsbereitschaften und Emotionen

Frijda definiert Emotion als eine Änderung in der Handlungsbereitschaft, der Art und dem Ausmaß, eine Beziehung mit der Welt herzustellen oder zu verändern, d. h. mit Objekten der realen Welt, der Welt der Gedanken, der Fantasien oder auch mit der Welt als ganzer (Frijda, 1986). Emotionen werden also als Strebungen nach Veränderung und Erhaltung von Beziehungen betrachtet und weniger als Erlebnisweisen, die sich im Innern der Person abspielen. Demnach dienen die meisten mimischen und gestischen Verhaltensweisen der Regulation von Beziehungen und das emotionale Erleben besteht aus dem Bewusstsein der Handlungsbereitschaft. Auch Frijda sieht seine Handlungsbereitschaften „action tendencies" als adaptive Entwicklungen auf Ereignisse, die für den Mensch als Spezies in seiner evolutionären Vergangenheit genauso gegolten haben, wie sie es für uns heute tun. Zusätzlich betont er die Bedeutung der subjektiv wahrgenommenen Bedeutung von Situationen und formuliert Aspekte eines kognitiven Bewertungsprozesses aus. Damit stellt seine Theorie ein Bindeglied zwischen evolutionärbiologisch orientierten und kognitiven Theorien der Emotion dar. Eine Auswahl der von Frijda angenommenen Handlungsbereitschaften sind in Tabelle 8 zusammen mit den zugehörigen Emotionen, ihrer Funktion und dem angestrebten Zielzustand aufgeführt. Die angegebenen Emotionen sind durch die Handlungstendenzen charakterisiert. Die Handlungstendenz, sich anzunähern (approach) und eine Situation herzustellen, die eine konsummatorische Aktivität ermöglicht, bildet sich im emotionalen Zustand des „Begehrens" (desire) ab. Entsprechend geht das Erleben von Angst mit der Handlungstendenz des Vermeidens einher und hat protektive Funktion für den Organismus. Als Ziel definiert Frijda die eigene Unzugänglichkeit. Die zum Ekel (disgust) gehörende Handlungsbereitschaft ist die Zurückweisung, Ziel ist es, ein Objekt zu beseitigen und sich zu schützen.

Tabelle 8: Einige Beispiele für Handlungstendenzen und die zugehörigen Emotionen

Handlungstendenz	Zielzustand	Funktion	Emotion
Approach	Access	Producing situation permitting consummatory activity	Desire
Avoidance	Own inaccessibility	Protection	Fear
Being-with	Contact, interaction	Permitting consummatory activity	Enjoyment, confidence
Rejecting (closing)	Removal of object	Protection	Disgust
Agnostic	Removal of obstruction	Regaining control	Anger
Free activation		Generalized readiness	Joy

Der Ärger (anger) zielt darauf ab, ein Hindernis zu beseitigen und erneut Kontrolle zu erlangen. Die zugehörige Handlungsbereitschaft wird als agnostisch bezeichnet, man ist bereit, sich gegen die hinderlichen Umstände zur Wehr zu setzen. Die mit Freude verbundene Handlungsbereitschaft ist eine freie Aktivierung, die an keinen Zielzustand gebunden ist und mit allgemeiner Handlungsbereitschaft einhergeht.

An dieser Stelle soll eine wichtige Unterscheidung erwähnt werden. Frijda unterscheidet zwischen der allgemeinen Handlungsbereitschaft zum Erreichen eines Ziels und den dafür eingesetzten emotionalen Handlungen (Frijda, 1996). Die mit Ärger einhergehende Handlungsbereitschaft, eine erfahrene Behinderung zu beseitigen, kann auf verschiedenen Wegen erreicht werden. Zum Beispiel durch Drohen oder Aggression, aber auch durch Beleidigungen oder selbst das Verführen des Liebespartners dessen, der Ursache für den Ärger ist. All diese Vorgänge müssen außerdem nicht real ausgeführt werden, sondern können auch in der Fantasie ablaufen.

Frijda (1996) hat einige Phänomene im Zusammenhang von Emotionen in Form von Gesetzen zusammengefasst, die im Folgenden kurz skizziert werden.

- Das *Gesetz der subjektiv wahrgenommenen Bedeutung*. Situationen werden je nach Bewertungsprozess spezifisch wahrgenommen und führen zu spezifischen Emotionen. Dieses Gesetz stellt die Verbindung zu Theorien des kognitiven Bewertungsprozesses (Arnold, Lazarus, Scherer, Ellsworth) her.
- Das *Gesetz des Interesses*. Nur die Ereignisse sind emotional relevant, die eigene Interessen (Wünsche, Bedürfnisse oder Ziele) ansprechen. Das Gesetz deckt sich mit der Relevanz für die eigenen Ziele („goal-relatedness") anderer kognitiver Theorien (s. u.).
- Das *Gesetz der augenscheinlichen Wirklichkeit*. Eine Emotion wird ausgelöst durch Ereignisse, die als real bewertet werden, und ihre Intensität ist proportional zu dem Ausmaß, in dem dies der Fall ist. (Virtuelle Realitäten, Computerspiele)
- Das *Gesetz der Veränderung und Gewöhnung und des vergleichenden Fühlens*. (Die Diskrepanz zwischen erwarteter und vorgefundener Befriedigung und Bedrohung ist maßgebend für die emotionale Reaktion).
- Das *Gesetz der hedonischen Asymmetrie*. (Lust als Folge von Veränderung, sie verschwindet, auch wenn die Umstände andauern, Schmerz bleibt bestehen.)
- Das *Gesetz der Erhaltung emotionaler Bewegung* (Bsp. Traumatisierung, aber auch die Erinnerung an eine beschämende Dummheit, die man begangen hat).
- Das *Gesetz der Dominanz* der Emotion in Bezug auf Handeln, Urteilen und die Bewertung ihrer Auslösung.
- Das *Gesetz des Inrechnungstellens der Folgen*.
- Das *Gesetz der leichtesten Bürde und des größten Gewinns*. Die günstigste Bewertung, die mit der geringsten Bürde einer Situation wird genutzt.

Frijda nimmt ein Missfallen mancher Leser hinsichtlich seiner Gesetze vorweg, denen das Gefühl, dass Emotionen Gesetzen unterworfen sein könnten, nicht gefällt, „da diese im Widerstreit mit der ‚hochgeschätzten Individualität' und mit der Idee der persönlichen Freiheit und Selbstbestimmung zu stehen scheinen". Frijda sieht das anders, er sagt, dass es das Selbst ist, das die Emotionen bedingt und die Gesetze nehmen das Selbst als Ausgangspunkt, da auf den persönlichen Eigenarten und individuellen Interessen das Ergebnis der Bewertung beruht.

2.6 Die neuro-kulturelle Theorie der Emotionen von Paul Ekman und Wallace Friesen

Paul Ekman und Wallace Friesen entwarfen in den 60er und 70er Jahren des 20. Jahrhunderts die neurokulturelle Theorie der Basisemotionen. Sie erweiterten evolutionsbiologische Theorien, indem sie kulturelle Einflüsse auf das emotionale Ausdrucksverhalten thematisierten. Wie der Name der Theorie verrät, gehen die Autoren nicht von einer vollkommen biologischen Prädisposition der Emotionen des Menschen aus, sondern legen großen Wert darauf, dass kulturelle Einflüsse emotionale Prozesse formen und verändern. Die kulturellen Einflüsse lassen sich anhand von Darbietungsregeln erfassen, auf die weiter unten eingegangen wird. Dieser frühe Versuch, evolutionsbiologische und kulturrelativistische Ansätze zu verbinden, wird auch in neuerer Zeit zu Recht wieder aufgegriffen und weiter ausformuliert, z. B. von Mesquita, Frijda und Scherer, 1997. Ein umfassendes Verständnis emotionalen Erlebens und Verhaltens ist nur möglich, wenn sowohl kulturelle als auch biologische Aspekte Berücksichtigung finden.

2.6.1 Die Charakteristika einer Basisemotion nach Ekman

Ekman und Izard untersuchten die kulturübergreifende Universalität des mimischen Ausdrucks von Emotionen. Sie gingen mit ihren Untersuchungen der Hypothese nach, dass Emotionen und ihr Ausdruck das Ergebnis natürlicher Selektion sind und demnach bei allen Menschen auffindbar sein müssten. Die oben beschriebenen Untersuchungen von Ekman und Friesen bestätigten die Universalitätshypothese für eine Reihe von Emotionen, die so genannten Basisemotionen. Basisemotionen definieren sich aber nicht nur über ihren kulturübergreifend vorzufindenden mimischen Ausdruck. Im Folgenden soll deshalb genauer darauf eingegangen werden, was unter den so genannten Basisemotionen zu verstehen ist.

Ekmans Argumentation für Basisemotionen basiert auf der Überlegung, dass Basisemotionen voneinander unabhängige Systeme sind, die die Möglichkeiten dimensionaler Erfassung überschreiten und als das Ergebnis evolutionärer Entwicklungsprozesse zu betrachten sind. Diese zwei definitorischen

2 Emotionen – unser phylogenetisches Erbe

Bestimmungsstücke charakterisieren den Gebrauch des Begriffs „basic emotions" bei Ekman (1992):

1. Die Annahme, dass es eine bestimmte Zahl deutlich unterscheidbarer Emotionen gibt, deren Erfassung die Möglichkeiten dimensionaler Beschreibungen überschreitet.
2. Die spezifischen und die gemeinsamen Eigenschaften der Affekte sowie ihre Funktionen sind größtenteils das Resultat evolutionärer Entwicklungsprozesse.

Nach Ekman und Izard gehören folgende Emotionen zu den Basisemotionen: happiness, surprise, sadness, fear, disgust, anger. Izard nennt zusätzlich interest-exitement, distress-anguish, shame und guilt. Contempt wird von beiden ebenfalls als Basisemotion angesehen, die empirische Befundlage zu dieser Emotion ist aber unvollständig.

Einen erweiterten Überblick über Basisemotionen, wie sie von anderen Autoren angenommen werden, geben Ortony und Turner (1990). Die Annahme von Basisemotionen impliziert nicht zwangsweise, dass die Autoren sich auch mit dem mimischen Ausdruck derselben beschäftigen. Arnold (1960), die als Begründerin der Theorien kognitiver Bewertungsprozesse gilt (s. u.), geht ebenfalls von bestimmten Basisemotionen aus. Ähnlich wie Frijda (1986) leitet sie die Basisemotionen aus Handlungstendenzen ab. Für andere Autoren wie z. B. Panksepp (1982) haben Basisemotionen neurobiologische Grundlagen.

Um der Gefahr entgegenzuwirken, dass eine Emotion voreilig als Basisemotion bezeichnet wird, hat Ekman Kriterien entwickelt, die erfüllt sein müssen, damit von Basisemotionen gesprochen werden kann. Die Kriterien oder Charakteristika, die „basic emotions" untereinander und von anderen affektiven Phänomenen unterscheiden, sind nach Ekman (1992):

1. Distinctive universal signals (emotionsspezifische universelle Zeichen)
2. Presence in other primates (sind auch bei anderen Primaten beobachtbar)
3. Distinctive physiology (emotionsspezifische Physiologie)
4. Distinctive universals in antecedent events (emotionsspezifische und universelle auslösende Ereignisse)
5. Coherence among emotional response systems (Kohärenz zwischen emotionalen Reaktionssystemen, z. B. zwischen Ausdruck und Physiologie)
6. Quick onset (schneller Beginn)
7. Brief duration (kurze Zeitdauer)
8. Automatic appraisal (automatische Bewertung im Gegensatz zu einem willentlichen, bewussten Appraisal)
9. Unbidden occurrence (unerwünschtes Auftreten, expressive und physiologische Veränderungen „geschehen" ohne eigenes Zutun)

Die genannten Kriterien können als Leitfaden verstanden werden, wenn entschieden werden soll, ob eine bestimmte Emotion als Basisemotion zu zählen ist oder nicht. Für die folgenden Basisemotionen geht Ekman davon aus, dass sie die Bedingungen erfüllen. Sie können nach den genannten neun jeweils spezifischen Charakteristika unterschieden werden.

2.6 Die Neuro-kulturelle Theorie der Emotionen

- Ärger, Angst, Trauer, Freude, Ekel und Überraschung (anger, fear, sadness, enjoyment, disgust und surprise).

Zusätzlich hält er es für möglich, dass sich weitere Emotionen nach den in der aufgeführten Charakteristika unterscheiden lassen.

- Contempt (Verachtung), shame (Scham), guilt (Schuld), embarrassment (Verlegenheit) und awe (Scheu)

Nicht alles, was Emotion genannt wird, ist also eine Basisemotion. Um von Emotionen im Sinne von Basisemotionen reden zu können, muss eine Reihe von Kriterien erfüllt sein. Es genügt also nicht, dass ein semantisches Label für eine „Emotion" existiert. Je weniger der oben genannten Kriterien erfüllt sind, desto größer ist der Anteil sozialer Konstruktionen am Zustandekommen der kulturell geteilten Emotion (s. u. sozial-konstruktivistische Ansätze). Averill et al. (1990) stellen Angst und Hoffnung gegenüber. Letztere – von Averill als typische Emotion bezeichnet – hat weder ein typisches Ausdrucksmuster noch gehen spezifische physiologische Reaktionen damit einher.

2.6.2 Kulturelle Einflüsse und die „display rules"

Die Theorie von Ekman und Friesen beschränkt sich nicht auf evolutionäre Gesichtspunkte, die kulturübergreifende Unterschiede außen vor lassen. Vielmehr untersuchten Ekman und Friesen auch den Einfluss sozialer Lernprozesse auf den Ausdruck der Primäraffekte oder Basisemotionen. Die Überlegungen und empirischen Beobachtungen zum emotionalen Verhalten in unterschiedlichen Kulturen lassen sich durch Regeln beschreiben, die „display rules" (Ekman und Friesen, 1971) genannt werden. „Display rules" sind Regeln für den Ausdruck von Emotionen in Abhängigkeit von der Situation, in der man sich gerade befindet. Diese Regeln können sich von Kultur zu Kultur unterscheiden und werden über soziale Lernprozesse vermittelt, die bereits in frühen Mutter-Kind-Interaktionen beginnen (Stern, 1992).

Ekman und Friesen (1969) unterscheiden vier Arten von „display Rules": *Deintensivierung*, *Übertreibung*, *Affektlosigkeit* und *Maskierung* durch einen anderen Affekt. Welche Regel angewandt wird hängt nicht nur vom Status, der Rolle und dem Geschlecht des Senders, sondern auch von den Eigenschaften der anwesenden Person und dem sozialen Kontext ab. Bei der Untersuchung universeller mimischer Muster von Emotionen müssen „display Rules" immer mitberücksichtigt werden, da sie, auch wenn ein Ereignis in zwei Kulturen die gleiche Emotion – z. B. Trauer – auslöst, das mimische Verhalten entscheidend mitbeeinflussen können. Auf Untersuchungen zu kulturabhängigen „display Rules" wird im Kapitel Emotion, Kultur und Gesellschaft eingegangen.

2.6.3 Kritik an der Theorie von Ekman und Friesen

Die neurokulturelle Theorie der Emotionen von Ekman und Friesen und das von ihnen entwickelte FACS bzw. EMFACS haben zu Forschungen in den unterschiedlichsten Gebieten geführt. In dem Buch „What the facs reveals" von Ekman und Rosenberg (1997) sind eine Reihe von Originalarbeiten zu Grundlagen und Anwendungsfragen zusammengestellt und mit einem aktuellen Nachwort der jeweiligen Autoren versehen.

Kritik an der Theorie von Ekman wurde von Fridlund (1991a, 1994) geübt. Er geht davon aus, dass mimische Verhaltensweisen nicht den emotionalen Zustand des Zeichengebers wiedergeben („emotions view"), sondern lediglich als Signale an den Sozialpartner zu verstehen sind, die sich im Laufe der Evolution aus beliebigen Verhaltensweisen entwickelt haben. Diese werden intentional gezeigt, um soziale Motive zu realisieren, und verraten nichts über den inneren Zustand des Zeichengebers, was nach Fridlund wenig sinnvoll wäre. Die Fähigkeit, Signale zu senden, hat sich nicht unabhängig entwickelt, sondern es handelt sich um eine Koevolution von Sender und Empfänger. Der Empfänger entwickelte gleichzeitig die Fähigkeit, die gesendeten Signale auch zu entschlüsseln. Emotionale Signale träten deshalb häufiger in sozialen Situationen auf, d. h., wenn ein potenzieller Empfänger tatsächlich anwesend ist oder man sich implizit einen Empfänger vorstellt (impliziter sozialer Kontext, Fridlund, 1991b). Es existiert eine Reihe von Befunden, die den Einfluss des sozialen Kontexts auf das Zeigen mimisch-emotionalen Verhaltens aufzeigen. Ein Überblick findet sich bei Meyer et al. (1997). Jedoch ist nicht geklärt, ob die in den Experimenten variierten sozialen Bedingungen nicht auch je andere Emotionen ausgelöst haben als die von den Experimentatoren erwarteten. Auch liegen vor allem Studien zum Lächeln vor, während der Ausdruck negativer Affekte wenig untersucht wurde. So kamen Jakobs et al. (2001) zu dem Ergebnis, dass der mimische Ausdruck von Trauer entgegen den Annahmen des verhaltensökologischen Standpunkts von Fridlund häufiger gezeigt wurde, wenn der Proband allein einen traurigen Film anschaute. Zusätzlich fanden sie, dass das emotionale Erleben von Trauer mit der Häufigkeit des mimischen Ausdrucks von Trauer korrelierte. Aus den vorliegenden Befunden lässt sich schlussfolgern, dass mimisch-emotionales Verhalten in den meisten Fällen sowohl von sozial motivierten Intentionen als auch von zugrunde liegenden emotionalen Zuständen bestimmt wird (Buck, 1994).

Methodische Kritik an den von Ekman durchgeführten Studien stammt von Russell (1994), die zu einer Reihe von Erwiderungen geführt hat (Ekman, 1994; Izard, 1994), auf die wiederum Russell reagierte. Festzuhalten bleibt, dass dadurch die kulturübergreifende Verankerung der Basisemotionen nicht grundsätzlich infrage gestellt wird, sondern lediglich eine Überschätzung des biologischen Anteils gefolgert werden kann. Kritik an der Theorie der Basisemotionen fassen Ortony und Turner (1990) zusammen.

2.7 Evolutionspsychologische Theorien

Eine aktuelle Weiterentwicklung der oben beschriebenen evolutionsbiologischen Theorien sind die evolutionspsychologischen Ansätze. John Tooby und Leda Cosmides (1992) beschreiben Evolutionspsychologie als Soziobiologie mit Basis in der empirischen Forschung, abzüglich der Spekulationen über die ersten Menschen. Auf diese beiden an der University of California arbeitenden Autoren geht der Begriff Evolutionspsychologie zurück. Ein wesentlicher Unterschied der Evolutionspsychologie zu klassischen evolutionsbiologischen Theorien besteht darin, dass es nicht um das Überleben eines Individuums oder des „Tüchtigen" geht, wie es im „survival of the fittest" klassisch beschrieben ist, sondern um die Reproduktion von Genen (Dawkins, 1996). Die Anwendung der Evolutionspsychologie auf den Gegenstandsbereich der Emotionen kann nach Euler durch fünf theoretische Aspekte charakterisiert werden: (1) der Nutzen ultimater Erklärungen, (2) psychische Mechanismen als Anpassungen, (3) die Bereichsspezifität dieser Spezialzweckmechanismen, (4) die soziale Umwelt als Anpassungsbildnerin und (5) der Zweck negativer Emotionen. Das Fordern nach ultimaten Erklärungen sollte allerdings nicht als Alternative für proximate angesehen werden, sondern sie sollten sich komplementär ergänzen. Menschliche Verhaltensweisen werden als Anpassungen an vergangene Umwelten (environment of evolutionary adaptedness, EEA) verstanden. Es handelt sich dabei nicht um bereichsunspezifische Allzweckmechanismen, sondern um bereichsspezifische Spezialzweckmechanismen (Cosmides und Tooby, 1994). Diese auch „evolutionäre psychische Mechanismen" genannten Verhaltensweisen (Buss, 1995) stellen für ihren Zweck befriedigende Lösungen dar, die einfach und hinreichend sind. Sie ähneln in ihrer Art den von McDougall für verschiedene Zwecke geforderten Instinkten. Die Anwendungsbereiche dieser evolutionären psychischen Mechanismen können sich in Abhängigkeit von Veränderungen in der Umwelt von den eigentlichen Anwendungsgebieten zu aktuellen erweitern. Euler gibt als Beispiel die Reaktion eines Mannes auf eine schöne nackte Frau. Während in der Umwelt, in der das zugehörige Annäherungsverhalten sich entwickelte, nur selten nichtverwandte, fertile und rezeptive Frauen anzutreffen waren, ist das in der heutigen Welt völlig anders. Abbilder attraktiver Frauen können in beliebiger Vielfalt reproduziert werden und stellen einen aktuellen Anwendungsbereich des ursprünglichen Fortpflanzungsmechanismus dar.

Die soziale Umgebung des Menschen ist die vorwiegende Quelle evolutionärer Anpassungen. Emotionen haben sich demnach vor allem im sozialen Umfeld entwickelt und dienen aus Sicht der Evolutionspsychologie der Maximierung von Reproduktionsvorteilen, sie sind ein typisches Beispiel für evolutionäre psychische Mechanismen. Eine in diesem Zusammenhang zu stellende Frage ist die nach dem Zweck negativer Emotionen wie z. B. Trauer, Eifersucht, Depression u. a. Auf den zweiten Blick können solche negativen Emotionen einen Reproduktionsvorteil mit sich bringen. Außerdem werden Anpassungen immer nur lokale Maxima der Optimierung erreichen können.

Was zählt ist die Gesamtbilanz einer Eigenschaft, sie kann kontextabhängig negativ sein, aber in bestimmten Kontexten zu einer verbesserten Überlebens- und Reproduktionschance werden. Entscheidend ist auch die Ausprägung einer für die Reproduktion als negativ angesehenen Eigenschaft. Euler nennt die Homosexualität, die als nicht exklusive Form zu Reproduktionsvorteilen führen kann, indem Geschlechtsverkehr geübt wird. Eine Variante zieht er zur Erklärung des Zwecks von Trauer heran. Während Trauer in den Fällen, in denen der Verlust nicht rückgängig zu machen ist, von ihm als wenig adaptiv angesehen wird, führt sie in weniger ausgeprägten Fällen zu einer Wiederannäherung an das verloren geglaubte Objekt.

Anwendungsbereiche für die oben genannten Theorien sind z. B. die Frage nach ultimaten Erklärungen für Gefühle wie z. B. Eifersucht, Liebe, Angst, aber auch Nahrungspräferenzen. Aus evolutionspsychologischen Überlegungen lässt sich ableiten, dass Eifersucht bei Männern eher durch sexuelle Untreue und bei Frauen eher durch emotionale Untreue ausgelöst wird (Buss, 1999; Buunk et al., 1996). Das wird dadurch erklärt, dass Männer daran interessiert sein müssen, dass auch tatsächlich ihre eigenen Gene sich fortpflanzen, während Frauen sich eher um die Unterstützung durch den Mann sorgen müssen, die durch eine emotionale Bindung desselben an eine andere Frau gefährdet wäre. Nach der Metaanalyse von Harris (2003) halten die von Buss vorgebrachten empirischen Belege jedoch einer sorgfältigen inhaltlichen und methodischen Kritik nicht stand.

Fridlund (1994) wendet evolutionspsychologische Theorien auf das emotionale und insbesondere das mimische Verhalten an (s. o.). Eine kritische Diskussion evolutionspsychologischer Theorien zum Thema Emotion findet man in dem Buch „Emotion und Evolution" von Schwab (in Vorbereitung).

2.8 Zusammenfassung

Aus evolutionsbiologischer Sicht sind angeborene motorische Programme für die Auslösung und Differenzierung von Emotionen verantwortlich. Im Laufe der phylogenetischen Entwicklung des Menschen hat sich eine begrenzte Anzahl diskreter Basisemotionen entwickelt, die intra- und interkulturell auf die gleiche Art ausgedrückt und erkannt werden (Universalitätshypothese des Ausdrucks von Emotionen). Dies gilt auch für den stimmlichen Ausdruck von Emotionen.

Die phylogenetische Entwicklung der Emotionen bringt einen Selektionsvorteil mit sich, indem sie flexible und schnelle Reaktionen auf Umweltereignisse ermöglichen *(Organismische Funktion*, Scherer und Wallbott, 1990). Zusätzlich ergeben sich aus der Übermittlung von Informationen über „Seelenzustände" zwischen den einzelnen Gruppenmitgliedern Vorteile für die Koordination des Gruppenverhaltens und die Minimierung von schädlichen Verhaltensweisen *(Kommunikative Funktion)*. Emotionen haben ihren Ursprung in basalen Verhaltensmustern, die zur Lösung von Problemen im Umgang mit der Umwelt notwendig sind. Die Entwicklung zu emotionalem Verhalten erfolgte durch die Flexibilisierung von Teilprozessen der basalen Verhaltensmuster, für die einige Beispiele gegeben wurden. Insbesondere die schon zu Beginn des 20. Jahrhunderts aufgestellte Theorie McDougalls hat vor allem in der aktuellen Evolutionspsychologie eine Weiterentwicklung erfahren.

Trotz vielfältiger Kritik an evolutionsbiologischen Theorien und insbesondere an den Universalitätshypothesen wird die kulturübergreifende Bedeutung der Basisemotionen nicht grundsätzlich infrage gestellt, sondern lediglich eine Überschätzung des biologischen Anteils angenommen. Die evolutionsbiologische Perspektive wurde von Ekman und Friesen zu einer neurokulturellen Theorie erweitert. Es ist nicht nur die Biologie, die emotionales Verhalten bestimmt, sondern vor allem der Ausdruck der Emotionen unterliegt auch kulturellen Einflüssen. Ekman und Friesen benennen Darbietungsregeln „display rules", die den Ausdruck von Emotionen situationsabhängig reglementieren. Der Einfluss unterschiedlicher kultureller Randbedingungen auf emotionales Erleben und Verhalten wird unten genauer besprochen (siehe Kapitel 5). Auch in der Theorie von Buck wird beschrieben, wie emotionales Verhalten in einer ontogenetischen und phylogenetischen Perspektive mehr und mehr dem Einfluss von „general-purpose processing systems" unterworfen wird und so an sich ändernde Umweltbedingungen angepasst werden kann.

2.8.1 Fragen

- Welche Prinzipien bestimmen nach Darwin das Ausdrucksverhalten?
- Beschreiben sie die *organismische* und die *kommunikative* Funktion von Emotionen?
- Welche empirischen Untersuchungen werden durchgeführt, um die evolutionsbiologische Theorie emotionalen Ausdrucksverhaltens zu untersuchen?
- Was besagt die Universalitätshypothese mimischen Ausdrucksverhaltens?
- Wie wurde in der Fore-Studie vorgegangen und welche Ergebnisse liefert sie?
- Welches Verfahren wurde für die Erhebung von kulturellen Unterschieden beim Erkennen von Emotionsgesichtern entwickelt und was ist das Besondere daran?
- Wie entwickelten sich nach McDougall die Emotionen?
- Welche Dimensionen spannen den Emotionskubus von Plutchik auf?
- Welche „read-outs" werden in der Theorie von Buck definiert?
- Was ist ein „special-purpose processing system", was ein „general-purpose processing system" und wie interagieren sie?
- Welche Handlungsbereitschaft wird nach Frijda als Angst wahrgenommen, welches Ziel und welche Funktion hat sie?
- Welche Basisemotionen werden von Ekman angenommen?
- Welche Charakteristika kennzeichnen nach Ekman eine Basisemotion?

2 Emotionen – unser phylogenetisches Erbe

- Worin unterscheidet sich die Evolutionspsychologie von klassischen evolutionsbiologischen Theorien?
- Welche fünf Aspekte charakterisieren die Evolutionspsychologie?

2.8.2 Weiterführende Literatur

Zum Stellenwert von Theorie und Empirie der Universalitätshypothese
Ekman, P. (1994). Strong evidence for Universals in Facial Expressions: A Reply to Russell's Mistaken Critique. *Psychological Bulletin*, 115 (2), 268–287.
Russell, J. A. (1994). Is there universal recognition of emotion from facial expression? A review of the cross-cultural studies. *Psychological Bulletin*, 115, 102–141.

Humanethologie und Evolutionsbiologie
Buck, R. (1999). Typology of biological affects. *Psychological Review*, 1999, 106, 2, 301–336
Eibl-Eibesfeldt, I. (1995). *Die Biologie des menschlichen Verhaltens*. Grundriss der Humanethologie. München: Piper.

Evolutionspsychologie
Crawford, C. (Ed.), Krebs, D. L. (Ed.). *Handbook of Evolutionary Psychology*: Ideas, Issues, and Applications. Publ. Date: 1997. 663 pp. 9.50 in. ISBN: 0-8058-1666-6 Lawrence Erlbaum Associates.
Buss, D. M., Evolutionary Psychology. The New Science of the Mind. Publ. Date: 1999. 456 pp. 9.75 in. ISBN: 0-205-19358-7 Prentice Hall.
Cartwright, J., Evolution and Human Behavior. Darwinian Perspectives on Human Nature. Publ. Date: 2 . 376 pp. 9.25 in. ISBN: 0-262-03281-3.
Barkow, J. H., Cosmides, L. und Tooby, J. (Hg.). The Adapted Mind: Evolutionary Psychology and the Generation of Culture. Edition: REPRINT. Publ. Date: 1995. 666 pp. 9.25 in. ISBN: 0-19-510107-3 Oxford Univ Pr (Sd).
Schwab, F. (in Vorbereitung). Evolution und Emotion. Stuttgart: Kohlhammer.

3 Emotionen und der Körper

3.1 Emotionen und körperliche Reaktionen

In der Geschichte der Emotionspsychologie spielen Theorien körperlicher Prozesse im Umfeld von Emotionen seit jeher eine zentrale Rolle. Die Motivation zur Erforschung körperlicher Veränderungen während emotionaler Zustände speist sich aus unterschiedlichen Quellen. Ein historischer Anlass zur Erforschung autonomer, viszeraler und expressiver Reaktionen, wie sie mit Emotionen einhergehen, war der Streit zwischen James (1884), Lange (1885) und Cannon (1927), der weiter unten detaillierter beschrieben wird. Für den Nachweis der Theorien von James und Lange ist es notwendig, dass emotionsspezifische Profile in den körperlichen Reaktionen zu finden sind. Diese Autoren gehen nämlich davon aus, dass zuerst eine körperliche emotionale Reaktion erfolgt. Danach erst wird die körperliche Veränderung als emotionaler Zustand wahrgenommen und eine Emotion wird erlebt. Damit man unterschiedliche Emotionen erleben kann, müssen sich Emotionen anhand der Profile körperlicher Reaktionen differenzieren lassen (James schränkte diese Annahme jedoch ein, siehe unten). Cannon (1927) widersprach dieser Sichtweise und führte verschiedene Argumente ins Feld, z. B. jenes, dass die autonomen, viszeralen Reaktionen des Körpers auf emotionale Stimuli zu langsam erfolgen und nicht ausreichend differenziert seien, um die Vorlage für Emotionen zu bilden.

Emotionsspezifische physiologische Muster würden auch die Annahmen evolutionsbiologischer Theorien unterstützen. Wenn man davon ausgeht, dass die Emotionen den Organismus zu bestimmten mit den Emotionen verbundenen Handlungen vorbereiten, müssen sich auch zugehörige körperliche Aktivierungsmuster nachweisen lassen. Emotionsspezifische peripherphysiologische Profile gelten also als Argument für diskrete Basisemotionen und sind ein Kriterium, das von Ekman für den Nachweis einer Basisemotion gefordert wird (s. o.). Des Weiteren ist die Erfassung physiologischer Reaktionen im Rahmen einer Mehrebenendiagnostik sinnvoll, da physiologische Reaktionen eine Komponente des theoretischen Konstrukts der Emotion sind. Neben diesen theoretischen Erwägungen sind es aber auch praktische Anwendungen, die peripherphysiologische Prozesse interessant machen. Da sie meist unwillkürlich auftreten und schwer zu kontrollieren sind, haben sie den besonderen Reiz, dass sie einen Zugang zu unwillkürlichen emotionalen Reaktionen erlauben. Erwähnt seien z. B. Lügendetektortests, die mit den peripherphysiologischen Korrelaten von Emotionen arbeiten, um Aussagen als wahr oder unwahr zu klassifizieren. Emotionsspezifische physiologische Reaktionen sind aber auch im interdisziplinären Kontext von Bedeutung. So können z. B. durch Emotionen bedingte und langanhaltende physiologische Reaktionen zu funktionellen bis hin zu histologischen Störungen körperlicher Prozesse führen, wie sie in der Psychosomatik und im bio-psycho-sozialen Krankheitsmodell von Traue (1998) diskutiert werden.

3.1.1 Periphere versus zentralnervöse Theorien der Emotionen

„Wir sind traurig, weil wir weinen", „wir haben Angst, weil wir weglaufen". Dem Alltagsverständnis entgegenlaufende Aussagen dieser Art kennzeichnen die Theorie von James (1984) und Lange (1985), die gemeinhin als James-Lange-Theorie bezeichnet wird. Körperliche Phänomene spielen in der Aktualgenese emotionalen Erlebens bei beiden Autoren eine zentrale Rolle. In der ersten Variante der Theorie von James folgt auf die Wahrnehmung eines bedrohlichen Objekts durch simple Assoziation eine Reihe von körperlichen Reaktionen und das emotionale Erleben sei nichts als die Empfindung derselben.

Wahrnehmung eines Ereignisses
→ körperliche Reaktionen
→ Empfindung der körperlichen Reaktionen

Was versteht nun James unter körperlichen Reaktionen Es sind Änderungen im expressiven Verhalten, in intentionalen Verhaltensweisen (z. B. Weglaufen) und viszeralen Prozessen. Eine Schlussfolgerung aus dieser Sichtweise ist, dass es ausreicht, eine bestimmte Haltung, Mimik oder anderes mit einer Emotion assoziiertes Verhalten zu zeigen, um diese Emotion zu erleben. Bezüglich der Mimik wird diese Annahme als „facial feedback" Hypothese bezeichnet, deren Varianten und empirische Ergebnisse dazu weiter unten besprochen werden. James präzisierte später seine Theorie dahingehend, dass es nicht allein die Wahrnehmung einer Situation sein kann, die Reaktionen auslöst, sondern dass es die „Idee" der Gesamtsituation ist und der darin enthaltenen Objekte (siehe unten das Beispiel vom „Bären im Zoo"). Außerdem verschob er den Fokus auf diffuse, viszerale Reaktionen als wesentlichen Ausgangspunkt für das Erleben einer Emotion und nicht mehr das Ausdrucksverhalten.

Wahrnehmung einer Gesamtsituation
→ viszerale Reaktion
→ Empfindung diffuser, viszeraler Reaktionen

3.1 Emotionen und körperliche Reaktionen

3.1.1.1 Kritik Cannons

Cannon, ein Student von Lange, kritisierte die Theorien von James und Lange und führte mehrere Argumente gegen die Theorie ins Feld, die auch Gegenstand der weiteren Forschung wurden. So sollte z. B. die vollkommene Trennung der peripheren Organe vom Zentralnervensystem nicht zu einer Veränderung des emotionalen Verhaltens, insbesondere des Erlebens führen. Auch glaubte er nicht daran, dass peripherphysiologische Veränderung die nötige Spezifität aufweisen würden, um differenziertes emotionales Erleben zu bedingen. Außerdem seien die körperlichen Reaktionen zu langsam, um als Quelle emotionalen Erlebens gelten zu können. Zu guter Letzt führte er an, dass die künstliche Induktion peripherphysiologischer Veränderungen keine starken Emotionen hervorrufen würden. Auf die Ergebnisse seiner Studien gehen wir an dieser Stelle nicht ein, da ihre Aussagekraft recht gering ist. Cannon entwickelte eine „zentralistische Theorie" im Gegensatz zu der „pipheralistischen Theorie" von James, in der er die primäre Rolle des Gehirns für emotionales Erleben und Verhalten betont (s. u.).

3.1.1.2 Empirische Befunde

James selbst hielt seine Theorie für selbstevident, wenn man introspektive Erfahrungen betrachtet. Allerdings interessierten ihn vor allem zwei Krankheitsbilder: „Panikattacken" und Personen mit vollständiger Anästhesie hysterischen und organischen Ursprungs, die die Gültigkeit seiner Theorie belegen sollten. James war so integer, zu berichten, dass dieser nach seinen eigenen Worten entscheidende Test für seine Theorie negativ ausfiel. Dennoch hielt er daran fest, weil er sie für eine gute Theorie hielt, die einen Rahmen für weitere zu stellende Fragen bietet und weil er selbst von ihrer Richtigkeit überzeugt sei. James wurde von vielen Kritikern wie Befürwortern in einem Punkt falsch verstanden. Wie Cannon (1931) interpretierten sie James' Theorie so, dass jeder spezifischen Emotion ein spezifisches Muster körperlicher Veränderungen vorangehen müsse. James selbst widersprach dieser Sichtweise. Er ging von einer hohen interindividuellen Variabilität der Muster körperlicher Veränderungen aus, die es unmöglich machen, interindividuell stabile, emotionsspezifische Muster herauszuarbeiten. James glaubte außerdem, dass körperliche Reaktionen in Abhängigkeit von der Situationswahrnehmung unendlich fein nuanciert seien. Hier überträfen sie sogar die Differenziertheit der Sprache.

Dennoch hat sich die Idee der autonomen Spezifität als eine der Kernaussagen der James-Lange-Theorie erhalten. Die Theorien von James-Lange und Cannon waren Ausgangspunkt einer Vielzahl von Untersuchungen. Die Vertreter der Theorien von James-Lange versuchten emotionsspezifische Muster körperlicher Veränderungen nachzuweisen, die anderer versuchten zu zeigen, dass die autonomen Muster weitgehend unspezifisch sind und es somit andere Faktoren geben muss, die den spezifischen Gehalt einer erlebten Emotion ausmachen. Weiter unten werden wir uns mit der 2-Faktoren-Theorie von

Schachter und Singer beschäftigen, die laut Scherer und Wallbott (1990) zu lange die Seiten der Lehrbücher gefüllt hat. Sie wird aus historischen Gründen jedoch auch hier erwähnt.

Bis zur Mitte der sechziger Jahre sammelte sich einiges an empirischer Evidenz für die James-Lange-Theorie an. Insbesondere die Studien von Ax (1953) und Funkenstein (1954) und die Untersuchung von Hohmann (1966) an 25 Patienten mit Läsionen an unterschiedlichen Stellen des Rückenmarks sind hier zu nennen. Letztere stellt das von James geforderte „Entscheidungsexperiment" für seine Theorie dar. Die Studie litt allerdings unter methodischen Schwächen, die von Chwalisz et al. (1988) in einer weiteren Untersuchung behoben wurden. Chwalisz verglich das emotionale Erleben der an der Wirbelsäule verletzten Patienten nicht nur mit einer Gruppe gesunder Versuchspersonen, sondern auch mit einer Kontrollgruppe von Patienten, die aus anderen Gründen als einer Wirbelsäulenverletzung auf einen Rollstuhl angewiesen waren. Gegen die Theorie von James-Lange sprach, dass sich die drei Gruppen von Chwalisz et al. nicht in der Intensität des allgemeinen Erlebens von Emotionen unterschieden. Die Patienten berichteten sogar, dass sie die Emotion Angst nach der Verletzung deutlich intensiver empfanden als davor.

Ähnlich wie Hohmann fand aber auch er, dass die Stelle der Wirbelsäulenschädigung einen Einfluss auf die Intensität der Emotionen hat. Jedoch konnte auch hier nur für Ärger gezeigt werden, dass dessen Erleben nach der Verletzung signifikant reduziert war, während andere Emotionen wie Freude, Liebe, Sentimentalität und Trauer intensiver erlebt wurden. Die Ergebnisse führten zu dem Schluss, dass die Theorie von James-Lange gewisse Gültigkeit hat, jedoch nur in einer abgeschwächten Form. Viszerale Veränderungen haben einen Einfluss auf die Intensität der Emotionen, sie sind aber nicht unabdingbar. Offen bleibt die Frage, auf welchen Prozessen der Anstieg des emotionalen Erlebens nach der Verletzung beruht.

Um dieser Frage nachzugehen, kann man differenzieren zwischen dem subjektiven emotionalen Erleben und der Wahrnehmung körperlicher Veränderungen. Dies haben z. B. Bermond et al. (1991) getan. Ihre Versuchspersonen wurden über die physiologischen Veränderungen und Änderungen im subjektiven Erleben befragt für je zwei vergleichbare Angstsituationen und für je zwei vergleichbare Ärgersituationen, die vor und nach der Verletzung der Wirbelsäule auftraten. Die Interviews fanden im Mittel 4,5 Jahre nach der Verletzung statt und wurden an 37 Versuchspersonen durchgeführt. Die Auswertung der Interviews ergab, dass die Wahrnehmung körperlicher Veränderungen wie angenommen abgenommen hat, nicht jedoch die Wahrnehmung der Emotionen. Im Gegensatz zu Chwalisz fanden sie eine leichte Zunahme der Intensität des Ärgers.

Trotz der eingeschränkt positiven Befunde wurde in den darauffolgenden Jahrzehnten die Theorie von James nicht weiter verfolgt. Gründe dafür sind in einem Vorherrschen des Behaviorismus, praktischen und ethischen Problemen bei der Durchführung von Experimenten mit „real-life" Emotionen, sowie in einer Hinwendung zu kognitiven Ansätzen (Mandler, 1975) zu sehen. Nach diesem historischen Exkurs zur James-Lange-Theorie wird im Folgenden auf

3.1 Emotionen und körperliche Reaktionen

die aktuelle Befundlage zu emotionsspezifischen physiologischen Reaktionsprofilen eingegangen.

3.1.2 Welche Theorien fordern spezifische physiologische Profile?

Am Beginn dieses Kapitels muss man sich die Frage stellen, aus welchen Emotionstheorien sich ableiten lässt, dass es emotionsspezifische somatoviszerale Muster oder Profile geben soll. Neben der oben genannten Theorie von James und Lange sind es vor allem die evolutionsbiologischen Theorien, aus denen sich die Annahme emotionsspezifischer Profile ableiten lässt. Sie gehen davon aus, dass angeborene neuronale Korrelate für einen Teil der Primäraffekte oder Basisemotionen existieren müssen (siehe Ekman, 1992). Jedoch gilt diese Annahme nicht für alle Basisemotionen in gleichem Ausmaß. Emotionsspezifische Unterschiede der peripherphysiologischen Aktivierungsmuster sollen sich für Angst, Ärger und Ekel, nicht jedoch für Freude, Überraschung oder Verachtung finden lassen. Während Erstere den Organismus auf eine bestimmte Handlung vorbereiten, sind Letztere vermutlich mit keinem universellen Verhaltensmuster verbunden, zu dessen Ausführung es einer physiologischen Aktivierung bedürfe (Ekman, 1992). Auch für Trauer nimmt Ekman kein Muster an, berichtet aber im gleichen Artikel, dass es in der Untersuchung von Levenson et al. (1990) Hinweise darauf geben würde. Biokognitive Theorien (Arnold, Frijda, Ortony und Turner) gehen ebenfalls von emotionsspezifischen angeborenen physiologischen Mustern aus. Und auch in den unten noch zu besprechenden Theorien kognitiver Bewertungsprozesse „koordinieren" die Emotionen als kognitive Zustände die quasi-autonomen Prozesse. Nach Leventhal und Scherer (1987) hat jedes Ergebnis der Bewertung einer emotionsauslösenden Situation einen Einfluss auf die Emotion und das autonome Nervensystem, die in multiplen Wechselwirkungen zusammenspielen.

3.1.2.1 Was kann mit physiologischer Spezifität gemeint sein?

Um die Frage nach der Spezifität der emotionalen physiologischen Reaktionen zu untersuchen, ist es wichtig, das Konzept der Spezifität genauer zu definieren und zwischen verschiedenen Arten von Spezifität zu differenzieren. Stemmler (1998) unterscheidet die in Tabelle 9 aufgeführten Arten physiologischer Spezifität.

Tabelle 9: Vier Arten physiologischer Spezifität emotionalen Verhaltens

- Unspezifisches Arousal/Non-Spezifität
- Emotionsspezifisches Arousal
- Kontextabweichungs-Spezifität
- Spezifität prototypischen Verhaltens

Die ersten beiden bilden ein Gegensatzpaar aus der Annahme vollkommener Unspezifität oder unspezifischem Arousal und der Annahme emotionsspezifischen Arousal. Während in ersterem Fall davon ausgegangen wird, dass die Emotion keinerlei spezifischen Einfluss auf die physiologischen Reaktionen hat, wird im zweiten Fall angenommen, dass das gesamte physiologische Geschehen im Moment der Emotion auch durch diese erklärt werden kann. Es kann vorweggenommen werden, dass erstere Annahme mittlerweile als überholt gilt. Aber auch die zweite Annahme ist in ihrer Absolutheit nicht zu halten. Vielmehr muss berücksichtigt werden, welche physiologischen Reaktionen durch andere nichtemotionale Verhaltensweisen, die während der Emotion ausgeführt werden, hervorgerufen werden. Diese vermischen sich nämlich mit dem möglichen emotionsspezifischen Profil. Zur Illustration kann auf ein Alltagsbeispiel zurückgegriffen werden. Die physiologischen Parameter eines Joggers, der von einem Hund attackiert wird, setzen sich zusammen aus den durch die körperliche Anstrengung des Laufens vorhandenen und den emotionalen Reaktionen auf den angreifenden Hund. Die Beachtung kontextabhängiger Einflüsse auf die Physiologie ist vor allem in Experimenten zum Nachweis emotionsspezifischer Profile zu beachten. Es muss sichergestellt sein, dass die Probanden in den Versuchsbedingungen, die unterschiedlichen Emotionen zugeordnet werden, auch vergleichbare Handlungen durchführen müssen. Es ist z. B. nicht richtig, in einer sagen wir Ärgerbedingung ein Computerspiel durchführen zu lassen, während in der Angstbedingung ein Film angeschaut wird.

Ein weiteres Konzept von Spezifität ist das des prototypischen Verhaltens. Da auf die gleiche Emotion unterschiedliches Verhalten folgen kann, auf Angst z. B. Flucht oder Erstarren, kann der Körper auch unterschiedliche physiologische Reaktionen zeigen. Die zu messende physiologische Aktivierung des Joggers in obigem Beispiel setzt sich dann entweder aus der auf das Laufen zurückgehenden kontextabhängigen Aktivierung plus der Aktivierung zur Flucht zusammen oder die kontextabhängige Aktivierung wird durch das physiologische Muster des Erstarrens teilweise kompensiert. In beiden Fällen resultieren in Abhängigkeit vom ausgewählten prototypischen Verhalten unterschiedliche physiologische Profile.

3.1.3 Methodische Vorbemerkungen

3.1.3.1 Wie muss man vorgehen, um die unterschiedlichen Spezifitätskonzepte nachzuweisen?

Speziell im Bereich der Studien zur emotionalen physiologischen Aktivierung spielen methodische Überlegungen eine große Rolle. Diese gelten jedoch nicht nur für diesen Bereich, sondern für die gesamte Emotionspsychologie. Die Verfahren zur Emotionsinduktion und die damit verbundenen Schwierigkeiten wurden bereits weiter oben diskutiert. Wichtig ist über die Emotionsinduktion hinaus, diese auf ihre Effektivität hin zu überprüfen: Wurde mit dem gewählten Vorgehen tatsächlich eine Emotion induziert und ist es die vom Versuchsleiter gewünschte Emotion? In physiologischen Studien ist es außerdem von großer Bedeutung, wann gemessen wird und welche Messungen miteinander verglichen werden. Von besonderer Wichtigkeit ist es zu entscheiden, welche der vielen möglichen physiologischen Parameter erhoben werden sollen. Die Vielfalt der erhobenen Parameter führt dazu, dass viele Studien nicht untereinander vergleichbar sind und zum Teil ungeeignete Parameter erheben (siehe unten Metaanalyse von Stemmler).

3.1.3.2 Welche Variablen werden gemessen?

Die Variablen, die zur Erfassung peripherer körperlicher Reaktionen gemessen werden können, zeichnen sich durch eine unüberschaubare Vielfalt aus. Die gebräuchlichsten sind die Herzfrequenz, die Hautleitfähigkeit und die Fingertemperatur. Seltener werden bereits systolischer und diastolischer Blutdruck gemessen und auch der Herzschlag kann durch weitere Variablen charakterisiert werden. So kann z. B. für den Herzschlag nicht nur die Herzfrequenz, sondern auch der Schlagvolumenindex bestimmt werden. Daneben kann eine Vielzahl den Herzschlag charakterisierender EKG-Parameter herangezogen werden, um Änderungen in der Aktivierung des Herzmuskels abzubilden. Die Vielfalt der potenziell zu erhebenden Variablen führt zum Problem der Variablenvalidität. Welche der Parameter sind geeignet, um emotionale physiologische Reaktionen zu erfassen? Auf dieses Problem wird weiter unten im Zusammenhang mit der Messung von Aktivierungskomponenten noch einmal eingegangen.

3.1.3.3 Wann wird gemessen?

Da Emotionen nur vorübergehende episodische Reaktionen sind, muss entschieden werden, wann eine Emotion vorhanden ist und damit sinnvollerweise auch gemessen werden kann, und mit welcher anderen nichtemotionalen Episode diese emotionale Phase verglichen werden kann. Welche Phasen des Experiments werden also verwendet, um emotionale Reaktionen abzuleiten, und mit welchen Phasen werden die emotionalen Episoden verglichen, um zu bestimmen, was ein charakteristisches physiologisches Reaktionsmuster für eine bestimmte Emotion ist? Eine Alternative besteht z. B. darin, dass emotionale Episoden untereinander verglichen werden, z. B. Ärgerepisoden mit Angstepisoden. Welcher Zustand innerhalb eines Experiments aber ist der emotional neutrale Zustand? Oft sind lange Gewöhnungsphasen an das experimentelle Umfeld nötig, damit der Proband in einen einigermaßen neutralen Zustand kommt. Das gleiche Problem stellt sich bei der Identifikation der emotionalen Reaktion innerhalb eines Experiments. Da emotionale Reaktionen – vor allem die im Sinne der Basisemotionen – nur vorübergehende und kurze Ereignisse sind, die auch sofort von anderen Emotionen oder Bewältigungsversuchen gefolgt sein können, ist es schwierig, genau die Momente zu identifizieren, in denen die spezifische emotionale Reaktion stattfindet. Davidson et al. (1990) haben diesen Kritikpunkt neben anderen besonders hervorgehoben und verwenden z. B. den mimisch-emotionalen Ausdruck, um ihre Messzeitpunkte zu bestimmen. In den meisten Studien werden keine solchen Indikatoren verwendet, vielmehr wird davon ausgegangen, dass die emotionale Reaktion in einem zeitlichen Intervall nach der Emotionsinduktion auftritt und auch dort gemessen werden kann.

Baseline, Entspannung	Emotionsinduktion	Messung

3.1.3.4 Kontextprofil versus Emotionsprofil (Versuchspläne)

Um die oben beschriebenen verschiedenen Arten von Spezifität zu untersuchen, bedarf es eigens dafür entwickelter Versuchspläne. Valide Aussagen über physiologische Profile sind nur möglich, wenn beachtet wird, dass nicht nur die Emotion einen Einfluss auf die Physiologie hat *(Emotionsprofil)*, sondern auch die gesamte experimentelle Situation, der man den Probanden aussetzt *(Kontextprofil)*.

- *Emotionsprofil:* Einfluss der Emotion auf physiologische Veränderungen
- *Kontextprofil:* Einfluss der gesamten experimentellen Situation, der man den Probanden aussetzt

Stemmler zeigt auf, dass erst durch die Kombination unterschiedlich gestalteter Versuchspläne mit Variation der Emotionen, Intensitätsabstufungen und variierten situativen Kontexten der Induktion die notwendigen Bedingungen für einen konstruktvaliden Nachweis emotionsspezifischer Profile gegeben sind. Laut Stemmler et al. (2001) gibt es nur eine Untersuchung, in der die Konfundierung von Kontext und Emotion (siehe oben) systematisch untersucht wurde, nämlich die Untersuchung von Stemmler et al. (2001). Sie versuchten die reine Kontextbedingung dadurch herzustellen, dass die Versuchspersonen das gleiche tun mussten wie in der emotionalen Experimentalbedingung. Sie wurden vorher aber aufgeklärt und somit der Situation die emotionsauslösende Qualität genommen. Die Ergebnisse variieren in Abhängigkeit von den Kontextbedingungen „real life" und Imagination. Für Angst wurden vor allem bei „real life"-Induktion Effekte gefunden, für Ärger war es umgekehrt. Aber auch die Kontrollgruppen wiesen physiologische Veränderungen auf, die allerdings auf die Kontextbedingungen zurückzuführen sind. Dieses Ergebnis macht deutlich, dass Kontext- und Emotionseffekte konfundiert sein können und die Kontrolle von Kontexteffekten unerlässlich ist, wenn man emotionsspezifische Profile nachweisen will.

3.1.3.5 Die methodische Qualität der Studien zum Nachweis emotionsspezifischer physiologischer Profile

Vergleicht man die oben aufgestellten Überlegungen und Anforderungen mit den Vorgehensweisen in tatsächlich durchgeführten Studien, kommt man zu

3.1 Emotionen und körperliche Reaktionen

einem ernüchternden Ergebnis. Stemmler (1998) gibt einen kritischen Überblick über ausgewählte Studien zur Untersuchung emotionsspezifischer Muster von Ärger und Angst. Das Ausgangsmaterial der Metaanalyse von Stemmler stellten 15 Experimente zur peripherphysiologischen Spezifität von Angst und Ärger dar. Die Kritik an den Studien und die daraus folgende nur unzulängliche Aussagequalität ist durch die folgenden Punkte charakterisiert

- Die Induktionsmethoden sind unterschiedlich.
- Es gibt Mängel in der Emotionsinduktion.
- Fehlen einer Kontrolle des Effekts der Emotionsinduktion.
- Die Personen-Stichproben sind unterschiedlich.
- Uneindeutige Definitionen von Registrierphasen (Baseline, Kontrollmessung zum Effekt des situativen Einflusses, Emotionsphase).
- Beliebigkeit der Auswahl der gemessenen Variablen und Messwerte (z. B. eine wahrscheinlich wenig reliable Extremwerteauswahl bei Ax (1953)).
- Die Art der statistischen Auswertungsverfahren ist nicht immer angemessen.

Notwendige Bedingungen für einen konstruktvaliden Nachweis emotionsspezifischer Profile sind die Variation der Emotionen in unterschiedlichen Intensitätsabstufungen und variierte situative Kontexte der Induktion. Wichtig ist vor allem, dass den Emotionsbedingungen Kontrollbedingungen gegenübergestellt werden müssen, in denen die Probanden ähnliche Dinge tun, die aber als nicht emotional angesehen werden. Welche weiteren Gesichtspunkte in einer Studie zu Emotionen berücksichtigt werden müssen, findet sich bei Davidson, Ekman, Saron, Senulis und Friesen (1990). Die genannten Bedingungen für einen konstruktvaliden Nachweis werden nur in ganz wenigen Studien eingehalten. Unter dieser Einschränkung sind auch viele der in den Metaanalysen verwendeten Studien zu sehen.

3.1.4 Sind peripherphysiologische Reaktionen emotionsspezifisch oder -unspezifisch?

3.1.4.1 Unspezifisches Arousal als Grundlage emotionalen Erlebens

Das wohl einfachste und lange Zeit bekannteste Modell zum Thema Physiologie und Emotion war dasjenige von Schachter, S. und Singer, J. E. Es sagt aus, dass Emotionen lediglich von einem unspezifischen physiologischen Arousal begleitet werden. Das emotionale Erleben erlangt seine Spezifität erst dadurch, dass die erregte Person das Arousal sinnvoll zu erklären versucht. Diese Erklärung für das Entstehen emotionalen Erlebens weicht vom Alltagsverständnis der Emotionsentstehung ab. Es ist nicht die Situation, die wahrgenommen und bewertet zur Auslösung der Emotion führt, sondern im nicht alltägliche Fall von Schachter und Singer besteht eine Erregung, die nach einer Erklärung verlangt. Der nicht alltäglichen Fall, der in der Theorie von Schachter und Singer formuliert wird, lässt sich kurz folgendermaßen skizzieren:

3 Emotionen und der Körper

- Die physiologische Erregung ist affektunspezifisch. Sie wird unspezifisches Arousal genannt.
- Unspezifisches Arousal schafft eine Notwendigkeit, dieses zu erklären.
- Erst danach wird nach einer sinnvollen Erklärung und Ursache gesucht.
- Diese kognitive Operation zusammen mit dem unspezifischen Arousal bestimmt das Erleben der Emotion.

In dem klassischen Experiment von Schachter und Singer sollte einerseits das Arousal manipuliert werden und zusätzlich das Ausmaß, in dem eine Person Informationen (richtige oder falsche) über die Ursache ihres körperlichen Zustands hat. Schließlich werden Situationen experimentell herbeigeführt, die bestimmte Interpretationen der physiologischen Erregung nahe legen. Diese sahen so aus, dass ein Verbündeter der Versuchsleiter sich entweder euphorisch oder ärgerlich zeigte. Die Ergebnisse zeigten, dass die Interpretation der unspezifischen physiologischen Erregung weitgehend in Abhängigkeit von den Informationen und dem Verhalten des Verbündeten abhingen. Jedoch sind mehrere Dinge zu beachten, auf die im Folgenden kurz eingegangen wird. Eine ausführliche Diskussion der Studie von Schachter und Singer und von Studien, die im Anschluss daran durchgeführt wurden, findet man bei Meyer et al. (2001).

Marshall und Zimbardo (1979) konnten die Ergebnisse nicht replizieren, sondern fanden sogar gegenteilige Effekte. Unerklärte physiologische Erregung ist nicht beliebig „plastisch" durch Kognitionen formbar. Entgegen der Hypothesen von Schachter und Singer zeigten die Probanden in den Adrenalin-Bedingungen mit euphorischem Versuchsleiter weniger positive Emotionen. Gleiches fand Maslach (1979), er spricht „von einem konsistenten und kohärenten Muster, das im Widerspruch zu dem steht, was Schachter und Singer vorhergesagt wird. Probanden, die eine unerklärte physiologische Erregung erlebten, berichteten in allen Fällen über negative Emotionen und zwar unabhängig vom Verhalten des Vertrauten. Marshall und Zimbardo (1979) schließen, dass „wir Sozialpsychologen die Bedeutung unserer biologischen ‚Hardware' höher einschätzen" sollten. Eine neuere Studie wurde von Mezzacappa, Katkin und Palmer (1999) durchgeführt. Probanden wurden Kochsalzlösung bzw. Adrenalin injiziert, sie wurden ebenfalls fehlinformiert über die Wirkung derselben. Danach sahen sie drei kurze Filme (Ärger, Furcht, Belustigung), zu denen sie angeben mussten, welche Gefühle sie erlebt hatten. Die Ergebnisse von Mezzacappa, Katkin und Palmer (1999) zeigen, dass die durch Adrenalin hervorgerufene physiologische Erregung nicht beliebig formbar ist. Es ergab sich lediglich ein Unterschied in der Furcht-Bedingung, in der die durch die Adrenalininjektion hervorgerufenen physiologischen Veränderungen zur Furcht passten.

Auch wenn das Schachter-Singer-Postulat also in wesentlichen Bereichen falsch ist, muss man trotzdem festhalten, dass er gezeigt hat, dass Interpretationen eine wesentliche Rolle bei der Aktualgenese der Emotionsentstehung haben. Man kann diese Erkenntnis auf psychische Störungen anwenden, bei denen man annimmt, dass Fehlinterpretationen von physiologischen Veränderungen Teil des ätiologischen Prozesses sind. So wird in einem Modell der Panikstörung (Margraf, 1989) von einer *katastrophierenden Fehlinterpretation der wahrgenommenen physiologischen Veränderungen* (Clark, 1986) ausgegangen, die selbst Angst auslösen und damit auch wieder zu physiologischen Veränderungen führen kann. Es ergibt sich ein Teufelskreis aus der Wahrnehmung von möglicherweise zunächst unspezifischen physiologischen Phänomenen über deren Interpretation als lebensbedrohlich und der Intensivierung der physiologischen Reaktionen. Der Teufelskreis schließt sich mit den entsprechenden Konsequenzen für die Interpretation der nun noch verstärkt zu beobachtenden physiologischen Reaktionen. Um zu den katastrophierenden Wahrnehmungen und Interpretationen den Patienten alternative zur Verfügung zu stellen, kann daran gearbeitet werden, dass nicht jede physiologische Erregung ein lebensbedrohlicher Hinweis ist. Zum Beispiel kann durch körperliche Betätigung wie Jogging demonstriert werden, dass starke körperliche Aktivierung auch in positiven gesundheitsfördernden Kontexten auftreten kann.

3.1.4.2 Befunde zur autonomen Spezifität emotionaler Reaktionen

Um sich einen Überblick der zahlreichen Befunde und Studien zu verschaffen, muss auf das Instrument der Metaanalyse (Glass, 1976; Rosenthal, 1995) zurückgegriffen werden. Die Ergebnisse der in den Metaanalysen verwendeten Studien sind jedoch unter den oben gemachten methodischen Forderungen zu sehen, die nur von ganz wenigen Studien eingehalten werden. In der Metaanalyse von Cacioppo wird die methodische Qualität der Studien nicht berücksichtigt. Cacioppo et al. (1993) kommen nach einer Sichtung „aller" Studien zur Schlussfolgerung, dass autonome Spezifität für differenziertes emotionales Erleben nicht nötig sei. Vielmehr gäbe es eine Vielzahl von Beispielen für differenziertes emotionales Erleben ohne physiologische Differenzierung. Diese Sichtweise wird auch von einer Reihe anderer Autoren geteilt. Ekman und Davidson (1994) fassen die Stellungnahmen der Autoren Gray, Davidson, Panksepp, LeDoux und Levenson folgendermaßen zusammen: Alle Autoren stimmen darin überein, dass spezifische biologische Veränderungen mit Emotionen einhergehen, aber außer Levenson halten alle es für unwahrscheinlich, dass diese emotionsspezifischen Muster im autonomen Nervensystem zu finden sind.

Dennoch gibt es Hinweise darauf, dass sich auch in peripherphysiologischen Variablen emotionsspezifische Veränderungen nachweisen lassen. Oatley und Jenkins (1996) betrachten die Herzfrequenz als am besten geeignet für die Differenzierung von Emotionen. In fünf von zehn Studien konnte Ärger von Freude anhand der Herzfrequenz unterschieden werden. Die Befunde der bereits oben erwähnten Metaanalyse von Stemmler (1998) lassen sich wie folgt zusammenfassen:

„Zusammenfassend kann gesagt werden, dass die vorliegende Übersicht nur wenige Evidenzen für eine Spezifität physiologischer Reaktionsmuster unter Ärger und Angst ausweist".

In Anbetracht der aufgezählten methodischen Mängel muss es nicht verwundern, dass Stemmler zunächst zu dieser eher pessimistischen Schlussfolgerung kommt. Diese Stellungnahme wird zusätzlich relativiert durch die Aussage:

> *„Allerdings deutet sich auf dem Hintergrund einer deutlichen kardiovaskulären Aktivierung bei Ärger eine relative Reaktionsdominanz in diastolischem Blutdruck und peripherem Widerstand an, während bei Angst möglicherweise eine relative Reaktionsdominanz in Anstiegen des Schlagvolumens und des Herzminutenvolumens besteht".*

Die hier geschilderten Unterschiede in den physiologischen Mustern bei Angst und Ärger weisen auf die schon von Ax (1953) und Funkenstein (1954) formulierte Adrenalin-Noradrenalin-Hypothese hin, die im Folgenden aus dem Blickwinkel neuerer Studien betrachtet wird.

3.1.4.3 Die Adrenalin-Noradrenalin-Hypothese

Ax (1953) und Funkenstein (1954) gingen davon aus, dass das peripherphysiologische Muster von Angst der Wirkung von Adrenalin, dasjenige von Ärger einer Mischung von Adrenalin und Noradrenalin entspricht.

- Angst = Wirkung von Adrenalin
- Ärger = Mischung von Adrenalin und Noradrenalin

Die Metaanalyse von Stemmler ergab (zumindest in Tendenzen), dass bei Angst die Herzrate, das Schlagvolumen und das Herzminutenvolumen ansteigen, die Fingertemperatur abfällt (entspricht den Auswirkungen von Adrenalin). Ärger unterschied sich von Angst durch einen Anstieg im diastolischen Blutdruck, was einem der Effekte von Noradrenalin entsprechen würde. Stemmler schließt aus diesem Vergleich, dass die Adrenalin-Noradrenalin-Hypothese in Teilen als zutreffend angesehen werden kann, sie erklärt jedoch nicht alle Ergebnisse.

3.1.4.4 Die Schätzung von Aktivierungskomponenten

Aus Überlegungen zur Funktionsweise des autonomen Nervensystems schließt Stemmler, dass statt peripherer Parameter besser die zugrunde liegenden Aktivierungskomponenten gemessen werden sollten. Diese Forderung leitet sich daraus ab, dass auf der einen Seite sehr viele peripherphysiologische Variablen gemessen werden können, man aber nicht weiß in welchen sich Unterschiede zwischen den Emotionen zeigen könnten. Es handelt sich hierbei um ein Problem der Variablenvalidität. Es kommt also bei der Suche nach emotionsspezifischen physiologischen Mustern darauf an, welche Variablen man misst. Ist die Stichprobe der Variablen nicht repräsentativ, kann es das Ergebnis auch nicht sein. Nach Stemmler gibt es kaum eine Studie, die eine repräsentative Auswahl an Variablen untersucht hat. Die Messung an den Endorganen hat demnach mehrere Nachteile. Wie erwähnt ist die Zahl der potenziell zu erhebenden Größen so groß, dass die praktische Durchführbarkeit infrage gestellt wird und die Messmethoden stark auf den Probanden zurückwirken. Dadurch kommt es zu einer erheblichen Varianz aufgrund der angewandten Methoden. Als Alternative folgt daraus die Messung von vorgelagerten Aktivierungskomponenten. Um eine solche Messung durchzuführen, wurde von Stemmler ein Verfahren entwickelt, das mithilfe des Einsatzes von Rezeptorenblockern die Vorteile der Messung von Aktivierungskomponenten, die den einzelnen physiologischen Variablen systematisch vorgeordnet sind, demonstriert.

Stemmler (1992) untersuchte die „Hypothese, dass Ärger auf der Ebene kardiovaskulärer Aktivierungskomponenten durch einen besonderen alpha-adrenergen Beitrag gekennzeichnet sei". Anlass zu dieser Erwartung war der konsistente Befund einer Blutdruckerhöhung bei Ärger (siehe oben, Noradrenalin und alpha-adrenerge Rezeptoren). Als proximalen Mechanismus der vaskulären Veränderungen unter (nach außen gerichtetem) Ärger nahm Funkenstein die Ausschüttung von Noradrenalin an (siehe oben). Noradrenalin stimuliert u. a. alpha-adrenerge Rezeptoren an den peripheren Blutgefäßen und löst damit eine Vasokonstriktion aus.

Stemmler (1992) schätzte in einem Experiment zur Ärgerinduktion die den peripherphysiologischen Reaktionen zugrunde liegenden Aktivierungskomponenten. Er untersuchte vier Gruppen mit unterschiedlichen Kombinationen aus Rezeptorenblockern, um die Aktivität einer der drei Komponenten zu erfassen, (1) alpha-adrenerg (eher spezifisch für Ärger, vaskuläre Regulation von diastolischem Blutdruck und peripherem Widerstand), (2) beta-adrenerg (eher spezifisch für Angst) und (3) cholinerg. Er fand in der Gruppe Placebo (ohne Rezeptorenblocker) eine signifikante Erhöhung der beta-adrenergen Aktivierungskomponente und eine signifikante Abnahme der cholinergen Aktivierungskomponente. Dieser Befund widerspricht der Hypothese einer alpha-adrenergen Komponente des Ärgers. Erst wenn Rezeptorblocker eingesetzt werden, ist es möglich, den alpha-adrenergen Effekt nachzuweisen. In der Versuchsgruppe, die mit autonomen Rezeptorenblockern behandelt wurde, zeigte sich die hypostasierte Zunahme (aber nicht signifikante) der alpha-adrenergen Komponente.

3.1.5 Die „Facial-Feedback-Hypothese"

3.1.5.1 Varianten der „Facial-Feedback-Hypothese"

Schon Allport (1924) ging davon aus, dass das Feedback der Gesichtsbewegungen zum Gehirn eine entscheidende Rolle in der Differenzierung des emotionalen Erlebens spielt. Tomkins, Izard und Ekman entwickelten diese Sichtweise in ihren Theorien als „Facial-Feedback-Hypothese" weiter. Der Zusammenhang zwischen dem emotionalen Erleben und dem Feedback der Gesichtsbewegungen kann in unterschiedlich starker Form angenommen werden. Es werden drei Formen der Hypothese unterschieden. Die starke Form der FFH besagt, dass „facial feedback" eine *hinreichende Bedingung* für das Erleben einer Emotion und das Entstehen der zugehörigen physiologischen

Muster im ANS ist (Tomkins). Die abgeschwächte Form besagt, dass willentliches expressives Verhalten über „facial feedback" den emotionalen Zustand einer Person *bis zu einem gewissen Grad* verändern kann. „Facial feedback" hat keinen kategorialen, sondern lediglich einen dimensionalen Einfluss auf das emotionale Erleben (Winton, 1986). Die dritte Variante besagt, dass der Einfluss des „facial feedback" dann am größten ist, wenn die gezeigte Emotion mit der Evaluation der Situation, in der man sich gerade befindet, und der eigenen Entwicklungsgeschichte emotionaler Selbstregulation vereinbar ist (Izard, 1990). „Facial feedback" ist in diesem Fall nur noch ein Aspekt in einem von mehreren Informationsquellen mitbestimmten Prozess.

Die Ergebnisse der Metaanalyse von Laird (1984) unterstützen seiner Meinung nach die starke Form der Facial-Feedback-Hypothese. Winton (1986) kam in einer Reanalyse der Studien jedoch zu dem Schluss, dass lediglich ein Nachweis für die dimensionalen Variante vorlag. Es werden nämlich meistens nur eine positive und eine negative Bedingung miteinander verglichen. Zur Veranschaulichung der Vorgehensweise bei der Untersuchung der Facial-Feedback-Hypothese wird die Studie von Laird (1974) kurz beschrieben. Wichtig ist, dass den Probanden nicht gesagt wurde, dass sie ein freudiges oder ärgerliches Gesicht machen sollten, sondern sie wurden sukzessive angeleitet, die entsprechenden Muskeln zu kontrahieren (Herstellungsmethode „directed facial action task"). Getarnt war das Experiment als eines zur Messung elektrischer Aktivität von Muskeln beim Anschauen von Bildern. Mögliche „subtile emotionale Veränderungen" wurden den Probanden als Fehlerquelle genannt, weshalb sie nach dem Experiment eine Adjektivliste mit emotionsrelevanten Items ausfüllen sollten. Um Versuchsleitereffekte zu kontrollieren, wurden in einer Folgeuntersuchung je zwei Personen gleichzeitig untersucht, aber nur eine wurde angeleitet, ein Emotionsgesicht zu zeigen. Lächeln während des Anschauens eines positiven Bildes verstärkte die positive Stimmung, während ein ärgerliches Gesicht sie dämpft. Das gleiche Ergebnis ergab sich sinngemäß für ein negatives Bild als Stimulus. Gegen die Hypothese sprach die Untersuchung von Tourangeau und Ellsworth, die zu heftiger Kritik von Seiten Izards sowie Hager und Ekmans Anlass gab und die nachweislich unter methodischen Mängeln litt.

Strack et al. (1988) umgingen einige Kritikpunkte bei der Anleitung, bestimmte emotionale Gesichter zu machen, indem sie die Probanden ein Verhalten ausführen ließen, das Lächeln erschwert bzw. erleichtert. Die Probanden hielten einmal einen Stift mit den Lippen, ein anderes Mal mit den Zähnen, ohne dass die Lippen den Stift berühren. Das taten sie, während sie Cartoons lasen. Im ersteren Fall schätzten die Probanden die Cartoons als weniger lustig ein als im zweiten. Soussignan (2002) ergänzte das Verfahren von Strack dahingehend, dass Duchenne-Smiles und non-Duchenne-Smiles unterschieden werden konnten. Es stellte sich heraus, dass diese unterschiedlichen Muskelkonfigurationen zu differenziellen Effekten auf das emotionale Erleben und physiologische Veränderungen hatte (s. u.). Der größte Effekt trat auf, wenn die Probanden zur Innervation der Duchenne-Smiles angeleitet wurden.

Zajonc et al. (1989) verwendeten eine andere Methode, um die relevanten Gesichtsmuskeln anspannen zu lassen. Die Probanden lasen Geschichten vor, zwei mit vielen „ü's und zwei andere ohne „ü". Die Inhalte waren ähnlich. Das Artikulieren von „ü" führt zur Anspannung der Muskulatur um den Mund entgegen der Lächelbewegung. Die „ü"-Geschichten wurden negativer eingestuft. In einem anderen Experiment mussten Versuchspersonen alle Vokale aussprechen. „ü" wurde danach als negativer eingestuft als die anderen.

Trotz dieser Befunde muss daran erinnert werden, dass empirische Unterstützung lediglich für die dimensionale Variante der FFH gefunden wurde. Eine Ausnahme bildet z. B. die Studie von Larsen, Ksimatis und Frey (1992). Sie instruierten Versuchspersonen, ihre Augenbrauen so hochzuziehen, dass sie aussahen wie ein Trauergesicht. Die Probanden beurteilten Bilder, die ihnen vorgelegt wurden, danach als trauriger.

3.1.5.2 „Facial Feedback" und physiologische Veränderungen

Levenson et al. (1990) benutzten zur Induktion von Emotionen die geleitete Gesichtsbewegungsaufgabe („directed facial action task"). Es handelt sich um eine Herstellungsmethode, bei der die Probanden sukzessive angeleitet werden, bestimmte Muskeln anzuspannen. Als Ergebnis zeigen die Probanden einen Gesichtsausdruck, der einer der Basisemotionen entspricht. Levenson et al. erhoben dazu gleichzeitig physiologische Parameter und fanden Unterschiede für einige der Primäremotionen. Signifikante Unterschiede zwischen den Basisemotionen ergaben sich für die Herzschlagfrequenz und den Hautwiderstand. Die Herzschlagfrequenz unterscheidet drei Gruppen von Ausdruckskonfigurationen. Es ergaben sich signifikant höhere Frequenzen für die drei negativen Emotionen Wut, Angst und Trauer als für die negative Emotion Ekel und die Emotion Überraschung. Zwischen diesen zwei Gruppen liegt Freude mit signifikant geringeren Beschleunigungsraten als Ärger und Angst und signifikant größeren als Überraschung. Für den Hautwiderstand ergaben sich zwei Gruppen. Die zwei negativen Emotionen Angst und Ekel produzieren signifikant geringeren Hautwiderstand als die positive Emotion Freude und die Emotion Überraschung. Für die Fingertemperatur gab es nur einen signifikanten Unterschied, nämlich stärkeren Anstieg in der Ärger-Ausdrucks-Konfiguration als in der Angst-Konfiguration. Diese Ergebnisse sind nicht nur auf Gruppenniveau, sondern auch auf individuellem Niveau repliziert worden. Wenn die Versuchspersonen ihre mimischen Konfigurationen den Emotionen am ähnlichsten ausführten, waren auch die autonomen Unterschiede am ausgeprägtesten und auch die subjektiven Berichte. Die Ergebnisse waren für Männer und Frauen gültig.

Boiten (1996) kritisierte, dass die physiologischen Veränderungen aufgrund unterschiedlicher Schweregrade beim Herstellen der Emotionsgesichter erklärt werden können. Levenson und Ekman (2002) zeigten aber, dass das nicht der Fall war. Außerdem wurden die Ergebnisse von Levenson et al. (1990) mehrfach repliziert, auch mit Probanden aus unterschiedlichen Ländern (Levenson et al., 1992; s. a. Levenson und Ekman, 2002).

3 Emotionen und der Körper

Wie wichtig die exakte Herstellung eines Emotionsgesichts für emotionsspezifische, physiologische Veränderungen ist, zeigt die Studie von Soussignan (2002). Soussignan (2002) untersuchte den Einfluss der vier mimischen Ausdrucksmuster „lip press", non-Duchenne-Smile (schwach und stark) und Duchenne-Smile auf physiologische Veränderungen. Bei der Analyse der Herzratenveränderung zeigte sich ein signifikanter Wechselwirkungseffekt zwischen der Art des Lächelns und der Valenz der dargebotenen Stimuli (positiv/negative). Das heißt, dass in den Bedingungen, in denen die Probanden positiven Stimuli (Film über Schimpansen, Cartoon) ausgesetzt waren, der Effekt der Duchenne-Smiles auf das emotionale Erleben am eindeutigsten war. Dieses Ergebnis deckt sich mit der von Izard formulierten dritten Variante der Facial-Feedback-Hypothese (s. o.), nach der der Effekt dann am größten ist, wenn die wahrgenommenen situativen Bedingungen mit dem Feedback aus der Gesichtsmuskulatur in Einklang zu bringen sind.

3.1.5.2.1 Die Bedeutung von Efferenzen (Efferenzkopien) für physiologische Veränderungen

Bemerkenswert ist auch die Tatsache, dass die physiologischen Reaktionen als Folge der Änderungen im Gesicht einsetzen. Levenson et al. (1990) sagen dazu, dass es noch nicht einmal eines Feedbacks aus dem Gesicht bedarf, vielmehr genügen bereits die ausgesendeten Efferenzen, also die „Kommandos" zur Ausführung der Muskelbewegungen, um physiologische Veränderungen und emotionales Erleben hervorzurufen. Eine etwas andere Erklärung liefert die vaskuläre Theorie motorischer Efferenzen von Zajonc et al. (1989): Sie führen den Effekt auf Veränderungen der Temperatur des Blutflusses zum Gehirn zurück.

3.1.5.3 Emotionen, physiologische Aktivierung und Verhaltenssysteme

3.1.5.3.1 Das Kampf-Flucht-System und zugehörige Emotionen

Im Folgenden wird auf einige Erklärungsversuche zu den oben berichteten Befunden eingegangen. Levenson et al. fanden emotionsspezifische Muster für einige der Basisemotionen. Was bedeuten die gefundenen Mustern und wie können diese interpretiert werden? Die gefundenen Unterschiede in den autonomen Profilen lassen sich sinnvoll auf dem Hintergrund der bei bestimmten Emotionen zu erwartenden Verhaltensweisen verstehen. Physiologische Veränderungen können als Indikatoren für die Aktivierung von Kampf- und Fluchtsystemen angesehen werden. Ärger und Wut werden dem Kampfsystem zugeordnet. Der Anstieg des Herzschlags bei Ärger bereitet den Organismus auf den Kampf vor, bei Angst auf Flucht. Die niedrigere Fingertemperatur und der niedrigere diastolische Blutdruck bei Angst wird dadurch erklärt, dass zur Flucht mehr Blut in den größeren Muskeln benötigt wird. Die Befunde zum Ekel werden mit präparatorischen physiologischen Abläufen der Ausstoßungsreaktion in Verbindung gesetzt. Der niedrigere Herzschlag bei Ekel kann erklärt werden durch das Vorbereiten einer Ausstoßungsreaktion, die außerdem mit weiterer parasympathischer Aktivität wie Speichelfluss und gastrointestinaler Aktivität einhergeht.

In Anbetracht der sehr heterogen Befundlage ist es erstaunlich, dass die Befunde von Levenson et al. mit dieser Klarheit gefunden wurden. Es fällt ins Auge, dass Levenson et al. im Vergleich mit anderen Studien ein sehr differenziertes Verfahren zur Emotionsinduktion verwenden, das an der Gesichtsmimik ansetzt. Außerdem belassen sie es nicht bei der Induktion, sondern überprüfen, ob die Induktion erfolgreich war. Wie erklären sich die Vorteile von Gesichtsbewegungen für die emotionale Differenzierung in den Studien von Levenson et al.? Gesichtsbewegungen können sehr schnell erfolgen und sind ausreichend differenziert, um zumindest einen großen Bereich der Emotionen abzudecken. Außerdem sind Muskeln und vor allem die Gesichtshaut außerordentlich sensibel und geben somit eine exzellente Quelle für ein Feeback ab.

3.1.5.3.2 Die Verhaltenssysteme von Gray

Die Annahme unterschiedlicher Verhaltenssysteme kann jedoch auch als Erklärung für die Schwierigkeit des Nachweises emotionsspezifischer Profile herangezogen werden. Gray (1982) unterscheidet drei primäre physiologische Systeme, nämlich ein Annäherungssystem (behavioral approach system) BAS, ein Stopp- oder Verhaltenshemmungssystem (behavioral inhibition system) BIS und ein Kampf-Flucht-System FFS. Gray geht ebenfalls von mageren Resultaten der Studien zu spezifischen Mustern im autonomen und endokrinen System aus. Für ihn ist das nicht weiter verwunderlich, da die Funktionen dieser Systeme keine emotionale Spezifität nahelegen. Ein Tier in Gefahr hat die Auswahl unter drei Arten von Verhalten (Flucht, Kampf oder Verhaltenshemmung), alle drei verlangen nach einer Mobilisierung des Körpers, auch die letzte, die sich durch hohe Anspannung als Vorbereitung für eine energische Reaktion auszeichnet. Für Gray kann emotionsspezifische körperliche Aktivität nur auf dem Hintergrund dieser im Gehirn angesiedelten Systeme verstanden werden. Die einzelnen Emotionen setzen sich jeweils aus einer Mischung der Aktivität aller drei Systeme zusammen. Für die Extremfälle, dass nur ein System aktiv ist, geht Gray von folgenden Zuordnungen der Emotionen zu den Verhaltenssystemen aus: Dem BIS entspricht Angst, dem FFS entspricht in etwa Panik oder Wut und dem BAS entspricht in etwa Hoffnung oder Begeisterung.

3.1.6 Körperwahrnehmungen im Kontext von Emotionen

Viele Menschen berichten detailliert über Körperwahrnehmungen im Kontext von Emotionen. Die Beschreibungen physiologischer Korrelate stimmen aber oft nicht mit den messbaren autonomen Änderungen überein (Stemmler, 1996). Verwendet man Fragebögen zur Wahrnehmung autonomer körperlicher Reaktionen, kann man sich nicht sicher sein, ob die berichteten Fähigkeiten auch den tatsächlichen Fähigkeiten entsprechen (Siehe z. B. APQ von Mandler et al., 1957). Um die Aussagekräftigkeit der Studien zu verbessern, müssen objektivere Maße herangezogen werden. Katkin (1985) untersuchte z. B., wie gut Versuchspersonen in der Lage sind, ihre Herzfrequenz wahrzunehmen. Die Probanden mussten zwei Tonreihen unterscheiden, von denen eine ihren Herzschlag wiedergab. Die andere bestand aus Tönen, die in variablen Abständen auf den Herzschlag folgten. Die Versuchspersonen waren in der Lage, das zu lernen. Eine Woche später wurden sie wieder untersucht, aber der Hälfte der Gruppe wurde eine Aufzeichnung ihres Herzschlags vom letzten Mal vorgegeben. Die Diskriminationsleistung fiel auf Zufallsniveau. Die Versuchspersonen waren also in der Lage, ihren Herzschlag zu monitorieren. Es ergaben sich allerdings auch interindividuelle Unterschiede in dieser Fähigkeit. Vor allem fällt ein Geschlechterunterschied ins Auge. Männer schneiden bei der Wahrnehmung ihrer körperlichen Reaktionen besser ab, als Frauen dies tun. Der Unterschied ergibt sich jedoch nur in Laborstudien (Pennebaker und Roberts, 1992). Sobald situative oder kognitive Hinweisreize herangezogen werden können, zeigen Frauen die gleiche Erkennensleistung wie Männer.

Obwohl es also möglich ist, den eigenen Herzschlag valide zu monitorieren, gelang es Valins (1966), durch die Rückmeldung falscher Herzfrequenzsteigerungen die wahrgenommene Attraktivität von Nacktfotos zu steigern. Diejenigen Fotos, zu denen höhere Herzfrequenzen rückgemeldet wurden, wurden von den Probanden bevorzugt mit nach Hause genommen. Der Effekt erwies sich auch in der Nachuntersuchung als stabil.

Zur Lösung des Problems, dass kaum emotionsspezifische Muster, zumindest an den Endorganen, nachgewiesen werden können, trotzdem aber spezifische Körperempfindungen erlebt und berichtet werden, hypostasiert Cacioppo (1992) ein Modell zur Verarbeitung somatoviszeraler Afferenzen. SAME (Somtovisceral Afference Model of Emotion) ist ein allgemeines Modell zur Bedeutung somatoviszeraler Aktivität für Emotionen. Nach Cacioppo löst ein Reiz über eine rasche und unvollständige (rudimentäre) Bewertung Körperreaktionen aus. Sie können auf einem Kontinuum variieren zwischen (a) emotionsspezifisch differenziert, (b) nur partiell differenziert oder (c) vollständig undifferenziert. Das Muster der Körperreaktionen und die Reizwahrnehmung werden dem Gehirn afferent zugeleitet und einer kognitiven Bewertung unterzogen. Die kognitive Bewertung kann je nach Art der Differenziertheit (a bis c) der somatoviszeralen Afferenz unterschiedlich ausfallen. Im Fall a spezifische Afferenz ist eine Mustererkennung möglich. Der Afferenz kann über die Mustererkennung eine Emotion zugeordnet werden. Im anderen Extremfall c der unspezifischen Afferenz kommt es zu einer kognitiven Etikettierung. Sind die Afferenzen nur partiell differenziert, werden Emotionsschemata zur Verarbeitung eingesetzt. Dadurch entstehen aus den nicht eindeutigen physiologischen Mustern via Transformationsprozessen eindeutige Muster in der Wahrnehmung. Die Wahrnehmung dieser Muster ist aber reversibel. Sie kann sich ändern, wenn ein anderes Emotionsschema aktiv wird.

Qualitativ unterschiedliche Gefühle bei gleicher somatoviszeraler Afferenz können im Fall b und c wahrgenommen werden. Diese Zuordnung wird nach dem Modell allerdings begrenzt durch die Voraktivierung von Emotionsschemata und durch die mögliche Spezifität der dadurch hervorgerufenen physiologischen Aktivierung.

3.1.7 Zusammenfassung

Emotionsspezifische physiologische Profile gelten als Argument für Basisemotionen (diskrete Emotionen), sie sind eine Komponente des theoretischen Konstrukts der Emotion (Mehrebenendiagnostik) und spielen im interdisziplinären Zusammenhang z. B. zur Gesundheitsforschung oder der Psychosomatik eine wichtige Rolle. Der Zusammenhang zwischen Emotion und physiologischer Reaktion kann nach vier verschiedenen Arten unterschieden werden. Einen sinnvollen Ansatz für das Verständnis dieses Zusammenhangs ist das Konzept der kontextabhängigen Spezifität der emotionalen physiologischen Reaktion. In diesem Zusammenhang ist es wichtig, dass eine sorgfältige Kontrolle von Kontexteffekten bei der experimentellen Untersuchung emotionaler physiologischer Reaktionen gesichert wird. Diese und andere methodische Anforderungen werden von der Mehrzahl der auf diesem Gebiet durchgeführten Studien nicht eingehalten, sodass es nicht verwundert, dass viele Studien nicht in der Lage sind, emotionsspezifische physiologische Profile nachzuweisen. Wendet man jedoch weiterentwickelte Methoden an, wie z. B. die Schätzung der Aktivierungskomponenten oder die differenzierte und kontrollierte Induktion von Emotionen (Levenson et al., 1990), lassen sich emotionsspezifische physiologische Reaktionen oder zumindest Hinweise darauf finden.

3.1.8 Fragen

- Was unterscheidet die Theorien von James-Lange und Cannon?
- Welche Theorien nehmen welche Art von Zusammenhang zwischen emotionalem Zustand und physiologischen Prozessen an?
- Für welche Emotionen ist es aus evolutionsbiologischer Sicht sinnvoll, spezifische Muster anzunehmen?
- Welche vier Arten von Spezifität physiologischer Prozesse für Emotionen können unterschieden werden?
- Gibt es emotionsspezifische physiologische Muster, die interindividuell vergleichbar sind?
- Wie muss man vorgehen, um Aktivierungskomponenten zu isolieren?
- Ist es sinnvoll, für peripherphysiologische Prozesse emotionsspezifische Muster anzunehmen?
- Welche Varianten der Facial-Feedback-Hypothese werden unterschieden?
- Mit welchen Methoden kann Facial Feedback erzeugt werden, ohne dass die Versuchsperson die Intention, Emotionen zu induzieren, errät?

- Welche emotionsspezifischen physiologischen Reaktionen fanden Levenson et al. für Ärger und Angst?
- Nennen Sie die drei von Gray geforderten Verhaltenssysteme.

3.2 Die Neurobiologie der Emotionen

Die neurobiologische Forschung in der Emotionspsychologie hat das Ziel, den Sitz der Emotionen im Gehirn zu finden. Sie versucht emotionsrelevante Hirnareale zu bestimmen und deren Zusammenwirken zu untersuchen. Unterschieden werden dabei Hirnareale, die eher den als kognitiv zu bezeichnenden Prozessen zugeordnet werden, wie die Steuerung der Aufmerksamkeit, der Entwurf von Handlungsplänen oder die sprachliche Beschäftigung mit emotionsrelevanten Themen, und solche, die diese Prozesse emotional anreichern. Diese Unterscheidung suggeriert, dass die genannten kognitiven Prozesse unabhängig von Emotionen ablaufen und Emotionen nur in bestimmten Sonderfällen auftreten. Angemessener ist es, davon auszugehen, dass Emotionen Bestandteile aller Informationsverarbeitungsprozesse sind und in steter Wechselwirkung mit diesen stehen und so auch ihre Qualität beeinflussen (Roth, 1997). Eine Trennung zwischen beiden Bereichen ist also eher als Sonderfall anzusehen, wie er im Rahmen neuronaler Erkrankungen auftritt (siehe z. B. prosopagnosia). Bereits Lazarus (1991) unterscheidet „cold cognitions" von „hot cognitions". Die Grundlagen für das Enstehen der „hot cognitions" werden in den limbisschen und paralimbisschen Strukturen des Gehirns vermutet, wobei den Amygdala eine zentrale Rolle zugeschrieben wird. Ihre Aktivierung führt dazu, dass aus sachlichen Repräsentationen emotional angereicherte, persönlich relevante Vorstellungen werden, aus den „cold cognitions" werden „hot cognitions". Fehlt die Aktivierung der subkortikalen Areale, bleiben die Kognitionen „kalt", die wahrgenommenen Inhalte, seien es Sachverhalte oder Personen, haben keine unmittelbare Relevanz für den Wahrnehmenden, sondern werden beziehungslos wahrgenommen. Erst wenn sie emotionale Bedeutung erlangen, werden sie als zur Person gehörige subjektive Anteile erlebt.

Auch die Wahrnehmung von Situationen und Sachverhalten wird durch Aktivitäten in subkortikalen Arealen mit bestimmt. Hier laufen sehr schnell und unbemerkt erste Bewertungsschritte einer Situation ab, die den weiteren Wahrnehmungsprozess mitbestimmen können. So werden vor allem implizite, aber auch explizite Sichtweisen und Bewertungen einer Situation durch vorbewusst ablaufende emotionale Prozesse mitbestimmt (Musch und Klauer, 2003).

Angesichts der vielfältigen Bemühungen, Korrelate für alle die genannten emotionalen Prozesse zu finden, muss allerdings vor voreiligen Schlussfolgerungen gewarnt werden. Cornelius (1996) hält es angesichts der Komplexität des Gehirns und der sich rasant weiterentwickelnden Gehirnforschung für verfrüht, bestimmte Teile des Gehirns als die emotionalen Gehirnareale zu

3.2 Die Neurobiologie der Emotionen

benennen. Dennoch gibt es einige gut untersuchte Gehirnareale, die mit der Bewertung emotionaler Stimuli, dem emotionalen Ausdruck und dem Erleben von Emotionen in Verbindung gebracht werden können.

3.2.1 Methoden der Hirnforschung

Zur Erforschung von Hirnarealen und ihrer Bedeutung für Emotionen steht eine Vielzahl von Methoden zur Verfügung. In früheren Zeiten wurden vor allem Läsionen aufgrund von Verletzungen oder Erkrankungen genutzt, um Beziehungen zwischen Hirnarealen und emotionalen Prozessen herzustellen. Ein klassisches Beispiel ist der Fall von Phineas Gage, einem Eisenbahnarbeiter, der durch eine Eisenstange verletzt wurde, als er diese benutzte, um ein Sprengloch zu verschließen. Die Eisenstange trat ins linke Auge ein und am gegenüberliegenden vorderen oberen Schädelteil wieder aus. Gage überlebte den Unfall, zeigte aber danach massive Veränderungen in seinem emotionalen und intentionalen Verhalten. Wurde er vor dem Unfall als liebenswürdiger und effizienter Vorarbeiter eingeschätzt, war dies danach nicht mehr der Fall. Das Beispiel von Phineas Gage verdeutlicht aber auch die Probleme, die sich ergeben, wenn man die Folge von Läsionen einschätzen will. Bis heute ist nicht abschließend geklärt, welche Hirnregionen tatsächlich von der Eisenstange verletzt wurden. Während lange Zeit von einer linkshemisphärischen Verletzung ausgegangen worden war, führte eine aufwändige Simulation der Trajektorie der Eisenstange von Damasio et al. (1994) zu dem nicht unumstrittenen Ergebnis, dass es sich eher um frontale und rechtshemisphäre Bereiche gehandelt haben muss.

Um die experimentelle Untersuchung bestimmter Hirnareale zu ermöglichen, müssen diese gezielt beeinflusst werden. Zur Beeinflussung oder Stimulation von ausgesuchten Hirnarealen wird auf neuroanatomische stereotaktische Eingriffe, auf die Injektion von Neurotransmittern oder Neuropeptiden oder die Implantation von Elektroden zur Elektrostimulation zurückgegriffen. Hinzu kommen bildgebende Verfahren, mit denen versucht wird Begleitphänomene von Gehirnaktivität zu erfassen und bildlich darzustellen. Mithilfe der Elektroencephalographie (EEG) werden Potenzialänderungen erfasst, die neuronale Aktivität begleiten. Die Positronen-Emissions-Tomograhpie (PET) erfasst Positronen-Emissionen als Ergebnis radioaktiver Zerfallsprozesse. Gemessen werden allerdings nicht die Positronen, sondern die Gammastrahlung, die entsteht, wenn das beim Zerfall entstandene Positron mit einem Elektron zusammenstößt und zerfällt. Die Strecke, die das Positron dabei zurücklegt, kann bis zu zwei mm betragen, was Aufschluss über die theoretische Obergrenze des Auflösungsvermögens gibt. Das tatsächliche Auflösungsvermögen liegt im Moment bei etwa sechs Millimetern. Zur Messung muss der Versuchsperson ein so genannter Tracer injiziert werden, der radioaktiv markiert wird und sehr schnell zerfällt. Während das PET Stoffwechselprozesse des Körpers wiedergibt, stellt die Kernspintomographie (Magnetic Resonance Imaging, MRI) die Verteilung von Wasserstoff dar. Damit wird die anatomische Struktur wiedergegeben, da Knochen wenig Wasserstoff enthalten, während Gewebe und Fett einen höheren Wasserstoffanteil haben. Die funktionelle Magnetresonanz-Tomographie (fMRT) ist eine Weiterentwicklung der Kernspintomographie, die es ermöglicht, auch funktionelle Eigenschaften des Gehirns zu erfassen.

3.2.2 Welche Hirnhemisphäre ist Sitz der Emotionen?

3.2.2.1 Varianten der Lateralisierunghypothesen zur Lokalisation von Emotionen

Bevor einzelne abgegrenzte Hirnareale auf ihre Bedeutung für emotionale Prozesse untersucht werden, wird im Folgenden auf Lateralisierungshypothesen zur Lokalisation von Emotionen eingegangen. Sie machen Angaben dazu, ob Emotionen in der rechten oder linken Hemisphäre des Gehirns zu lokalisieren sind. Welche Hirnhemisphäre kann als Sitz der Emotionen angesehen werden? Zur Beantwortung dieser Frage wurden verschiedene Lateralisierungshypothesen der Emotionen formuliert und untersucht. Sie liegen in drei unterschiedlichen Formen vor (Davidson, 1993):

- Emotionen sind in der rechten Hirnhemisphäre lokalisiert.
- Die emotionale Valenz ist lateralisiert, links positive Emotionen, rechts negative Emotionen.
- Emotionen, die mit Annäherungsverhalten einhergehen, werden linkshemisphärisch, solche mit Vermeidungsverhalten rechtshemisphärisch vermittelt.

Ausgangspunkt zur Untersuchung der Lateralisierungshypothesen waren Beobachtungen an „split-brain"-Patienten. Gazzaniga (1988) projizierten einen Film, in dem ein Mensch in ein Feuer geworfen wird, auf die linke Gesichtshälfte eines „split-brain"-Patienten. Die Inhalte des Films werden so in die rechte Hirnhemisphäre weitergeleitet. Nach dem Inhalt des Films befragt, war der Patient nicht in der Lage, wiederzugeben, was er gesehen hatte. Jedoch begann er sich unwohl zu fühlen und zeigte Anzeichen von Unruhe. Dieses Phänomen wird so erklärt, dass der Film in der rechten Gehirnhälfte zwar die zum Filminhalt passenden emotionalen Reaktionen auslöste, wegen des fehlenden Zugangs zur linken Hemisphäre war es jedoch nicht möglich, den Inhalt des Films selbst zu erfassen. Ein anderer Befund stützt ebenfalls die Annahme, dass Emotionen eher rechts verarbeitet werden. Etcoff et al. (1992) konnten zeigen, dass linksgeschädigte Patienten besser in der Lage waren, Personen zu identifizieren, die lügen oder Emotionen vortäuschen (s. a. Kapitel 6.1). Tucker und Frederick (1989) nehmen an, dass die rechte Hemisphäre mehr Verbindungen zur Amygdala aufweist als die linke. Adolphs und Mitarbeiter (1994, 2000) konnten zeigen, dass Patienten mit Läsionen in der linken Hemisphäre keine Einschränkungen im Prozessieren von Gesichtsausdrücken zeigten. Patienten mit Schädigungen in der rechten Hemisphäre wiesen jedoch

3.2 Die Neurobiologie der Emotionen

Einschränkungen in der Erkennung von bestimmten negativen Emotionen wie z. B. Angst, aber nicht in der Erkennung von Freudeexpressionen auf. Innerhalb der rechten Hemisphäre sind die Regionen, die mit den größten Einschränkungen einhergehen, der inferiore parietale Cortex und der mesiale anteriore intracalcarine Cortex. Young und Mitarbeiter (1996) berichten von vier Patienten mit defizitären Erkennungsleistungen von emotionalen Gesichtern mit unilateralen linkshemisphärischen Läsionen. Auch wird davon ausgegangen, dass die rechte Gehirnhälfte generell eine besondere Rolle für den Ausdruck von Emotionen spielt. Sackeim et al. (1982) fanden, dass Emotionen vor allem in der linken Gesichtshälfte gezeigt werden (Hemiface). Bei kontralateraler neuronaler Verbindung vom Gehirn zum Untergesicht (Borod und Koff, 1990) wäre demnach die rechte Hemisphäre des Gehirns der Ausgangspunkt von Expressionen.

Die genannten Befunde würden für eine Lokalisierung der Emotionen auf der rechten Gehirnhälfte sprechen. Jedoch fällt auf, dass in den meisten Studien zu diesem Thema ausschließlich negative Emotionen untersucht wurden. Es stellt sich deshalb die Frage, ob das gleiche auch für positive Emotionen gilt. Studien, die Aufschluss über diese Frage geben, stammen von Davidson et al. (1990) und von Schiff und Lamon (1994). Davidson (1993) ging der bereits oben diskutierten Frage nach, ob Emotionen mit einem unspezifischen Arousal (Cannon, 1927) oder mit spezifischen physiologischen Prozessen einhergehen (Darwin, 1872/2000; James, 1884). Um die Aussagekraft ihrer Studie zu stärken, stellten sie mehrere methodische Forderungen auf, die erfüllt sein müssen, um valide Aussagen aus dem experimentellen Vorgehen ableiten zu können. Diese decken sich weitgehend mit den oben formulierten. Sie zeigten ihren Probanden fünf verschiedene Filme, der erste neutrale Film diente der Gewöhnung an die Versuchssituation, dann wurden zwei positive Filme gezeigt und im Anschluss daran zwei negative. Die negativen wurden nach den positiven gezeigt, da Vorstudien ergeben hatten, dass der Effekt der negativen Filmclips deutlich länger anhält als der der positiven. Erhoben wurde ein EEG. Eine Forderung von Davidson bestand darin, dass man nur dann messen sollte, wenn tatsächlich Indikatoren für eine emotionale Reaktion vorliegen. Um das sicherzustellen, codierten sie die Mimik der Probanden. Das EEG wurde immer dann gemessen, wenn die Probanden eine Freude- oder eine Ekelmimik zeigten. Die EEG-Analyse für die Ekelepisoden ergab eine mit den obigen Studien konsistente Aktivitätserhöhung in der rechten Gehirnhälfte, speziell in frontalen und anterioren temporalen Arealen. Für die Freudeepisoden zeigte sich jedoch eine Linkslateralisierung der Aktivität in den genannten Arealen.

Auf der Grundlage dieser Befunde modifizierte Davidson die oben genannten Varianten der Lateralisierungshypothesen, indem er die zweite und dritte Hypothese miteinander verknüpfte. Davidson schlägt eine Lokalisierung der auf Annäherung bezogenen positiven Affekte in der linken anterioren Region und der mit Rückzug verbundenen negativen Affekte in der rechten anterioren Region vor. Positive Affekte gehen demnach mit einer Zunahme der Aktivierung, negative Affekte (mit einer Abnahme im Annäherungssystem) wie Trauer oder Depression mit einer Abnahme der Aktivität in der linken Region einher. Negative Affekte wie Angst und Ekel (Rückzug) gehen mit einer Aktivierung der rechten Region einher. Ärger geht je nachdem, ob Rückzug oder Annäherung folgen, mit rechts- bzw. linksseitiger Aktivierung einher. Eine alternative Zuordnung stammt von Buck (1999). Er schlägt vor, die linke Hälfte mit prosozialen Emotionen und die rechte mit egoistischen Emotionen in Verbindung zu bringen.

3.2.2.2 Langzeitperspektive und „affective styles"

In einer anderen Studie zeigte Davidson (1998), dass die Messung der Lateralisierungsneigung auch zur Erklärung von personenspezifischen Verhaltensweisen verwendet werden kann. Er untersuchte 386 Kinder im Alter von 31 Monaten beim 25-minütigen Spielen. Nach drei Minuten kam ein Roboter in den Raum, nach zwanzig Minuten ein Fremder mit Spielzeug. Anhand des von den Kindern gezeigten Verhaltens wurden drei Gruppen unterschieden. Die Gruppe „gehemmt" war dadurch charakterisiert, dass sie mehr als 9,5 Minuten bei der Mutter verbrachten, kein Spielzeug berührten, die ersten drei Minuten nicht redeten, sich weder dem Roboter noch dem Fremden näherten und nicht in den Spieltunnel gingen. Davon wurde eine nicht gehemmte Gruppe unterschieden, die die genannten Kriterien nicht aufwies, und eine dritte Gruppe, die nur einen Teil der Verhaltensweisen der gehemmten Gruppe zeigte. Sieben Monate später wurde ein Ruhe-EEG der Kinder aufgezeichnet und zwischen den Gruppen verglichen. Es stellte sich heraus, dass die Kinder der ungehemmten Gruppe durch eine höhere linkshemisphärische EEG-Aktivität gekennzeichnet waren als die Kinder der gehemmten Gruppe. Diese Befunde sind in Einklang mit der oben aufgestellten Hypothese, dass Annäherungsverhalten linkslateral und Vermeidungsverhalten rechtslateral lokalisiert ist.

3.2.3 Die Lokalisation von Emotionen in bestimmten Hirnarealen

3.2.3.1 Das limbische System und das „triune brain"

Cannon (1931) und Bard (1928) beschäftigten sich als erste mit den neurobiologischen Grundlagen der Emotionen. Sie vertraten – wie bereits oben besprochen – eine zentralnervöse Theorie der Emotion. Sie beobachteten bei Katzen, denen der Neokortex entfernt worden war, so genannte Attacken von „sham rage", unechter Wut. Unecht wurden diese Emotionen deshalb genannt, weil Cannon und Bard davon ausgingen, dass ohne Neokortex die Emotion nicht erlebt werden könnte. Broca (1878) führte für die strukturelle Einheit zwischen Neokortex und Hirnstamm die Bezeichnung limbisches System ein. Das limbische System umfasst Gebiete wie den Gyrus cinguli, die Amygdala und den Hippocampus. Papez (1937) stellte Überlegungen an, wie die Strukturen des limbischen Systems mit Gefühlen in Verbindung stehen, und entwarf

3.2 Die Neurobiologie der Emotionen

die „Papez-Schleife". Er unterschied einen „Gefühlsstrom", der aus einer Weiterleitung sensorischer Informationen zum Hypothalamus, wo sie zu körperlichen Reaktionen führen, und einen „Gedankenstrom" über den sensorischen Kortex. In der Papez-Schleife werden Gedächtnisinhalte und Bedeutungen im Gyrus Cinguli mit Emotionen angereichert. Über die Verbindung vom assoziativen Kortex zum Hypothalamus und Hippocampus werden wiederum der Ausdruck von Emotionen und Änderungen im ANS bewirkt. Emotionales Erleben entsteht nach Papez dann, wenn im Gyrus Cinguli Signale aus dem sensorischen Kortex und dem Hypothalamus integriert werden.

Bemerkenswert an der Theorie von Papez ist, dass die von ihm angenommenen Verbindungen von der späteren anatomischen Forschung tatsächlich auch gefunden wurden. Unglücklicherweise stellte sich aber heraus, dass ihnen nicht der Stellenwert zukommt, den Papez ihnen gegeben hat (LeDoux, 1996). MacLean (1957) benutzte wie Broca (1878) die Bezeichnung limbisches System. Im Gegensatz zu Broca meinte er damit nicht nur eine strukturelle (Oval), sondern eine funktionale Einheit. Zur Papez-Schleife fügte MacLean die *Amygdala*, das *Septum* und den *präfrontalen Kortex* dem limbischen System hinzu. Das limbische System hat mehrere Funktionen: Es ist ein phylogenetisch frühes System, das dem Überleben des Individuums und der Art dient, dadurch, dass es viszerale Funktionen, affektives Verhalten einschließlich Brutpflege, Verteidigung, Kampf und Reproduktion als integriertes System organisiert. MacLean entwickelte seine Theorie weiter zu der des „triune brain", das Gehirnteile aus drei Phasen der Entwicklung umfasst (Reptilien, Paleomammalian, Neomammalian).

Kortex	Limbisches System	Hirnstamm und Zwischenhirn
Kognitive Funktionen	„emotionale" Funktionen	Organische Funktionen, Triebe

Abbildung 9: Funktionen der drei Hirnregionen nach MacLean

Die von MacLean vorgenommene Unterteilung in phylogenetisch ältere und neuere Hirnzentren hat zwar weite Verbreitung gefunden, vor allem weil sie eine Erklärung für die schwere Kontrollierbarkeit von Emotionen liefern soll. Sie ist allerdings nicht haltbar. So führt Roth (1997) an, dass alle drei von MacLean angenommenen Regionen sich bei allen Wirbeltieren gleichzeitig entwickelt haben. Im Verlauf der Zeit haben sie aber eine je andere Ausprägung angenommen. Außerdem existieren zwischen den Regionen anders als von MacLean angenommen vielfältige anatomische und funktionale Verbindungen.

Im limbischen System befindet sich auch das „pleasure center" (Olds und Milner, 1954). Durch Stimulation von Gebieten im limbischen System werden lustvolle Zustände ausgelöst. Für das theoretische Verständnis dieser Befunde ist es jedoch wichtig zu unterscheiden, dass dort nicht Triebe oder Handlungen repräsentiert und stimulierbar sind. Es handelt sich lediglich um Bereitschaften, Stimmungen, die mit den gegebenen Randbedingungen, die durch die Umwelt oder innere Zustände vorgegeben sind, interagieren (Oatley und Jenkins, 1996).

Das genaue Funktionieren des limbischen Systems ist noch keineswegs geklärt. Im Gegenteil, in letzter Zeit stellte sich immer deutlicher heraus, dass es eigentlich nicht möglich ist, eindeutige Kriterien zu finden, welche Strukturen und nervliche Verbindungen in dieses so genannte limbische System eingeschlossen werden sollen. Festgehalten werden kann, dass das limbische System die Grundlage für eine Flexibilisierung von Verhaltensweisen und Instinktabläufen darstellt, wodurch Emotionen und Lernfähigkeit in den Vordergrund rücken.

3.2.3.2 Die Amygdala als zentrale Komponente eines „emotionalen Netzwerks"

Im Laufe der weiteren Forschung rückten die Mandelkerne und die Amygdala (corpus amygdalum), die ursprünglich für nicht sehr bedeutend gehalten wurden, in den Blickpunkt der Forschung. Ihnen kommt eine zentrale Funktion bei der Verarbeitung emotionaler Reize zu. Genauer gesagt werden Reize, aber auch Gedächtnisinhalte durch die Verarbeitung in den Amygdala emotional angereichert. Spezifische Ausfälle des limbischen Systems, speziell der Amygdala, führen zu einer Unfähigkeit, die affektive Valenz von Stimuli wahrzunehmen und eine geordnete Gedächtnisfunktion aufzubauen. Das durch eine Vielzahl von Auffälligkeiten charakterisierte Syndrom wird nach seinen Entdeckern „Kluver-Bucy-Syndrom" genannt. Zum Syndrom gehört die optische Agnosie. Bei Affen führt das Entfernen der Amygdala zu optischer Agnosie einer Störung des Erkennens trotz ungestörter Funktion des entsprechenden Sinnesorgans, was auch Seelenblindheit genannt wird. Die visuellen Wahrnehmungen können mit den Erinnerungen nicht mehr assoziiert werden. Sie verlieren die persönliche Relevanz für den Wahrnehmenden. Gleichzeitig sind weitere Symptome zu beobachten wie starke Ablenkbarkeit, vor allem durch optische Reize. Oder orale Tendenzen, z. B. wahllose wiederholte orale Explorationen aller beweglichen Dinge aus der Umgebung und einer nicht unterscheidenden Gefräßigkeit. Die Affen fressen also auch ehemals als eklig bewertete Dinge. Es kommt zu Hypersexualität, aber auch emotionaler Verarmung mit Furchtlosigkeit und Zahmheit. Eine Läsion der Amygdala verhindert auch die Furchtkonditionierung. Die Funktion der Amygdala für die Furchtkonditionierung wird auch in der ontogenetischen Entwicklung deutlich. Rhesusaffen erwerben im Alter von 9–12 Wochen Furchtreaktionen, gleichzeitig ist in den Amygdala eine besonders starke Synapsenbildung zu beobachten. Beim Menschen beeindruckt nach traumatischen Schädigungen der gleichen Stellen der zusätzliche Verlust aller Gedächtnisfunktionen, einschließlich des so genannten Altgedächtnisses.

Das sinnspezifische Kluver-Bucy-Syndrom tritt auf, wenn die Verbindungen der Amygdala mit modalitätsspezifischen Feldern unterbrochen werden. Die

3.2 Die Neurobiologie der Emotionen

Tiere verlieren ebenfalls die Angst vor Stimuli, die vorher angstauslösend waren. Das gilt allerdings nur für das betroffene Sinnesgebiet, wenn z. B. die Verbindung zu visuellen Feldern unterbrochen ist, bleibt die Angstreaktion bei optischen Reizen aus, erfolgt aber immer noch, wenn auditive Reize dargeboten werden. Diese Ergebnisse zeigen, dass die Amygdala in ihrer Aufgabe, die emotionale Bedeutung sinnlicher Reize zu bewerten, vom Input der modalitätsspezifischen kortikalen Gegenden abhängig ist. Es gibt aber auch einen „direkten Weg", der weiter unten beschrieben wird.

Die Amygdala scheint also die zentrale Komponente eines emotionalen Netzwerks zu sein. Sie hat anatomische Bahnen aus dem sensorischen System als Eingang und Ausgänge in das motorische System (über das zentrale Höhlengrau), in das autonome und endokrine System (über den Hypothalamus). Sie weist Verbindungen auf zu den Bereichen des Neokortex (über den Basalkern), in denen die visuellen, auditorischen, somatosensorischen und gustatorischen Systeme miteinander assoziiert werden, in Abbildung 10 polymodaler Assoziationskortex genannt. So wird z. B. visuelle Information, die die Retina erreicht, über den optischen Nerven zum Thalamus geschickt. Vom sensorischen Thalamus gibt es Verbindungen zum primären sensorischen Kortex, dem sensorischen Assoziationskortex. Mit jedem Schritt der Verarbeitung wird der retinale Input komplexen Transformationen unterzogen, während z. B. im primären sensorischen Kortex einfache Muster extrahiert werden, wie Ecken und Winkel, werden auf der nächsten Verarbeitungsstufe höherrangige Charakteristika wie globale Objektdarstellungen herauspräpariert. Die verschiedenen Objektinformationen werden in die Amygdala übermittelt und an die höher geordneten schon erwähnten polymodalen Assoziationszentren, die die Informationen aus den verschiedenen Sinneswahrnehmungen integrieren. Die polymodale Region hat ebenfalls Verbindungen zur Amygdala und zum entorhinalen Kortex.

3 Emotionen und der Körper

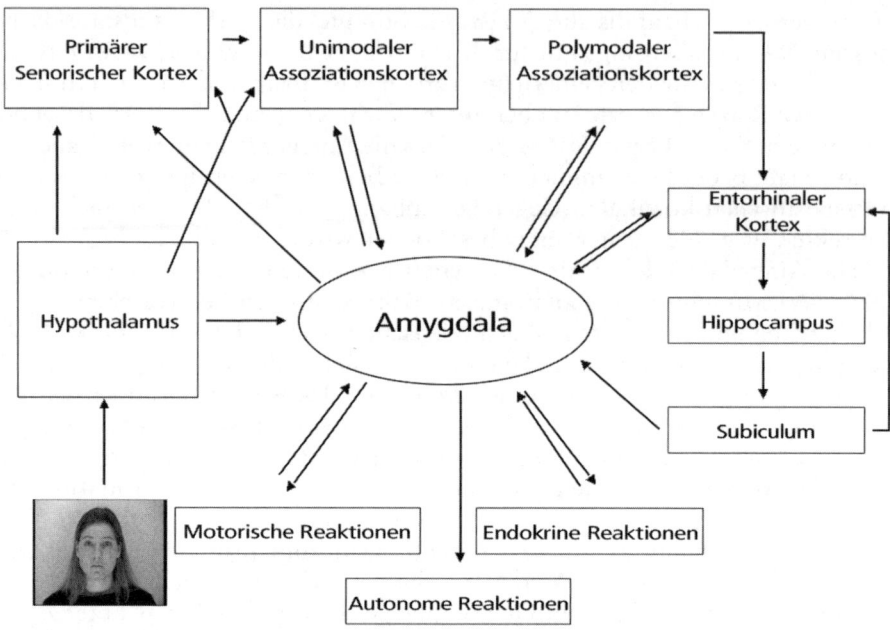

Abbildung 10: Die Amydala und das emotionale Netzwerk

Der entorhinale Kortex ist das Hauptinputsystem für die Hippocampusformation, eine Region, die eine essenzielle Rolle bei einer Reihe von höheren kognitiven Prozessen – wie Gedächtnis und räumliches Denken – spielt. Das Subiculum ist die bedeutendste Ausgangsstruktur des Hippocampus. Sie führt an den entorhinalen Kortex zur Amygdala und vielen anderen vorderen Regionen. Die anatomische Verbindung der Amygdala stellt von daher ein ideales Netz einerseits der relativ späten Verarbeitung der modalitätsspezifischen Wahrnehmung z. B. des visuellen Systems und vergleichbarer anderer Sinnessysteme, Eingaben vom polymodalen Assoziationskortex und höher geordnetem modalitätsunabhängigem Input aus dem Hippocampus. Andererseits gibt es eine direkte Verbindung vom sensorischen Thalamus, die schnelles Reagieren auf hoch bedeutsame Reize ermöglicht.

3.2.3.3 „Der direkte Weg zur Amygdala", schnelles Reagieren auf bedrohliche Umweltreize

In neuester Zeit ist eine weitere Verbindung über sensorische Bahnen zur Amygdala entdeckt worden (LeDoux, 1996). Diese Verbindung geht vom sensorischen Thalamus direkt auf die Amygdala, ohne zuerst in den Neokortex geführt zu werden (siehe Abbildung 10). Sie wird am besten im auditorischen System verstanden. Diese direkten thalamo-amygdalen Projektionen, die keine präzise Stimulusrepräsentation erlauben, spielen eine wesentliche

Rolle beim Konditionieren von emotionalen Reaktionen auf ganz einfache auditive Reize, z. B. einfache Töne, die mit Elektroschocks gepaart werden.

Diese subkortikalen sensorischen Inputwege in die Amygdala repräsentieren ein evolutionär frühes System, das dazu dient, Relevanzunterschiede in Bezug auf Umweltreize machen zu können, ohne dass neokortikale Areale beteiligt sein müssen. Diese Pfade dienen als ein frühes Warnsystem, das es erlaubt, dass die Amygdala durch sehr einfache Stimulusmerkmale, die als emotionale Trigger funktionieren, aktiviert werden kann. Dies ist natürlich sehr bedeutsam, wenn rasche Reaktionen auf bedrohliche Reize verarbeitet werden müssen. In solchen Situationen ist es sicher bedeutsamer und wichtiger, auf der Basis von unvollständiger Stimulusinformation schnell zu reagieren anstatt auf eine vollständige Objektrepräsentation aus dem Kortex zu warten. Das direkte thalamoamygdale System ist mehrere Synapsen kürzer und deshalb auf Kosten der Verarbeitungsgenauigkeit schneller. Es ist von genereller Bedeutung, eine erste Prozessierung in der Amygdala anzukurbeln, die die detailliertere Verarbeitung der kompletten Information im Kortex vorbereitet. Wenn die Amygdala aktiviert ist, kann sie auch eine Reihe von motorischen Systemen, die zum emotionalen Reiz passen, aktivieren.

Ein klassisches Beispiel für eine solche Art der Reizverarbeitung und unwillkürliche Reaktion stammt von Darwin. Es zeigt den unmittelbaren und automatischen Ablauf von Bewertungsprozessen und illustriert, dass wir als Menschen für bestimmte Stimuli eine biologisch begründete Vorbereitung mitbringen (Seligman, 1995; Öhman, 1992). Darwin presste sein Gesicht an die Glasscheibe des Käfigs einer Puffotter mit der festen Absicht, nicht zurückzuschrecken, wenn diese ihn angriff. Der Versuch misslang, „Wille und Vernunft" waren machtlos gegen das unwillkürliche und automatische Zurückweichen.

3.2.3.4 Die emotionale Relevanz von Gedächtnisinhalten (das amygdale und das hippocampale System)

Die Gesamtheit der anatomischen Verbindungen in Abbildung 10 legt nahe, dass eine Aktivierung der Amygdala durch einfache Eigenschaften, ganze Objekte, den Kontext, in dem das Objekt auftaucht, sowie semantische Eigenschaften der Objekte, Bilder und Erinnerungen erfolgen kann. Die genannten Informationen können alle als kritische Triggerinformationen für die Auslösung von Emotionen dienen. Es handelt sich also um ein Aufmerksamkeits- und Bewertungssystem, das schon vor der kognitiven Bearbeitung die Reizwelt auf nötige emotionale Bedeutungen hin abprüft, das aber auch während kognitiver Verarbeitung und Gedächtnisabrufen aktiviert werden kann.

Nach LeDoux (1996) werden im amygdalen System implizite Anteile emotionaler Situationen und im hippocampalen System die expliziten Anteile der Situation gespeichert. Explizite Anteile einer Situation sind z. B.: wer anwesend war, was getan wurde und die „kalte" Information, dass es eine schreckliche Situation war. Durch die Aktivierung der emotionalen impliziten Gedächtnisinhalte des amygdalen Systems kommt es zu den zugehörigen emotionalen körperlichen Reaktionen. Muskeln werden angespannt, Blutdruck und Herzrate ändern sich, Hormone werden ausgeschüttet. Aus der „kalten" Kognition werden so emotional erlebte Repräsentanzen. Die oben beschriebene Verbindung über die Amygdala stellt auch eine Grundlage für verhaltenswirksame Effekte von emotionalen Reizen dar, ohne dass die emotionsauslösenden Reize bewusst sein müssen. Öhman (1993) verwendete z. B. ärgerliche und freundliche Gesichter, die er rückwärtsmaskiert darbot, und konnte zeigen, dass die ärgerlichen Gesichter stärkere Änderungen der Hautleitfähigkeit hervorriefen als die freundlichen Gesichter.

3.2.3.5 Die emotionalen Funktionen des präfrontalen Kortex

3.2.3.5.1 Der ventro-mediale präfrontale Kortex

Der präfrontale Kortex kann unterteilt werden in die in Abbildung 11 angegebenen Areale und zugehörigen Funktionen (Davidson et al., 2000). Neuere empirische Untersuchungen zur funktionellen Anatomie der Hirnstrukturen, die emotional bedeutsame Informationen verarbeiten, vorwiegend PET-Untersuchungen, geben ein unübersichtliches Bild. Lane und Mitarbeiter berichteten (Lane 1997) über PET Untersuchungen mit 15O-H2O zur regionalen Durchblutungsmessung bei zwölf gesunden Versuchspersonen. Sie beschrieben differente regionale kortikale Aktivität bei Induktion der Affekte Freude, Traurigkeit und Ekel mittels Bildern, Filmmaterials und Erinnerungen der Probanden. Alle drei Affekte waren mit Aktivierungen im Thalamus und medialen präfrontalen Cortex (Brodmann area 9) verbunden. Freude und Traurigkeit unterschieden sich durch Aktivität in ventral medialen frontalen Cortexarealen.

ventro-medial	dorsolateral	orbito-frontal
Repräsentation elementarer positiver und negativer affektiver Zustände, *in Abwesenheit* unmittelbar verfügbarer Anreize	Repräsentation von Zielzuständen der positiven und negativen Affekte	Schnelles Verstärkungslernen und Ändern von Assoziationen, wenn Kontingenzen sich ändern

Abbildung 11: Areale des präfrontalen Kortex und zugehörige Funktionen

3.2.3.5.2 Der dorsolaterale präfrontale Kortex

Dem dorsolateralen präfrontalen Kortex wird als Resultat zahlreicher Untersuchungen der Aspekt des Handlungsentwurfs, der Initiative und der Handlungsvorbereitung als Reaktion auf einen signifikanten emotionalen Reiz zugeschrieben (Übersicht bei Davidson et al., 2000). Folge einer Läsion oder funktionellen Beeinträchtigung in dieser Region wäre dann bei erhaltener Emotionswahrnehmung ein Verlust der Initiative und Reaktion auf den Reiz.

3.2 Die Neurobiologie der Emotionen

Auch wenn der korrekte Ort der Läsionen im Fall von Phineas Gage umstritten ist, würde ein Teil der beobachteten Verhaltensänderungen durch eine Läsion in diesem Bereich des Gehirns erklärt werden. Neben den emotionalen Veränderungen nach dem Unfall fielen vor allem die Probleme in der Planung gezielter Handlungen bei Phineas Gage ins Auge, wie sie im dorsolateralen Teil des präfrontalen Kortex vermutet werden.

3.2.3.5.3 Der orbitofrontale Kortex

Durch die Ergebnisse chirurgischer Eingriffe in den 50er Jahren (Kolb et al., 1996), bei denen Zustände von Gewalttätigkeit verbunden mit übermäßiger Emotionalität durch frontale Lobotomie behandelt wurden, weiß man, dass der orbitofrontale Cortex eine zentrale Rolle in der Emotionsverarbeitung spielt. Auch bei chronischen Schmerzen wurde mittels stereotaktischem Eingriff in dieser Region eine Schmerzdistanzierung und Aufhebung der emotionalen Qualität von Schmerzen erreicht.

3.2.4 Hirnareale und die Wahrnehmung von Emotionsgesichtern

3.2.4.1 Identität und Emotionsausdruck

Sergent und Mitarbeiter (1994) führten PET-Studien durch, um zu untersuchen, ob unterschiedliche Hirnareale an den Prozessen zur Erkennung der Gesichteridentität versus Erkennung des emotionalen Ausdrucks beteiligt sind. Der rechte Gyrus fusiformis war aktiver bei der Erkennung der Identität von Gesichtern, aber nicht bei der Erkennung von Emotionen. Der rechte mittlere occipitale Gyrus war aktiviert bei der Emotionsaufgabe, was mit den Ergebnissen von Gur, Skolnick und Gur (1994) übereinstimmt, die eine rechte posteriore Dominanz sowohl für positive als auch für negative Emotionen fanden.

3.2.4.2 Die Amygdala und die Verarbeitung von Emotionsgesichtern

Einzelstudien in Bezug auf die Amygdala bei Affen (Leonard et al., 1985) und bei Menschen (Heit, Smith und Halgren, 1988) konnten zeigen, dass die Amygdala bei der Gesichtererkennung aktiv ist. Es handelt sich um bilaterale oder linksseitige Verarbeitungen von Angstgesichtern in der Amydala. In einem weiteren Experiment fanden sie eine Aktivierung der linken Amygdala für angstvolle Gesichter und für freudige Gesichter. In zwei weiteren PET-Studien fanden Morris und Mitarbeiter (1996, 1998) eine stärkere Aktivierung der linken Amygdala für angstvolle Gesichter im Vergleich zu freudigen Gesichtern. Die linke Amygdala und der insuläre Cortex zeigten eine zunehmende Aktivierung bei zunehmender Intensität des Angstausdrucks. Morris konnte zudem zeigen, dass die linke Amygdala ihre Aktivität steigerte, wenn die

Intensität der freudigen Gesichter abnahm, was bedeutet, dass die linke Amygdala auf freudige Gesichter mit einer Abnahme der Aktivität reagiert.

3.2.4.2.1 Ekel und die Insula

Phillips und Mitarbeiter (1998) verglichen in einer fMRI-Studie zwei negative Emotionsausdrücke – Angst und Ekel – mit einem freudigen Gesicht in der Kontrollbedingung. Zwei Intensitäten wurden getestet, während die Probanden eine Geschlechtsdiskriminationsaufgabe lösten. Der Gesichtsausdruck musste dabei nicht benannt werden. Die mittlere Intensität von angstvollen Gesichtern evozierte Aktivität in der linken Amydgala und der linken Insula.

Ekel hingegen aktivierte nicht die Amygdala; die auffälligste Aktivierung zeigte sich in der rechten anterioren Insula, wobei es zu einer Steigerung der Aktivität kam, wenn die Intensität des Ekelausdrucks erhöht wurde. Es wird behauptet, dass der Ausdruck von Ekel in Verbindung mit der Region steht, die bei giftigen Geschmacksstimuli aktiviert wird.

3.2.4.2.2 Ergebnisse bei „backward masking"

Whalen und Mitarbeiter (1998) konnten in einer fMRI-Studie zeigen, dass Probanden, denen angstvolle oder glückliche Gesichter mit darauffolgender Maskierung mit einem neutralen Gesicht dargeboten wurden (backward masking), berichteten, nur neutrale Gesichter gesehen zu haben. Trotz des Fehlens bewusster Erinnerung zeigte sich bei den Probanden eine höhere Aktivierung der Amygdala für die maskierten angstvollen Gesichter und eine niedrigere Aktivierung für die maskierten freudigen Gesichter. Die Aktivierung war auf die Amygdala (bilateral) begrenzt. Morris und Mitarbeiter (1998) untersuchten darauffolgend die Rolle der bewussten versus unbewussten Verarbeitung von Gesichtsausdrücken durch die Amygdala und ihren Einfluss auf die Lateralität der Aktivierung. Ärgerliche Gesichter evozierten eine Aktivierung in der rechten Amygdala, wenn sie mit einem neutralen Gesicht maskiert wurden und der Proband keine bewusste Erinnerung an das ärgerliche Gesicht hatte. Wenn das ärgerliche Gesicht jedoch unmaskiert dargeboten und bewusst wahrgenommen wurde, zeigte sich eine Aktivierung in der linken Amygdala.

3.2.4.2.3 Zusammenfassung

Zusammenfassend ist festzuhalten, dass die Amygdala eine zentrale Rolle bei der Verarbeitung angstvoller Gesichtsausdrücke spielt. Es ist jedoch zu beachten, dass auch andere Hirnareale spezifisch aktiviert werden, wie im Beispiel von Ekelausdrücken, die zu einer selektiven Reaktion der Insula führen. Die Aktivierung erfolgt auch bei maskierter Darbietung der Emotionsgesichter, wobei sich allerdings differenzielle Effekte auf die Lateralisierung der Aktivität innerhalb der Amygdala zeigen. Die Frage nach einer valenzabhängigen Lateralisierung innerhalb der Amygdala ist nicht eindeutig zu beantworten. Einige der Befunde sprechen von einer Linkslateralisierung bei negativen Emotionen, was den oben gefundenen Ergebnissen widersprechen würde. Jedoch ist zu beachten, dass die Lateralisierung nicht nur von der Valenz der Emotion, sondern, wie in obigem Beispiel gezeigt, auch von der Darbietungsart abhängt (maskiert/unmaskiert).

3.2.5 Neurochemische Emotionssysteme

Neben den neuroanatomischen Befunden, die im vorhergehenden Kapitel besprochen wurden, beschäftigt sich die Neurobiologie auch mit neurochemischen Prozessen. Der neurochemische Ansatz versucht im Gehirn spezifische Rezeptorsysteme und die dazugehörigen Transmittersysteme zu identifizieren, die für die Ausbildung bestimmter Emotionen zuständig sind. Im Unterschied zum neuroanatomischen werden beim neurochemischen Ansatz Emotionssysteme nicht primär räumlich, sondern funktional über die Wirkung biochemischer Botenstoffe an spezifischen Rezeptoren charakterisiert. Diese Rezeptoren können in sehr verschiedenen Regionen des Gehirns vorkommen. Dies ermöglicht eine koordinierte Zusammenarbeit auch weiter entfernter Strukturen bei der Gefühlsentstehung. Die Annahme einer einzelnen, genau lokalisierbaren Gehirnregion für jede Emotion ist bei dieser Sichtweise weder notwendig noch sinnvoll. Es wird jedoch davon ausgegangen, dass Rezeptoren eines bestimmten Typs in spezifischen Gehirnregionen gehäuft vorkommen, wodurch eine besondere Bedeutung dieser Region in dem entsprechenden neurochemischen System angezeigt wird und auch neuroanatomische Abgrenzungen möglich sind.

Hervorzuheben ist, dass ebenso wie im neuroanatomischen Ansatz keine eindeutige Zuordnung eines einzelnen Gehirngebiets zu einer spezifischen Emotion möglich ist, d. h., dass ebenso im neurochemischen Ansatz keine Zuordnung eines einzelnen Rezeptor- bzw. Transmittersystems zu einer bestimmten Emotion existiert. Bei der Erzeugung spezifischer Emotionen wirken immer mehrere Transmittersysteme in kongruenter Weise zusammen. Für eine Vielzahl von zentralnervösen Transmitter/Rezeptorsystemen lassen sich charakteristische Wirkungen auf Emotionen und Stimmungen angeben. Im Folgenden wird auf die Opioide und ihre Wirkung auf Glücksgefühle sowie auf das Testosteron und die Wirkung auf Aggression und das Selbstwertgefühl eingegangen.

3.2.5.1 Opioide

Opioide sind körpereigene Opiate, die zur Klasse der Neuropeptide (lange Aminosäureketten) gehören. Neuropeptide sind wichtige Transmitter im Limbischen System, im Hypothalamus und anderen Gehirnregionen (Panksepp, 1998). Im Zusammenhang mit Emotionen repräsentieren die Opioide ein neurochemisches System für Glücksgefühle (pleasure system). Ihnen kommt eine besondere Rolle bei der Vermittlung von Gefühlsreaktionen zu. Wichtigste Vertreter sind:

3 Emotionen und der Körper

- β-Endorphine
- Enkephaline
- Dynorphine

Neuronen, die ß-Endorphine und Dynorphine synthetisieren, finden sich hauptsächlich in verschiedenen Kernen des Hypothalamus, in verschiedenen Strukturen des Limbischen Systems sowie Regionen des Hirnstamms. Limbische Strukturen, wie das Septum und die Amygdala, sowie Regionen des Hirnstamms sind auch Ursprungsorte von Neuronen, die Enkephaline freisetzen. Enkephaline werden außerdem im Hypophysenvorderlappen freigesetzt. Die axonalen Projektionen dieser opioiden Zellen verbinden Hypothalamus, limbisches System und Hirnstamm, erreichen aber auch neokortikale Regionen.

Opioide werden synaptisch freigesetzt und besetzen Rezeptoren, von wo aus sie die Neuronenaktivität beeinflussen. Es gibt vier verschiedene Opiat-Rezeptortypen: Delta-, Kappa-, Mü-, Sigmarezeptoren, die auf verschiedene Subtypen von Opiaten unterschiedlich reagieren. Diese Rezeptortypen sind sowohl im ZNS als auch im peripheren Nerversystem lokalisiert.

Es gibt analgetische und euphorisierende Komponenten. Diese spielen bei Prozessen wie Schmerz, Appetit, Durst oder sexueller Lust eine Rolle. Die analgetische Wirkung ist schon längere Zeit untersucht.

3.2.5.1.1 Opiat-Agonisten

- Morphium
- Methadon

Morphin wird als Analgetikum eingesetzt. Opiatdrogen wie Opium und Heroin finden als Rauschmittel Verwendung. Bei lang anhaltenden körperlichen Anstrengungen sowie extremen psychischen Belastungen kann es zu einer Zunahme der systemischen Opioidkonzentration kommen, die mit einem erhöhten Blutendorphinspiegel einhergeht (Flucht- und Kampfsituationen, sportliche Ausdauerleistung, Extremsport, sexuelle Betätigung). Bei Bungeejumpern konnte eine Zunahme der Konzentration von β-Endorphinen im Blut um 200 % nachgewiesen werden (Hennig et al., 1994).

3.2.5.1.2 Opiat-Antagonisten

- Naloxon
- Naltrexon

Die bekanntesten Vertreter sind Naloxon und Naltrexon. Sie blockieren die Opiat-Rezeptoren. Dabei wird sowohl die euphorisierende als auch die analgetische Wirkung aufgehoben. Zudem wurde in verschiedenen Untersuchungen eine verschlechterte Stimmung durch Naloxon-Gabe z. B. beim Sport nachgewiesen.

3.2.5.1.3 Testosteron

Testosteron ist ein Steroidhormon, das hauptsächlich beim Mann als Sexualhormon und muskelaufbauend (anabol) wirkt. Es ist der wichtigste Vertreter der männlichen Sexualhormone, der sogenannten Androgene. Testosteron kommt in geringerer Konzentration auch bei Frauen vor, wird bei ihnen aber in der Nebennierenrinde produziert, beim Mann hauptsächlich in den Keimdrüsen.

Testosteron wirkt sowohl in der Körperperipherie als auch im ZNS. Als fettlösliches Hormon kann es die Zellmembran aller Zellen sowie die Bluthirnschranke überwinden. Die Rezeptoren für Testosteron befinden sich innerhalb der Zelle im Zellplasma. Im ZNS kommt es hauptsächlich in den Hypothalamuskernen und in Regionen des limbischen Systems insbesondere in der Amygdala vor.

In einigen Studien (Ehrenkranz et al., 1974) konnte bei Kriminellen ein signifikant höherer Testosteron-Spiegel im Blut nachgewiesen werden. Allerdings konnte dies in anderen Studien nicht unabhängig vom Kontext bestätigt werden (Rubinow und Schmitt, 1996). Positive Korrelationen zwischen verschiedenen Maßen der Aggressivität und Androgenspiegeln ließen sich vor allem bei Jugendlichen nachweisen (Olweus, 1980; Susman et al., 1987).

Befunde in Testosteron-Studien zu Aggression zeigen relativ große interindividuelle Reaktionsunterschiede. Aggression muss als multifaktoriell angesehen werden. Soziokulturelle Gegebenheiten und die individuelle Lerngeschichte maskieren die Wirkung des Hormons. Dies gilt insbesondere für sozial unerwünschte Formen der Aggression.

Eine sozial adaptive Form der Aggression ist das Dominanz- und Überlegenheitsgefühl innerhalb eines sozialen Gefüges oder gegenüber anderen Individuen, ebenso ein positives Selbstwertgefühl insbesondere bei sportlichen Wettbewerben.

Es gibt Entsprechungen im Tierreich im Zusammenhang mit dem Androgenspiegel im Blut, denn es konnte nachgewiesen werden, dass der Testosteron-Spiegel eines Tieres nach Erreichen eines Führungsrangs steigt (Boissy, 2002). Weiterhin kann der soziale Rang eines Tieres durch die Gabe von Androgenen erhöht werden (Schulkin, 1993).

Es zeigte sich zudem ein Zusammenhang zwischen „Siegern" im sportlichen Wettbewerb und erhöhten Testosteron-Werten sowie den subjektiven Stimmungswerten, sich als erfolgreich zu erleben. Ein erhöhter Testosteron-Spiegel kommt nicht nur bei Siegern athletischer Wettkämpfe vor, sondern allgemein in Wettbewerbssituationen. Dabei ist der Akt des Gewinnens wichtig, d. h., ob man selbst ein subjektives Erfolgsgefühl hat. Dies wurde nachgewiesen (McCaul et al.,1992) in einem Experiment, bei dem a priori der Gewinner in einem Wettkampfspiel festgelegt wurde, ohne dass die Versuchspersonen davon in Kenntnis gesetzt wurden, der Ausgang des Spiels also unabhängig von der Leistung der Versuchspersonen war. Es kann angenommen werden, dass der Stimmungsanstieg der Testosteron-Erhöhung vorausgeht. Demnach könnte Testosteron eher zur Aufrechterhaltung des Siegergefühls beitragen.

3.2.6 Zusammenfassung

Die Annahme, dass eine Hälfte des Gehirns bevorzugt emotionale Informationen verarbeitet, muss angesichts der oben berichteten Befunde relativiert werden. Vielmehr ist es so, dass rechte und linke Hirnhemisphäre abhängig von der Valenz der Emotion (positiv/negativ) und der Art der zur Emotion gehörigen Handlung (Annäherung/Vermeidung) links oder rechts zu lokalisieren sind. Empirische Belege für diese spezielle Form der Lateralisierungshypothese der Emotionen im Gehirn stammen vor allem aus den Studien von Davidson. Er konnte auch zeigen, dass die Neigung einer Person zur Rechts- bzw. Linkslateralisierung der EEG-Aktivität im Ruhezustand Zusammenhänge mit ihrem Verhaltenstil in anderen Situationen aufweist.

Die Suche nach dem Sitz der Emotionen im Gehirn beschränkt sich aber nicht auf die Frage, ob sie in der rechten oder linken Hemisphäre zu lokalisieren sind. In den Fokus der Forschung geriet ein Gebiet, das als limbisches System bezeichnet wurde. Ausgehend von Läsionen und den damit einhergehenden Veränderungen emotionalen Erlebens und Verhaltens richtete sich die Aufmerksamkeit vor allem auf die Amygdala. Sie ist für die emotionale Wahrnehmung von Umweltreizen und die emotionale Verarbeitung von Gedächtnisinhalten verantwortlich. Aber auch verschiedene Areale des präfrontalen Kortex werden mit Emotionen in Verbindung gebracht. Insbesondere der ventro-mediale Teil dient der Repräsentation elementarer positiver und negativer affektiver Zustände, in Abwesenheit unmittelbar verfügbarer Anreize. Er bildet die hirnphysiologische Grundlage für emotional angereicherte Fantasietätigkeiten. Die Amygdala weist neben Verbindungen zum polymodalen Assoziationskortex auch eine direkte Verbindung zum sensorischen Thalamus auf, die eine frühe emotionale Reizverarbeitung ermöglicht, ohne dass kortikale Areale beteiligt sein müssen. Auf diesem Weg werden sehr schnelle emotionale Reaktionen auf noch nicht vollständig verarbeitete Stimuli generiert bzw. werden fortlaufend und vorbewusst Umweltreize auf ihre emotionale Bedeutung hin bewertet. Die Amygdala spielt auch eine zentrale Rolle bei der Verarbeitung angstvoller Gesichtsausdrücke und bei der Angstkonditionierung (LeDoux, 1996).

3.2.7 Fragen

- Welche Varianten der Lateralisierungshypothese gibt es?
- Welche Zusammenhänge bestehen zwischen Ruhe-EEG und affektiven Verhaltensstilen?
- Wann werden kortikale Regionen für eine Angstkonditionierung benötigt?
- Welche Rolle spielt die Amygadala für die Verarbeitung von emotionalen Informationen (emotionales Netzwerk)?
- Beschreiben Sie die Neuroanatomie und Funktion des direkten Wegs zur Amygdala.

3.2.8 Weiterführende Literatur

Panksepp, J. (1998). Affective neuroscience: the foundations of human and animal emotions. New York: Oxford University Press.
LeDoux, J. E. (1996). *The Emotional Brain*. New York: Simon & Schuster.
Roth, G. (1997). *Das Gehirn und seine Wirklichkeit*. Kognitive Neurobiologie und ihre philosophischen Konsequenzen. Frankfurt am Main: Suhrkamp.

4 Emotionen und kognitive Bewertungsprozesse

Wie passen Kognitionen und Emotionen zusammen? Handelt es sich hier nicht um gegensätzliche Dinge? Das könnte man meinen, wenn man Kognition mit Denken als bewusstem und intendiertem Verhalten gleichsetzt. Bewertungsprozesse, die von einigen Autoren als kognitiv bezeichnet werden, spielen jedoch in der Tat bei der Auslösung und Differenzierung von Emotionen eine wichtige Rolle. Um das zu verstehen, muss man aber zunächst einige sowohl bei Laien als auch bei Wissenschaftlern oft vorzufindende Missverständnisse ausräumen (s. a. Kappas, 2001). Was in den Theorien kognitiver Bewertungsprozesse der Emotionen als Kognition bezeichnet wird, muss nicht zwangsweise auch einen bewussten, intentionalen und rationalen Prozess bezeichnen. Kognition ist also nicht mit bewusstem, zielgerichtetem Denken gleichzusetzen. Vielmehr gibt es auch als kognitiv bezeichnete Bewertungsprozesse, die ohne Bewusstsein automatisch und implizit ablaufen. Trotzdem kommt es auch bei Vertretern kognitiver Bewertungstheorien oft zu dem beschriebenen Missverständnis. Das ist umso erstaunlicher, da bereits Magda Arnold, die als Begründerin kognitiver Ansätze in der Emotionspsychologie gilt, vor allem von der letztgenannten automatischen Natur der Bewertungsprozesse ausging. Sie hat versucht, auslösende Situationen, kognitive Bewertungsprozesse und emotionale Reaktionen miteinander zu verknüpfen. Nach James (s. o.) folgen auf die Wahrnehmung eines Stimulus unmittelbar körperliche Veränderungen, die das Erleben der Emotion bestimmen. Er formulierte aber nie genau aus, wie dieser Bewertungsprozess im Detail ablaufen könnte. Das ist aber notwendig, wenn man emotionale Reaktionen verstehen will. Einfache Verbindungen zwischen Stimulus und emotionaler Reaktion existieren nämlich nur für eine sehr geringe Anzahl von Ereignissen („startle"-Reaktion, Ekel-Induktion). Außerdem können Stimuli in Abhängigkeit vom situativen Kontext, in dem sie auftauchen, zu unterschiedlichen emotionalen Reaktionen führen. Die Theorie von Arnold besagt, dass Ereignisse in der Umwelt eines Menschen ihre spezifische emotionale Wirkung dadurch erlangen, dass dem Ereignis eine bestimmte Bedeutung zugeschrieben wird. Magda Arnold thematisierte vor allem den Schaden oder Nutzen, den man aus der Situation ziehen könnte. Die Bedeutungszuschreibung kann aber in weitere Bewertungsschritte unterteilt werden (s. u.) und sie kann auf verschiedenen Ebenen ablaufen, von der automatischen oder schematischen Bewertung bis hin zu konzeptuellen Entscheidungen *(multi-level processing models,* Leventhal und

Scherer, 1987; Smith et al., 1993). Die Gesamtheit dieser Bewertungsprozesse wird als (kognitives) Appraisal bezeichnet. Wie die folgenden Abschnitte zeigen werden, sind kognitive Bewertungen in den meisten Fällen als Teile eines emotionalen Prozesses anzusehen. Es gibt allerdings auch Autoren, die emotionale Prozesse als kognitionsfrei ansehen und Phänomene beschreiben, die das belegen sollen (Zajonc, 1980). Diese Ansicht führte zu der klassischen Debatte zwischen Lazarus und Zajonc, die weiter unten aufgegriffen und unter dem Blickwinkel aktueller theoretischer Entwicklungen diskutiert wird.

4.1 Magda Arnold „Schaden oder Nutzen"

Magda Arnold (1960, Emotion and Personality), die Begründerin der kognitiven Bewertungstheorien in der Emotionspsychologie, gibt ein Beispiel dafür, wie kognitive Bewertungsprozesse die durch ein Ereignis ausgelöste Emotion verändern. Wenn man einen Bären im Zoo oder auf Bildern sieht, löst er andere emotionale Reaktionen aus, als dies bei einer Begegnung in freier Wildbahn der Fall ist. Wichtig ist nach Arnold demnach die persönliche Betroffenheit durch das Ereignis. Je nachdem, ob man Schaden oder Nutzen aus einer Situation ziehen wird, werden andere Emotionen ausgelöst (Tabelle 10). Ohne diese Form der Bewertung („appraisal") gibt es keine Emotionen. Der emotionale Prozess beginnt nach Arnold mit der Wahrnehmung, gefolgt von einer Bewertung und erst dann entscheidet sich, welche Emotion ausgelöst wird.

Tabelle 10: Bewertung von Schaden und Nutzen am Beispiel eines Bären

Situation	Bewertung	Emotion
Bär im Wald	Potenzieller Schaden	Angst, Vermeidungsverhalten
Bär im Zoo	Potenzieller Nutzen	Interesse, Freude, Annäherung

Arnold grenzt kognitives Appraisal auf direkte, unmittelbare, nichtreflektierte, nichtintellektuelle, automatische Prozesse ein. Diese spezielle Sichtweise von Kognitionen wird oft übersehen und den Vertretern aller kognitiven Theorien eine übermäßige Betonung intellektueller Prozesse vorgeworfen. Auch in der Debatte zwischen Lazarus und Zajonc über den Vorrang von Kognitionen und Emotionen („preferences need no inferences"), stellt sich die Frage nach der genauen Definition dessen, was der jeweilige Autor unter Kognitionen versteht. Obwohl Arnold „appraisal" als wichtigste Komponente der Emotion ansah, vertrat sie hinsichtlich der physiologischen und motivationalen Komponente, sowie der Ausdruckskomponente Meinungen, die mit Vorstellungen der Tradition Darwin's und James' durchaus vereinbar sind.

Schon vor Arnold ist die Idee der Vermittlung von emotionalen Reaktionen durch Bewertungsprozesse von Relevanz gewesen. Lazarus (1999) nennt außer Aristoteles z. B. Robertson, der schon 1887 die Auffassung vertrat, dass erst durch das Verstehen einer Situation emotionale Reaktionen entstehen und diese je nach Art des Verstehens ganz unterschiedlich ausfallen können. Auch Spinoza (s. o.) ging davon aus, dass Emotionen in Abhängigkeit von der kognitiven Bewertung eines Ereignisses unterschiedlich ausfallen, insbesondere betonte er, dass es wichtig sei, ob man jemanden für ein Ereignis verantwortlich machen kann. Dieser Aspekt wird weiter unten in Kapitel 4.3 noch einmal aufgegriffen.

4.2 Die kognitiv-motivational-relationale Theorie von Lazarus

Lazarus formulierte 1967, 1991 eine kognitiv-motivational-relationale Theorie, in der er Emotionen als Reaktionen auf die wahrgenommene Umgebung definiert, die uns vorbereiten und mobilisieren, diese in adaptiver Art zu bewältigen. Ob eine Situation als gut oder schlecht bewertet wird, kann ausdrücklich nur auf dem Hintergrund der Ziele und Intentionen beurteilt werden, die die Person im Hinblick auf diese Situation hat. So ist die relationale Bedeutung einer Situation für die Ziele einer bestimmten Person ausschlaggebend für die spezifischen emotionalen Reaktionen derselben. Situationen selbst sind nicht schlecht oder gut, sondern nur im Hinblick auf Ziele und Intentionen derjenigen, die mit der Situation konfrontiert sind.

Lazarus fügt den Bewertungsschritten vor allem den nach den Bewältigungsmöglichkeiten des Individuums im Hinblick auf ein Ereignis hinzu (Lazarus, 1991, Emotion and adaptation). Er gruppiert – wie unten gezeigt wird – Bewertungsmuster zu Kernthemen und ordnet diese Themen bestimmten Emotionen zu. Dadurch erlangt seine Theorie, was den Aspekt der Emotionsvielfalt angeht, Ähnlichkeit mit den oben erwähnten Basisemotionen und Emotionsfamilien von Ekman. Die Einschränkung auf eine bestimmte Anzahl umrissener Bewertungsprofile ist aber bei weitem nicht charakteristisch für alle kognitiven Bewertungstheorien. So leitet sich aus der Theorie von Scherer eine prinzipiell unendliche Anzahl von Emotionen ab, von denen einige jedoch deutlich häufiger auftreten als andere und Modi bilden (modaler Ansatz).

4.2.1 Kognitives Appraisal und Stress

Lazarus beschäftigte sich in den 60er Jahren, also in etwa in der Zeit, als Magda Arnold ihr oben erwähntes Buch veröffentlichte, mit dem Zusam-

4.2 Die kognitiv-motivational-relationale Theorie von Lazarus

menhang von Stressreaktionen und der Art und Weise, wie man einem stressauslösenden Ereignis begegnet. Die Hypothese lautete, dass die Stressreaktion von der jeweiligen Art und Weise der Bewertung abhängt. Um das zu untersuchen, zeigten Speismann et al. (1964) Probanden einen anthropologischen Film über ein Beschneidungsritual unter vier verschiedenen Bedingungen. In der ersten sollten sie den Film einfach anschauen, in der zweiten Bedingung – „Intellektualisierung" genannt – wurde eine Vertonung unterlegt, die wissenschaftliche Aspekte des im Film gezeigten Verhaltens hervorhebt. In der dritten Bedingung wurde der Schmerz durch den Filmkommentator verleugnet. Die vierte Bedingung „Trauma", wurde durch eine Vertonung erreicht, die den schmerzhaften und gefährlichen Charakter dieser blutigen Initiation betonte. Abhängige Variable war das Ausmaß an „Stress", das in den vier Bedingungen auftrat. Gemessen wurde der Hautwiderstand als Indikator für „Stress".

Vier Bedingungen beim Anschauen des Films

1. einfach anschauen,
2. „Intellektualisierung", eine Vertonung, die wissenschaftliche Aspekte des im Film gezeigten Verhaltens hervorhebt,
3. Verleugnung des Schmerzes

und

4. „Trauma", eine Vertonung, die den schmerzhaften und gefährlichen Charakter dieser blutigen Initiation betont. Abhängige Variable und Operationalisierung: Gemessen wurde der Hautwiderstand als Indikator für „Stress".

Das Ergebnisse war, dass die Stressreaktion von der jeweiligen Art und Weise der Bewertung abhängt. In der Situation „Trauma" wurden die größten Zunahmen der Hautleitfähigkeit gemessen, in der Situation „einfach anschauen" geringere Veränderungen. Bei „Intellektualisierung" und „Verleugnung" konnten keine Änderungen der Hautleitfähigkeit gegenüber der Baseline gemessen werden. Die Hypothese konnte also bestätigt werden. Lazarus und Alfert (1964) replizierten dieses Ergebnis in einer modifizierten Form der Studie. Sie informierten die Probanden vor dem Film darüber, dass die Prozedur schmerzlos sei. Diese Probanden zeigten von allen die geringsten Änderungen des Hautwiderstandes, während sie den Film anschauten.

4.2.2 Primäres und sekundäres Appraisal

Welche Emotionen in einer Situation durch ein Ereignis ausgelöst werden, hängt von einem primären und einem sekundären Appraisal ab. Das primäre Appraisal überprüft die Relevanz des Ereignisses für die Person und die Beeinträchtigung von Zielen der Person. Im sekundären Appraisal werden die Folgen des Ereignisses, der Verursacher und die Möglichkeit, auf die Folgen Einfluss zu nehmen, bewertet.

4 Emotionen und kognitive Bewertungsprozesse

Primäres Appraisal
- Relevanz der Situation für die Person
- Beeinträchtigung von Zielen der Person

Sekundäres Appraisal
- Folgen des Ereignisses
- der Verursacher und
- die Möglichkeit, auf die Folgen Einfluss zu nehmen

Möglichkeit zum Reappraisal

Dieser Vorgang ist aber nicht notwendigerweise schon nach einem Durchlaufen von primärem und sekundärem Appraisal abgeschlossen. Vielmehr werden im alltäglichen Fall die einzelnen Bewertungsschritte mehrmals durchlaufen und es kann zu anderen als den anfangs erfolgten Bewertungen und damit auch zu anderen emotionalen Reaktionen kommen. Es besteht also die Möglichkeit, ein Reappraisal des Ereignisses im Hinblick auf die Kriterien des primären und sekundären Appraisal durchzuführen. Das kann z. B. dadurch geschehen, dass neue Informationen über die Situation hinzukommen oder diese nach einer gewissen Zeit anders interpretiert wird.

4.2.3 Der Einfluss des Appraisal auf die emotionale Reaktion

Smith und Lazarus (1993) untersuchten die Annahme, dass unterschiedliche Bewertungen und relationale Themen auch zu unterschiedlichen emotionalen Reaktionen führen würden. Sie verwendeten eine Imaginationsaufgabe, in der sich die Probanden in je eine von vier Geschichten hineinversetzen sollten. Danach wurde der Versuch wiederholt und eine bestimmte Art der Evaluation für die gerade gelesene Geschichte betont. In der ersten Geschichte wird man von einem Freund verraten, in der zweiten von einem Lehrer belästigt. Diese beiden Geschichten wurden gewählt, um das relationale Thema „other blame" zu aktivieren. In der dritten Geschichte erfährt man von der Krebserkrankung eines Verwandten und in der vierten Geschichte hat man eine wichtige Prüfung nicht bestanden. Diese Geschichten induzieren die Themen „loss/helplessness". Die Induktion der relationalen Themen im ersten Durchgang war erfolgreich. In den ersten beiden Geschichten wurde mehr über Schuldzuschreibungen an andere berichtet als in den beiden letzten Geschichten. Umgekehrt war in den beiden letzten das Appraisal mehr durch Verlust und Hilflosigkeit geprägt. Auch der eigentlich entscheidende Teil des Experiments war – mit Ausnahme der Trauergeschichte – erfolgreich. Die Ärgergeschichte induzierte tatsächlich Ärger und ging auch mit den vorhergesagten Arten von Appraisal einher.

4.2.4 Molekulare und molare Analyseebene (die „core relational themes" der Emotionen)

Der Prozess der kognitiven Bewertung einer Situation besteht aus mehreren Einzelschritten wie den Fragen nach der motivalen Relevanz und der Zielbeeinträchtigung, auf die weiter unten noch ausführlich eingegangen wird. Diese Ebene der Bewertungsprozesse bezeichnet Lazarus als molekular. Davon unterscheidet er die molare Ebene, auf der die individuellen Komponenten des Bewertungsprozesses zu „core relational themes" zusammengefasst werden können. Diese „Kernthemen" können jeweils einzelnen Emotionen zugeordnet werden.

Beispielsweise gibt es ein molares Thema, das Lazarus als *„erniedrigenden Angriff gegen die Person"* bezeichnet und das der Emotion Ärger zugeordnet ist. Die molekularen Komponenten des Themas „Ärger", die das Ereignis „ärgerlich" werden lassen, sind die der „motivationalen Relevanz", der „motivationalen Inkongruenz" und der „Verursachung durch einen Dritten". Das zu Ärger gehörende molare Kernthema setzt sich also aus Molekülen zusammen, die beschreiben, dass ein Ereignis die Ziele einer Person betrifft (motivationale Relevanz), mit diesen Zielen nicht vereinbar ist (motivationale Inkongruenz) und das ein Dritter für das Ereignis verantwortlich gemacht werden kann. Lazarus zählt eine ganze Reihe von Kernthemen („core relational themes") auf, die in Tabelle 11 zusammengestellt sind.

Angst tritt auf, wenn man sich einer ungewissen, existenziellen Bedrohung gegenübersieht. Das Kernthema der Furcht wird davon dadurch unterschieden, dass es eine unmittelbare und konkrete Bedrohung gibt. Die zwei selbstreflexiven Emotionen Schuld und Scham gehen mit einer Verletzung moralischer Forderungen bzw. eigener Ideale einher. Das Kernthema der Trauer ist ein unwiderruflicher Verlust eines geliebten Objekts. Zum Neid gehört nach Lazarus, dass man etwas möchte, was ein anderer besitzt. Im Fall der Eifersucht verübelt man es einem Dritten, dass er für den Verlust oder die Bedrohung der Zuneigung einer Person verantwortlich sei. Der Ekel geht einher mit der zu großen Annäherung an ein „unverdauliches" Objekt oder auch eine Vorstellung. Er ist also nicht nur auf konkrete Objekte wie Nahrungsmittel beschränkt, sondern tritt im Zusammenhang mit mentalen Repräsentanzen auf. Freude tritt auf, wenn man einem Ziel einen großen Schritt nähergekommen ist. Man ist stolz, wenn man etwas erfolgreich getan hat, das dem eigenen Ich-Ideal entspricht. Es kann sich dabei auch um das Verhalten einer Gruppe handeln, der man sich zugehörig fühlt. Erleichterung entsteht, wenn die Behinderung einer Zielerreichung aufgehoben wurde. Hoffnung hat das Kernthema „Das schlimmste befürchten, aber sich nach Besserem sehnen". Liebe ist der Wunsch oder die Teilnahme an Zuneigung, die im Normalfall aber nicht notwendigerweise auf eine reziproke Erwiderung trifft. Mitleid ist die Regung, die man verspürt, wenn man das Leiden eines anderen sieht und sich wünscht, ihm zu helfen.

4 Emotionen und kognitive Bewertungsprozesse

Tabelle 11: Emotionen und „core relational themes"

Anger	A demeaning offence against me and mine
Anxiety	Facing uncertain, existential threat
Fright	Facing an immediate, concrete, and overwhelming physical danger
Guilt	Having transgressed a moral imperative
Shame	Having failed to live up to an ego-ideal
Sadness	Having experienced an irrevocable loss
Envy	Wanting what someone else has
Jealousy	Resenting a third party for loss or threat to another's acute affection
Disgust	Taking in or being too close to an indigestible object or idea (metaphorically speaking)
Happiness	Making reasonable progress toward the realisation of a goal
Pride	Enhancement of one's acute ego-identity by taking credit for a valued object or archievement, either one's acute own or that of some group with whom we identify
Relief	A distressing goal-incongruent condition that has changed for thr better or gone away
Hope	Fearing the worst but yearning for better
Love	Desiring or participating in affection, usually but not necessarily reciprocated
Compassion	Being moved by another's acute suffering and wanting to help

4.2.5 „emotion-focused" versus „problem-focused" coping

Insbesondere die Art des sekundären Appraisal und des Reappraisal sind wichtig für die Verabeitung von Emotionen und die damit einhergehenden positiven oder negativen Konsequenzen. Unterschieden werden kann z. B. ein sekundäres Appraisal, das auf die ausgelöste Emotion selbst fokussiert („emotion focused") anstatt auf die die Emotion auslösenden Bedingungen. Es werden also keine neuen alternativen Bewertungs- und Handlungsmöglichkeiten gesucht, sondern man beschäftigt sich lediglich mit der Emotion und deren Folgen.

Diese Unterscheidung wurde z. B. in der Depressionsforschung angewandt. Depressive beschäftigen sich mehr mit der Bewältigung des negativen emotionalen Zustands, in dem sie sich befinden („emotion-focused"), statt mit Problemlösungsmöglichkeiten, die auf eine Änderung der Situation abzielen (Folkman und Lazarus, 1985; Power und Dagleish, 1997). Diese Art von Bewältigungversuch wird als „rumination" bezeichnet (Nolen-Hoeksema, 1991) und definiert als das wiederholte Fokussieren auf die Tatsache, dass man depressiv ist, auf die Symptome, Gründe, Bedeutungen und Konsequenzen der Symptome. Spasojevic et al. (2001) konnten zeigen, dass das Ausmaß an „rumination" ein ungünstiger Prädiktor für die Entstehung von klinisch relevanten Depressionen nach DSM-IV (Saß, Wittchen und Zaudig, 1996) ist.

4.2.6 Die Kontroverse zwischen Zajonc und Lazarus

Einen zu Lazarus konträren Standpunkt vertrat Zajonc (1980). Emotion und Kognition sind unabhängige Systeme und es ist möglich, Emotionen zu generieren ohne die Beteiligung kognitiver Prozesse. Der Standpunkt von Zajonc kann durch folgende Aussage beschrieben werden: „Preferences need no inferences". Zajonc zeigte in mehreren Studien auf, dass der bloße Effekt der Darbietung eines Stimulus ausreicht, um die Präferenz für denselben zu erhöhen, ohne dass die Probanden in der Lage waren, den Stimulus überhaupt wiederzuerkennen. Als Argumente für die Unterscheidung zweier unabhängiger Systeme führt Zajonc acht Eigenschaften von Emotionen auf (siehe Tabelle 12).

Tabelle 12: Eight reasons why affect and cognition should be seen as separate systems

- Affective reactions are primary. (Feelings come first, „cognition follows.)
- Affect is basic. (Phylogenetically, emotional responding comes before cognition.)
- Affective reactions are inescapable.
- Affective judgements tend to be irrevocable.
- Affective judgements implicate the self.
- Affective reactions are difficult to verbalize.
- Affective reactions need not depend on cognition.
- Affective reactions may become separated from content

Lazarus antwortete auf die Veröffentlichungen von Zajonc. Der Streit konzentrierte sich auf die Frage, was unter Kognition zu verstehen sei. Plutchik (1980) zeigte auf, dass keiner der beiden, weder Lazarus noch Zajonc, die Begriffe Kognition und Emotion definiert haben. Leventhal und Scherer gingen so weit, dass sie den Disput weitgehend als semantisches Problem auffassten. Lazarus zieht sich auf den Standpunkt von Arnold zurück, dass kognitive Bewertung nicht notwendigerweise bewusst erfolgen muss, sondern sich auch nichtreflektiv und automatisch ereignen kann. Diese Definition wurde aber als zu weit gefasst kritisiert (Kleinginna und Kleinginna, 1981). Als Reaktion beschränkte Lazarus (1991) den Begriff Kognition auf erlernte Beurteilungen. Die Debatte verkürzt sich nach den Einschränkungen und Zugeständnissen der beiden Autoren auf die Frage, ob Bewertungsprozesse erlernt sind oder ob es auch Bewertungen gibt, die angeboren sind.

Cornelius (1996) zeigt auf, dass Zajonc und Lazarus sich auch darin unterscheiden, was der Geltungsbereich ihrer Theorien sein sollte. Bei näherer Betrachtung untersuchen beide nämlich unterschiedliche Dinge. Zajonc beschäftigte sich hauptsächlich mit positiv und negativ differenzierten Präferenzen, während das Interesse von Lazarus auf spezifischen Emotionen wie Ärger, Trauer, Angst usw. lag, die Zajonc nie erwähnte.

In einer neueren Stellungnahme bezeichnet Lazarus (1999) emotionale Prozesse mit Bezugnahme auf Bandura (1978) als eine Kette von Ereignissen. Somit könnten emotionale Ereignisse auch wieder Emotionen auslösen. Allerdings wären Kognitionen nötig gewesen, um das erste emotionale Ereignis auszulösen. Lazarus setzt die kognitive Komponente mit der Bedeutung eines emotionsauslösenden Ereignisses gleich. Damit ein Ereignis Bedeutung erlangt, sind kognitive Operationen, welcher Art auch immer, nötig. Allerdings ist auch eine Motivation nötig, die einem kognitiv bewerteten Ereignis Relevanz verleiht.

Auch wenn man davon ausgehen kann, dass es einige ungelernte und somit im Sinne Lazarus' nicht von Kognitionen bestimmte emotionale Reaktionen gibt, die auf angeborenen Bewertungsmechanismen beruhen, ist es sinnvoller, Emotion, Kognition und Motivation als Bestandteile eines Prozesses aufzufassen. Diese treten in den meisten Fällen gemeinsam auf und bedingen sich gegenseitig. Es gibt jedoch auch Fälle, in denen eine emotionale Reaktion ohne eine bewusste kognitive Bewertung ausgelöst wird, und es existiert auch eine neurobiologische Grundlage für solche Prozesse (s. o. LeDoux, 1996).

Die Diskussion zwischen Lazarus und Zajonc trug allerdings zu wichtigen Differenzierungen der Begriffe Emotion und Kognition bei. So verstehen viele Autoren (siehe z. B. Arnold) Kognitionen nicht mehr nur als intendierte und bewusst eingesetzte gedankliche Prozesse, sondern sie können auch automatisch und unbewusst ablaufen.

4.3 Das Komponentenprozessmodell von Scherer

Scherer (1984, 2001) definiert Emotionen als eine Episode temporärer Synchronisation aller Systeme des organistischen Funktionierens, repräsentiert durch fünf Komponenten (Kognition, physiologisches Arousal, Motivation, motorischer Ausdruck, subjektives Erleben). Er erwartet, dass kognitive Bewertungen Einfluss auf diese Subsysteme haben, die in komplexen, multiplen Feedback- und Feed-forward-Prozessen organisiert sind.

Um genauer zu verstehen, wie ein kognitiver Bewertungsprozess abläuft und welche Schritte er umfasst, wird auf dieses „Komponentenprozessmodell" von Scherer im Detail eingegangen. Scherer geht davon aus, dass ein Ereignis nacheinander einer Reihe von so genannten „Stimulus-Evaluation-Checks" (SEC) unterzogen wird. Es handelt sich dabei explizit um einen seriellen Prozess, die Checks werden einer nach dem andern durchgeführt. Das Modell von Scherer wurde ausgewählt, weil es im Vergleich mit anderen Theorien die kognitiven Bewertungsschritte sehr weit ausdifferenziert. Die einzelnen Bewertungsschritte basieren auf und subsummieren Diskrepanz-, Attributions- und Bewältigungstheorien. Die vier Hauptkriterien des Bewertungsprozesses,

4.3 Das Komponentenprozessmodell von Scherer

sind die Bewertung der Relevanz, die Bewertung der Implikationen, die Bewertung des Potenzials zur Bewältigung und die Bewertung der Verträglichkeit mit internalen und externalen Standards.

- Bewertung der Relevanz
- Bewertung der Implikationen
- Bewertung des Bewältigungspotenzials (Coping-Potenzial)
- Bewertung der Verträglichkeit mit internalen und externalen Standards

Jeder dieser Hauptbewertungsschritte ist wiederum in mehrere Unterschritte unterteilt. Die jeweiligen Unterschritte können zu unterschiedlich differenzierten Ergebnissen führen. Die Differenziertheit hängt laut Scherer von dem Organisationsgrad des jeweiligen Organismus ab, der die Bewertung durchführt, und kann von binären Entscheidungen zu vielfach abgestuften, graduellen Entscheidungen reichen. Im Hinblick auf die Theoriebildung sollte die Anzahl der enthaltenen Bewertungsschritte nach ökonomischen Gesichtspunkten gewählt werden. Es sollten also nicht mehr Bewertungsschritte angenommen werden, als zur Erklärung emotionaler Bewertungsprozesse nötig sind.

4.3.1 Die einzelnen Schritte des Bewertungsprozesses

In der Frage nach der Ausgestaltung des Bewertungsprozesses liegt auch das Problem dieser Ansätze. Man ist sich zwar einig, dass Ereignisse bewertet werden müssen, um bestimmte Emotionen auslösen zu können. Wie viele Dimensionen nötig sind und welche relevant sind, ist aber umstritten. Unterschiede und Ähnlichkeiten ausgewählter Ansätze stellt Scherer (1984) gegenüber. Die größten Übereinstimmungen zwischen den Theorien von Frijda, Ortony und Clore, Roseman, Smith und Ellsworth, Solomon und Weiner findet man für den Bereich der Implikationen, also den Folgen eines Ereignisses für die Ziele einer Person. Hier liegt ein Schwerpunkt, der schon oben bei Lazarus diskutiert wurde und der auf die gemeinsamen historischen Wurzeln dieser Ansätze hinweist.

4.3.1.1 Relevanz

In Abbildung 12 sind die einzelnen Bewertungsschritte, wie sie von Scherer (2001) angenommen werden, zusammengestellt. Das Kriterium der Relevanz wird unterteilt in das der Neuheit (novelty), der intrinsischen hedonischen Qualität (intrinsic pleasantness) und der Relevanz für Ziele (goal relevance).

4.3.1.1.1 Neuheit (Novelty)

Den Ausgangspunkt des Bewertungsprozesses bildet ein internales oder externales Ereignis, das eine *Zustandsänderung* anzeigt. Die Überprüfung der Neuheit erfolgt wiederum in die Unterschritte (a) „suddenness", (b) Vertrautheit/Erwartung (familiarity) und (c) Vorhersagbarkeit (predictability). Die

4 Emotionen und kognitive Bewertungsprozesse

„suddenness" ist ein Kriterium, das auf der sensumotorischen Ebene bearbeitet wird. Der zugehörige Check liefert als Ergebnis einen hohen Wert, wenn es sich um ein abrupt einsetzendes Ereignis mit hoher sensorischer Intensität handelt. Als Beispiel kann man sich ein lautes, schnell einsetzendes Geräusch, einen Knall vorstellen. (b) Die Vertrautheit/Erwartung setzt das Vorhandensein eines Schemas voraus, innerhalb dessen ein Ereignis als erwartet oder unerwartet klassifiziert werden kann. Tritt der laute Knall z. B. in einer Umgebung auf, in der des öfteren Sprengungen vorgenommen werden, z. B. einem Steinbruch, ist die „suddenness" zwar hoch, aber die Vertrautheit (familiarity) mit diesem Ereignis ist ebenfalls hoch. Die Neuheit des Ereignisses wird auf der konzeptuellen Ebene als die Wahrscheinlichkeit überprüft, mit der das Ereignis in der gegebenen Situation eintrifft (predictability).

Die *Neuheit* ist also ein Kriterium im Bewertungsprozess, wobei Neuheit sowohl das schnelle Einsetzen eines Ereignisses meint, an das der Organismus noch nicht adaptiert hat und das die Auslösung einer Orientierungsreaktion wahrscheinlich werden lässt, als auch eine Aussage über die Vertrautheit des Ereignisses. Plötzlich auftretende unbekannte Ereignisse hätten somit ein großes Potenzial zur Auslösung einer emotionalen Reaktion. Als Indiz für die Bewertung eines Ereignisses als neu oder unerwartet kann auf der Verhaltensebene das Einsetzen oder Ausbleiben einer *Orientierungsreaktion* gelten, die sich als Blick- und Kopfzuwendung äußert und eine Erhöhung der Aufmerksamkeit für das Ereignis beinhaltet mit dem Ziel zu entscheiden, ob weitere Informationsaufnahme und Prozessierung nötig sind.

Relevanz	Implikationen	Coping-Potenzial	Normvereinbarkeit
Novelty	– Cause: Agent	– Control	– External
– Suddenness	– Cause: Motive	– Power	– Internal
– Familiarity	– Outcome probability	– Adjustment	
– Predictability	– Expectation		
Intrinsic Pleasantness	– Conduciveness		
Goal relevance	– Urgency		

Abbildung 12: Kriterien im Appraisal emotionsauslösender Stimuli. Die *Stimulus Evaluation Checks SEC*

4.3.1.1.2 Intrinsische hedonische Qualität

Unabhängig von vorherrschenden Zielprioritäten wird das Ereignis nach seiner *intrinsischen hedonischen Qualität* eingestuft. Diese vermeintlich schnelle Entscheidung ist jedoch bei weitem nicht so einfach zu treffen, wie das von Scherer gefordert wird (Bischof, 1989). Scherer nennt auch nur Gerüche und konditionierte Reaktionen als Beispiel. Moors und Houwer (2001) zeigen mithilfe indirekter Methoden auf, dass positive oder negative Reaktionen auf neutrale Stimuli je nach den verfolgten Zielen spezifisch erleichtert werden. Dieses Ergebnis weist darauf hin, dass die Bewertung der hedonischen Qualität möglicherweise nicht unabhängig von den verfolgten Zielen durchgeführt werden kann.

4.3.1.1.3 Bezug zu Handlungsplänen und Zielen (goal significance/relevance)

Die Einschätzung des *Bezugs zu Handlungsplänen* und Zielen des Individuums leitet den eigentlich transaktionalen Teil des Bewertungsprozesses ein, der damit beginnt, dass aus der Menge der gerade verfolgten Ziele oder Bedürfnisse dasjenige gewählt wird, das von dem Ereignis betroffen ist (Prüfung auf Relevanz). Zusätzlich wird unterschieden, ob das Ereignis Konsequenzen produziert, die für einen selbst oder für andere, um die man sich sorgt, relevant sind. Die Art der Konsequenzen, insbesondere die Wahrscheinlichkeit ihres Eintretens und Wirksamwerdens, gehen als weitere Größe in den Bewertungsprozess ein. Die Relevanzbewertung liefert außerdem Aussagen darüber, ob verfolgte Ziele zentral gefördert bzw. behindert werden oder ob der Bezug nur peripher ist.

Scherer unterscheidet drei Unterkategorien der Ziele und schließt aus einer umfangreichen kulturvergleichenden Fragebogenstudie (s. u.), dass auch jeweils bestimmte Emotionen in Abhängigkeit von den betroffenen Zielen häufiger auftreten:

- personal concerns (Überleben, körperliche Integrität, Selbstwert)
- *relationship concerns* (Beziehungen beginnen und aufrechterhalten, Zugehörigkeit zu sozialen Gruppen)
- *social order concerns* (Ordnungssinn, Vorhersehbarkeit im sozialen Umfeld, Fairness und Zweckmäßigkeit)

4.3.1.2 Implikationen

Das zweite Hauptkriterium, auf das hin die Situation bewertet wird, ist das der Implikationen. Es unterteilt sich in mehrere Unterkriterien wie z. B. die Frage nach der Verursachung.

4.3.1.2.1 Verursachung (cause: agent/cause: motive)

Die Frage nach den Gründen für das Eintreten eines Ereignisses, der *Verursachung*, findet sich in einer Vielzahl von Theorien unter unterschiedlichen Termini wieder (agency – Kemper, Ortony, Clore und Collins, Roseman, Smith und Ellsworth; locus of causality – Weiner; intentionality – Frijda; responsibility – Solomon; nach Scherer, 1988). Unterschieden wird hauptsächlich zwischen dem Selbst als Verursacher (internale Kausalität), anderen (externaler Verursachung) und einer Verursachung durch ‚natural agents' (Umstände, Glück usw.).

4 Emotionen und kognitive Bewertungsprozesse

- Selbst als Verursacher (internale Kausalität)
- Andere als Verursacher (externale Verursachung)
- Verursachung durch ‚natural agents' (Naturereignisse, Glück usw.)

Die Frage nach den Gründen, die den Verursacher leiten *(„Warum")*, wird nur von wenigen Autoren gestellt, ist für den Bewertungsprozess und sein Ergebnis vor allem im Hinblick auf Bewältigungsmöglichkeiten jedoch mindestens ebenso wichtig, wie die Frage nach dem „Wer".

Auch dieser Bewertungsschritt basiert auf subjektiven Wahrnehmungen und Interpretationen dessen, der einer emotionsauslösenden Situation ausgesetzt ist. Welche Intention wird z. B. im Fall von „natural agents" wahrgenommen? Den Naturgewalten oder dem Schicksal kann z. B. durch religiöse Überzeugungen motiviert, eine positive Intention unterstellt werden. Dadurch führen selbst schwerste Schicksalsschläge nicht zu Ärger, sondern es kommt zu Demut oder sogar Dankbarkeit, weil die auferlegte Prüfung als besondere Gnade empfunden wird, die man von Gott erfahren hat. Nimmt man jedoch böse Geister z. B. als Verursacher von Tod und Unglück an, ergeben sich andere emotionale Reaktionen.

4.3.1.2.2 Eintretenswahrscheinlichkeit der wahrgenommenen Folgen des Ereignisses (Outcome probability)

In diesem Schritt wird überprüft, mit welcher Wahrscheinlichkeit die Folgen des zu bewertenden Ereignisses eintreten werden. Diese Einschätzung ist vor allem dann wichtig, wenn es sich um die Ankündigung, Signalisierung eines Ereignisses oder Verhaltens handelt, z. B. im Fall einer verbalen Drohung. Dann müssen sowohl die Wahrscheinlichkeit des Ereignisses selbst als auch die der Folgen eingeschätzt werden. Aber auch wenn das Ereignis bereits eingetreten ist, sind die Folgen desselben nicht immer determiniert, sondern treten mit einer gewissen Wahrscheinlichkeit ein. Scherer (2001) nennt als Beispiel einen Studenten, der sein Examen nicht bestanden hat, und einige der potenziellen Folgen, z. B. Die Reaktionen der Eltern auf dieses Ereignis sind noch ungewiss.

4.3.1.2.3 Goal conduciveness check/Dienlichkeit

Das Ereignis selbst oder Konsequenzen desselben werden in diesem Bewertungsschritt daraufhin überprüft, ob sie Folgen für die Ziele eines Individuums haben. Das Erreichen des Ziels kann erleichtert werden oder die Zielerreichung wird erschwert.

4.3.1.2.4 Wahrgenommene Dringlichkeit

Eine weitere Eigenschaft, auf die das Ereignis untersucht wird, ist die *wahrgenommene Dringlichkeit* einer angemessenen Reaktion. Sie ist dann hoch, wenn Ziele mit hoher Priorität betroffen sind und wenn die Folgen für die Ziele mit der Zeit größer werden.

4.3 Das Komponentenprozessmodell von Scherer

4.3.1.3 Einschätzung des Coping-Potenzials

Die sich anschließende Einschätzung des *Coping-Potenzials* erfolgt anhand von drei Kriterien (Scherer, 1988, 2001):

a) **Control:** Gibt es in der Natur des Ereignisses liegende Kontrollierbarkeitsaspekte?
b) **Power:** Verfügt das Individuum über die Möglichkeit, das Ereignis oder seine Konsequenzen zu beeinflussen?
c) **Adjustment:** Ist es möglich, eigene Ziele an die irreversibel veränderten Umstände anzupassen?

Im Fall a) wird bewertet, ob das Ereignis prinzipiell kontrollierbar ist, unabhängig von der eigenen Macht b), dies zu tun. Wenn es nicht möglich ist, etwas an den Folgen eines Ereignisses zu ändern, bleibt noch die Frage nach der Möglichkeit, die betroffenen Ziele an die geänderten Umstände anzupassen.

4.3.1.4 Normvereinbarkeit/Kompatibilität mit externalen und internalen Standards

Ein zusätzliches Bewertungskriterium in Bezug auf Moral, Legitimität, Billigung und Gerechtigkeit erlangt Bedeutung vor allem im Zusammenhang mit den Affekten Verachtung, Scham, Schuld und Ärger. Scherer unterscheidet *externale Standards*, die von der Gruppe gesetzt werden, und *internale Standards*, die das Individuum sich selbst setzt. Internale Standards stammen aus dem Selbstideal oder internalisierten moralischen Ansprüchen der bewertenden Person. Bei den externalen Standards handelt es sich um geteilte, sozial vermittelte und sanktionierte Werte, denen gegenüber das Individuum sich verpflichtet fühlt.

4.3.2 Was verbindet Bewertungsprozesse und Emotionen?

Wie steht nun der seriell ablaufende Bewertungsprozess mit Emotionen in Verbindung? Scherer geht davon aus, dass je nachdem, mit welchen Ergebnissen die einzelnen Bewertungsschritte durchlaufen wurden, unterschiedliche Emotionen entstehen. Prinzipiell sind unendlich viele Emotionen denkbar, da der Bewertungsprozess in unendlich vielen Varianten durchlaufen werden kann. Scherer geht aber davon aus, dass bestimmte Arten von Bewertungsmustern gehäuft auftreten und sich um Modi organisieren. Diese modalen Zustände werden durch die gängigen Label für Emotionen nur im Sinne von zentralen Tendenzen beschrieben und weisen eine weit darüber hinausgehende Vielfalt auf (siehe dazu auch das Konzept der „Emotionsfamilien" von Ekman (1992)). Die Zuordnung von Bewertungsprozessen und Emotionen sowie die Unterscheidung zwischen ähnlichen Emotionen kann am Beispiel der Emotionen Wut und „cold anger/irritation", Angst und Furcht, sowie Schuld und Stolz verdeutlicht werden (nach Scherer, 2001). Im Hinblick auf die Relevanz tritt Wut nach Scherer ein, wenn ein Ereignis eine hohe Zielrelevanz aufweist.

Zusätzlich tritt es plötzlich auf, ist unvertraut und kaum vorhersehbar. Die zugehörigen Implikationen weisen eine hohe Eintretenswahrscheinlichkeit der zum Ziel diskrepanten und nicht förderlichen Folgen des Ereignisses auf, die als sehr dringlich eingestuft werden. Als Verursacher wird eine Person wahrgenommen, die intendiert gehandelt hat. Das Coping-Potenzial wird sowohl hinsichtlich Kontrollierbarkeit, Macht und Anpassung, als hoch eingeschätzt. Die internale Normvereinbarkeit ist offen, die Vereinbarkeit mit externalen Normen wird aber als niedrig eingeschätzt. Wut wird von „cold anger" hauptsächlich dadurch unterschieden, dass die Ziele in höherem Ausmaß betroffen sind, dass ein anderer als Verursacher identifiziert ist und dass dieser andere das Ereignis willentlich herbeigeführt hat. Furcht wird von Angst vor allem durch die höhere „suddeness" unterschieden. Es werden jedoch auch Unterschiede in anderen Bewertungsschritten von der Theorie gefordert. Schuld und Stolz unterscheiden sich vor allem in den Bewertungen der Normvereinbarkeit. Während Stolz mit Ereignissen einhergeht, deren internale wie externale Normvereinbarkeit als sehr hoch eingeschätzt wird, gilt für den Bewertungsprozess bei Schuld das Gegenteil. Außerdem sind im Fall von Schuld Ziele von anderen betroffen, während dies im Fall von Stolz eigene Ziele sind.

Eine Verbindung zwischen dem kognitiven Bewertungsprozess und Emotionen wird von Scherer auch für den mimischen Ausdruck gefordert. Die Bewertung eines Ereignisses als neu geht z. B. mit dem Anheben der Augenbrauen einher, besteht eine Diskrepanz zu den Erwartungen, werden die Augenbrauen zusammengezogen. Scherer geht davon aus, dass sich eine mimische Ausdruckskonfiguration sukzessive aus den Gesichtsbewegungen aufbaut, die den einzelnen Bewertungsschritten zugeordnet werden können. Für die Frage nach der kulturellen Universalität der auftretenden mimischen Muster ist wichtig, dass in der Mimik vor allem die Ergebnisse der Bewertungsschritte abzulesen sind und nicht die Korrelate des Bewertungsprozesses. Das ist deshalb wichtig, weil Scherer und Wallbott (1994) davon ausgehen, dass zwar die Komponenten des Bewertungsprozesses in allen Kulturen vorkommen, die Ergebnisse sich aber unterscheiden. Die emotionalen Reaktionen auf ähnliche Situationen können sich demnach unterscheiden, die mimischen Ausdrucksmuster müssten aber wie die Bewertungsschritte kulturellübergreifend vergleichbar sein (s. u.).

4.3.3 Empirische Bestimmung von Bewertungsprofilen

Der empirische Zugang zu den oben besprochenen Bewertungsprozessen gestaltet sich schwierig. Scherer (1997) selbst weist darauf hin, dass die Bewertungsschritte meist sehr schnell, automatisch und unbewusst ablaufen und somit ein Zugang zu diesen Prozessen mithilfe von Fragebögen mit Problemen behaftet ist. Eine Alternative wird in der Untersuchung mimischer Reaktionen bei interaktiven Computerspielen gesehen, die auf den www-Seiten der Geneva Emotion Research Group beschrieben werden. Die meisten Untersuchun-

4.3 Das Komponentenprozessmodell von Scherer

gen stützen sich jedoch auf Fragebögen. Zur Erhebung der kognitiven Bewertungsprozesse wird verlangt, dass Situationen geschildert werden, in denen die Emotionen Freude, Ärger, Angst, Trauer, Ekel, Scham und Schuld intensiv erlebt wurden. Danach werden folgende Angaben abgefragt:

1. Die Angabe des subjektiven Erlebens
2. Die Angabe physiologischer Symptome und von Ausdrucksverhalten
3. Fragen zum kognitiven Bewertungsprozess

Die Fragen zum kognitiven Bewertungsprozess beziehen sich auf einen Teil der oben beschriebenen Komponenten oder SEC. Sie lauten wie folgt:

1. Haben Sie erwartet, dass diese Situation eintritt? (Erwartung)
2. Fanden Sie das Ereignis an sich angenehm/unangenehm? (Angenehmheit)
3. Wie wichtig war dieses Ereignis in Bezug zu ihren Zielen, Bedürfnissen und Wünschen? (Zielrelevanz)
4. Würden Sie sagen, dass die Situation fair oder unfair war? (Normvereinbarkeit)
5. Wen halten Sie für verantwortlich: sich selbst, eine Ihnen nahe stehende Person, andere Personen, einen anderen Sachverhalt? (Verursachung)
6. Wie hoch schätzen Sie ihre Möglichkeit ein, das Ereignis oder seine Konsequenzen zu bewältigen? (Coping: 1 machtlos, 2 Flucht möglich, 3 nichts passiert, 4 keine Aktion nötig, 5 positiver Einfluss möglich)

An der Untersuchung nahmen 2921 Probanden teil. Davon waren 55 % weiblich und 43 % waren Psychologiestudenten. Das mittlere Alter betrug 21,8 Jahre. Die Ergebnisse zeigten, dass die vorgegebenen Fragen bezüglich der Bewertungsschritte von den Probanden auch als anwendbar auf ihre Situation angesehen wurden. Lediglich in 16,3 % der Antworten wählten die Probanden die Kategorie „nicht anwendbar". Unterdurchschnittlich oft geschah dies für die Komponenten: Erwartung, Angenehmheit, Coping, während die Fragen nach Zielrelevanz, Fairness und Normvereinbarkeit (außer bei Ärger) überdurchschnittlich oft als nicht anwendbar eingestuft wurden. Normvereinbarkeit wurde häufig bei Angst und Trauer als „nicht anwendbar" eingestuft.

Für die diskriminative Validität der einzelnen Bewertungsschritte im Hinblick auf die Emotionen wurden folgende Ergebnisse gefunden. Die Erwartung ist – wie vorhergesagt – bei Angst geringer als bei allen anderen Emotionen, jedoch nur tendenziell. Bei Ärger, Scham und Ekel ist sie ähnlich niedrig. Es zeigt sich die Notwendigkeit Unterkategorien der Emotionen zu unterscheiden (Angst, Ängstlichkeit, Panik), die sich hier z. B. im Grad der Erwartung unterschieden. Freudige Ereignisse wurden als die am meisten erwarteten eingestuft. Es ergaben sich folgende Reihungen auf den zugehörigen Dimensionen:

Dimension *unerwartet – erwartet* (Erwartung)
    anger = disgust < = shame < = fear < = guilt < = sadness < joy
Dimension *angenehm – unangenehm* (Angenehmheit)
    joy < shame = guilt < fear < = sadness < disgust = anger
Dimension *helfend – behindernd* (Zielrelevanz)

joy < disgust = fear = guilt = shame < sadness = anger
Dimension *selbst – andere Sachverhalte* (Verursachung)
   guilt < shame < joy < anger < fear = disgust < sadness
Dimension Coping *niedrig – hoch*
   sadness = fear < shame = disgust = guilt = anger < joy
Dimension Normvereinbarkeit *hoch – niedrig*
   joy < sadness < fear < shame = guilt < anger < disgust
Dimenision Fairness *hoch – niedrig*
   joy < shame = guilt < fear < sadness < disgust < anger (hoch – niedrig)
Dimension Selbstwert-Erleben
   guilt = shame < sadness < fear = anger = disgust < joy

4.3.4 Kulturelle Unterschiede im Bewertungsprozess

Je nach Kultur können „gleiche" Situationen zu unterschiedlichen Ergebnissen in den Bewertungsschritten führen und somit auch andere Emotionen auslösen. Scherer fand z. B., dass in afrikanischen Kulturen missliche Ereignisse wie z. B. Unwetter, Missernten oder der Tod eines Angehörigen weniger zu Hilflosigkeit und Trauer führen als vielmehr zu Ärger. Eine Erklärung dafür fand er darin, dass die Angehörigen dieser Kulturen an Hexerei glauben und die Frage nach der Verantwortung für die benannten Ereignisse anders beantwortet wird als in anderen Kulturen, die von einer Unkontrollierbarkeit dieser Ereignisse ausgehen.

Weitere kulturelle Unterschiede bestehen vor allem in den Bewertungsschritten „wahrgenommene Moralität", „erwartet/unerwartet" und „wahrgenommene Gründe oder Verursacher". Diese Unterschiede korrelierten mit den kulturellen Wertedimensionen von Hofstede (1991). In Kulturen mit eher individualistischer Wertestruktur, geringer Machtdistanz und geringer Unsicherheitsvermeidung wurden Ereignisse häufiger als erwartet eingestuft und Ereignisse häufiger als unmoralisch angesehen.

Für Scham und Schuld ergaben sich Unterschiede in den Komponentenmustern zwischen „individualistischen" und „kollektivistischen" Kulturen. In Ersteren waren Scham und Schuld weitgehend ähnlich hinsichtlich der Komponente Immoralität, während in „kollektivistischen" Kulturen schuldauslösende Ereignisse als unmoralischer bewertet wurden als schamauslösende. Entsprechend sollen sich auch die expressiven und physiologischen Muster von Scham und Schuld in „kollektivistischen" Kulturen unterscheiden (Scherer, 1997). Auf die kulturelle Invarianz des Bewertungsprozesses wird in Kapitel 5.3 noch genauer eingegangen.

4.3.5 Anwendung auf psychische Störungen

Die Theorie von Scherer wurde von Kaiser und Scherer (1998) auch auf psychische Störungen angewandt und das daraus resultierende Ausdrucksverhalten für bestimmte Arten von Patientengruppen abgeleitet. Die Autoren versuchen emotionale Störungen durch maladaptive Formen von kognitiven Bewertungen zu erklären. So führt eine übertriebene Sensitivität beim Stimulus-Check der Neuheit zu Nervosität, Sprunghaftigkeit und gesteigerter Ängstlichkeit. Eine fehlende Sensitivität für die intrinsische oder erlernte positive Valenz von Stimuli geht mit Anhedonie einher. Apathie wird als Fehlfunktion der Einstufung der Relevanz von Ereignissen für eigene Ziele verstanden, Pessimismus als Überschätzung der Wahrscheinlichkeit negativer Konsequenzen eines Ereignisses. Chronische Unzufriedenheit bzw. Euphorie gehen auf einen Bias bei der Einschätzung der Dienlichkeit von Ereignissen zurück. Lethargie tritt auf, wenn die Dringlichkeit für Reaktionen unterschätzt wird, Panik, wenn diese überschätzt wird. Paranoia wird mit einem Bias auf externale Attribuierungen und einer Überschätzung der Intentionalität des Handelnden erklärt, während unrealistische Scham- und Schuldgefühle mit einem Bias auf internale Attribuierungen einhergehen. Unterschätzung der Kontrollmöglichkeiten führen zu Hoffnungslosigkeit und Depression. Hilflosigkeit ist die Folge einer Unterschätzung der Handlungsmacht, während eine Überschätzung derselben Kennzeichen von Manie und Panik seien, die auch durch eine Unterschätzung des Anpassungspotenzials erklärt wird. Die Tendens Diskrepanzen zwischen eigenem Verhalten und externalen Normen zu überschätzen, geht mit Schuldgefühlen einher, während eine Unterschätzung der Diskrepanzen ein Kennzeichen antisozialen Verhaltens ist. Analog führt die Überschätzung der Diskrepanz zu internalen Normen zu Schamgefühlen und entsprechend die Unterschätzung zum Ausfall der Scham als Steuerungsgröße. Die geschilderten Fehlfunktionen im Appraisal gewinnen zusätzlich an Bedeutung dadurch, dass die Bewertungsprozesse nicht bewusst ablaufen müssen und auch nicht immer verbalisierbar sind. Zusätzlich können bewusste, unbewusste und verbalisierte Aspekte des Appraisal sich unterscheiden und müssen demnach nicht deckungsgleich sein.

4.3.6 Emotionen als Bestandteile informationsverarbeitender Prozesse

Eine Theorie, die von einem unspezifischen Arousal ausgeht und damit in diesem Punkt wie oben dargestellt als überholt gelten muss, soll hier kurz erwähnt werden. Dies geschieht deshalb an dieser Stelle, da in der Theorie von Mandler (1975) Emotionen explizit mit informationsverarbeitenden Prozessen in Verbindung gebracht werden. Mandler betrachtet Emotionen als Bestandteil informationsverarbeitender Prozesse, in denen autonome Erregung die Unterbrechung („interruptions") von aktuellen Plänen und Zielen anzeigt. Die Interrupts sind adaptiv, da sie Änderungen in der Lebens- und Überlebensumwelt anzeigen. Das daraus entstehende Arousal mobilisiert den Körper und ändert gleichzeitig den mentalen Status der Person. Sie wird aufmerksamer, wacher und scannt die Umgebung. Die Ursache für das autonome Arousal wird gesucht und die Aufmerksamkeit dadurch auf Dinge gerichtet, die möglicherweise von adaptiver Bedeutung sind. Das emotionale Erleben und die begleitenden Verhaltensweisen sieht Mandler als das Endresultat der Interaktion zwischen Arousal und kognitiver Interpretation der Ursachen des Arousals, der Folgen und des „coping"-Potenzials.

MacDowell und Mandler (1989) prüften die aus der Theorie abgeleiteten Hypothesen mithilfe eines Videospiels. Nachdem die Probanden in mehreren Durchgängen Erfahrungen mit dem Spiel gesammelt und Erwartungen aufgebaut hatten, wurde das Spiel umprogrammiert. Die unerwarteten Ereignisse stellten die Operationalisierung der Unterbrechungen in Mandlers Theorie dar. Erhoben wurden Herzschlag und Hautleitfähigkeit sowie ein affektiver Selbstreport. Die erste Hypothese konnte bestätigt werden. Das Arousal war größer im Zusammenhang mit unerwarteten als mit erwarteten Ereignissen. Die Interpretation der Ergebnisse zur 2. Hypothese sind allerdings umstritten. Die Höhe des Arousals korrelierte nicht in allen Fällen mit der Intensität des emotionalen Erlebens, des Weiteren bleibt unklar, ob das Arousal durch die Unterbrechung der Aktivitäten der Probanden ausgelöst wurde oder ob nicht alternativ die Neuheit des Ereignisses Auslöser desselben war.

Die Theorie von Oatley und Johnson-Laird ist der von Mandler ähnlich, fokussiert aber spezifisch auf die Unterbrechung von Zielen und wurde vor dem Hintergrund der „cognitive science" entwickelt, um durch Computersimulation testbare Hypothesen abzuleiten. Sie verstehen kognitive Prozesse als hierarchisch strukturierte Module, die mehr oder weniger unabhängig voneinander bestimmte Aufgaben verfolgen (parallel distributed processes). Ein „executive"-Modul kontrolliert und organisiert die Arbeit der untergeordneten Module. Das System enthält auch eine Repräsentation des Systems als Ganzem, was damit zusammenhängt, dass ein Hauptziel in der Bewahrung des Systems selbst besteht. Was hat das alles mit Emotionen zu tun? Emotionen kommen ins Spiel bei der Modellierung der Kommunikation der Module untereinander. Neben der propositionalen oder symbolischen Kommunikation nehmen Oatley und Johnson-Laird eine emotionale Kommunikation an, die keine Informationen verteilt, sondern dazu dient, die Module in unterschiedliche emotionale Modi zu bringen. Die emotionalen Modi unterbrechen die aktuellen Prozesse der Module und versetzen sie in die Bereitschaft, nach Maßgabe der emotionalen Modi zu funktionieren. Emotionale Kommunikation wird ausgelöst durch die Wahrnehmung überlebens- und zielrelevanter Information aus der internen und externen Umgebung. Dieser „globale Interrupt" setzt schnell neue Prioritäten für die Funktionsweise der Module. Diese Theorie ist ein Beispiel dafür, wie Emotionen kognitive Prozesse einer Person mitbestimmen können. Oatley und Johnson-Laird sehen Emotionen aber neben dieser internalen Funktion auch als im sozialen Sinn kommunikativ an. Emotionen unterrichten den Sozialpartner über Pläne und Ziele und eröffnen so die Möglichkeit, die gegenseitigen Rollen in einer Situation neu zu verhandeln. Ähnlich wie Ekman nehmen auch Oatley und Johnson-Laird eine Reihe von Basisemotionen an.

4.4 Zusammenfassung

Ausgehend von der Theorie Arnolds, dass die emotionale Bedeutung eines Ereignisses davon abhängt, wie es im Hinblick auf eventuellen Schaden oder Nutzen für die Person eingestuft wird, wurde der kognitive Bewertungsprozess von einer Reihe von Autoren weiter ausformuliert. Der kognitive Bewertungsprozess wurde im Laufe der Theorieentwicklung in weitere Einzelschritte unterteilt. Diese können auf verschiedenen Ebenen ablaufen, von der automatischen oder schematischen Bewertung bis hin zu konzeptuellen Entscheidungen *(multi-level processing models*, Leventhal und Scherer, 1987). Die Gesamtheit dieser Bewertungsprozesse wird (kognitives) Appraisal genannt und umfasst auch Prozesse, die ohne Bewusstsein und automatisch ablaufen. Lazarus führte eine Unterscheidung zwischen primärem und sekundärem Appraisal ein und betonte den motivational-relationalen Aspekt emotionsauslösender Situationen. Außerdem fügte er die molekularen Elemente des Bewertungsprozesses zu molaren „core relational themes" zusammen, die den motivational-relationalen Kern von Emotionen bilden.

Scherer (1984, 2001) definiert Emotionen als eine Episode temporärer Synchronisation aller Systeme des organistischen Funktionierens, repräsentiert durch fünf Komponenten (Kognition, Physiologisches Arousal, Motivation, Motorischer Ausdruck, Subjektives Erleben). Er erwartet, dass kognitive Bewertungen Einfluss auf diese Subsysteme haben, die in komplexen, multiplen Feedback- und Feed-forward-Prozessen organisiert sind.

4.4.1 Fragen

- Wie genau sind die Ergebnisse der Bewertungsschritte abgestuft (binär oder graduell)?
- Wie viele Emotionen gibt es nach dem Modell von Scherer?
- Was ist eine „modale" Emotion?
- Welche Hauptkriterien beschreiben den kognitiven Bewertungsprozess bei Scherer?
- Welche Komponente tritt nur in wenigen Theorien im Zusammenhang mit der Verursachung auf?
- Welche Unterkriterien werden im Schritt Bewertung des „Coping-Potenzials" überprüft?
- Was verbindet Bewertungsprozesse und Emotionen?
- Wie unterscheiden sich Wut und „cold anger" im Bewertungsprofil?
- Wie versteht Scherer den Zusammenhang zwischen mimisch-emotionalem Ausdruck und kognitiver Bewertung?
- Wie können psychische Störungen durch Theorien des kognitiven Bewertungsprozess verstanden werden?

4 Emotionen und kognitive Bewertungsprozesse

- Welche Funktion haben Emotionen als Interrupts in der Theorie von Oatley und Johnson-Laird?

4.4.2 Weiterführende Literatur

Dalgleish, T. und Power, T. (1999). *Handbook of cognition and emotion.* Chichester, Weinheim: Wiley.

Scherer, K., Schorr, A. und Johnstone (2001), T. *Appraisal processes in emotion.* Oxford: University Press.

Lazarus, R. S. (1991). *Emotion and adaptation.* New York: Oxford University Press.

5 Emotionen, Kultur und Gesellschaft

5.1 Einleitung

Neben kulturellen Universalitäten im emotionalen Verhalten, wie sie oben z. B. im Zusammenhang mit evolutionsbiologischen Theorien besprochen wurden, gibt es auch eine Reihe von Unterschieden hinsichtlich des Erlebens von Emotionen, deren Auftretenshäufigkeiten im Ausdruck und Erleben sowie den zugehörigen Bewertungsprozessen. Weiter oben wurden bereits „display rules" eingeführt, die angeben, welche Emotionen in welchem Kontext und mit welcher Intensität gezeigt werden sollen (Friesen, 1972). Diese kulturspezifischen Regeln werden bereits in der frühen Kindheit erworben und bestimmen den weiteren Umgang mit Emotionen entscheidend mit. Darüber hinaus werden aber auch kultur- und gesellschaftsspezifische Regeln thematisiert, die nicht nur den Ausdruck von Emotionen betreffen, sondern sogar das Entstehen und Erleben derselben reglementieren können.

Ein Problem kulturvergleichender Studien besteht darin, Kulturen zu definieren und voneinander abzugrenzen. Da dieses Unterfangen meist nicht zu übereinstimmenden Ergebnissen führt, werden statt dessen nationale Grenzen verwendet, um kulturelle Unterschiede zu untersuchen. Außerdem wurden Dimensionen entwickelt, die Unterschiede zwischen den Kulturen wiedergeben sollen. Eine klassische Charakterisierung von Kulturen oder Nationen anhand von Dimensionen stammt von Hofstede (1980). Er entwickelte die folgenden vier Dimensionen:

- **Individualismus/Kollektivismus:** Das Ausmaß der Orientierung am Individuum oder der Gruppe
- **Machtdistanz** (hoch/niedrig): Das Ausmaß, in dem Machtunterschiede zwischen Gruppen bestehen
- **Unsicherheitsvermeidung** (hoch/niedrig): Das Ausmaß der Präferenzen für Sicherheit oder Risiko
- **Maskulinität/Feminität:** Das Ausmaß der Ausprägung von Geschlechtsrollenerwartungen.

Zum Verständnis der Dimension des Kollektivismus kann auf ein Beispiel von Lutz zurückgegriffen werden. Die Anthropologin Catherine Lutz war neun Monate lang zu Gast bei den Ifaluk, einem kleinen Stamm, der mit etwa 430

Einwohnern auf einem Atoll im Pazifik lebt. Schon die Verwendung des Personalpronomens „Ihr" in einer Aufforderung, gemeinsam Trinkwasser zu holen, irritierte die Ifaluk, da dies eine Trennung zwischen der Person Lutz und dem Rest des Stammes implizierte. Die kollektivistische Orientierung der Ifaluk wirkt sich auf das generelle Verständnis und das Zeigen von Emotionen aus. Während in den USA und Europa Emotionen oft als Gefühle einer Person verstanden werden, sind sie in den Kulturen der Ifaluk und anderer kollektivistischer Kulturen untrennbar von sozialen Aktivitäten und werden durch soziale Ereignisse ausgelöst. Der Fokus liegt dabei auf der durch die Emotion ausgedrückten Qualität zu einem anderen Mitglied der Gemeinschaft und nicht nur auf dem Gefühl des Einzelnen.

Kulturelle Unterschiede können sich in allen Komponenten einer Emotion zeigen und werden demnach auch so erfasst. Die folgenden methodischen Möglichkeiten stehen zur Verfügung:

1. Subjektives Erleben (meist über Emotionsworte)
2. Bewertungsprozesse (siehe unten)
3. Handlungstendenzen (z. B. instrumentelles Verhalten bei Ärger)
4. Expressionen (siehe evolutionspsychologische Ansätze)
5. Physiologische Reaktionsmuster

Im Folgenden wird zunächst auf die Probleme eingegangen, die entstehen, wenn man das subjektive Erleben als Maßstab für den interkulturellen Vergleich wählt. Danach werden die Auftretenshäufigkeiten von Emotionen in Abhängigkeit von den „display rules" besprochen. Über Regeln zum Ausdruck hinaus kann man feststellen, dass bestimmte emotionale Reaktionen in einigen Kulturen mehr oder weniger thematisiert und von kulturellen Einflüssen modifiziert werden. Nach Levy (1984) werden Emotionen, die im Mittelpunkt kulturellen und gesellschaftlichen Interesses stehen, als *„hypercognized"* bezeichnet, solche, für die das weniger gilt, als *„hypocognized"*. Die Bedeutung einzelner Emotionen für eine Kultur zeigt sich vor allem darin, wie stark dieselben in den Normen und Werten einer Kultur verankert sind. In den folgenden Abschnitten werden einige Beispiele aufgeführt für Emotionen, die in bestimmten Kulturen stärker thematisiert und sozial sanktioniert sind als andere. Danach wird gezeigt, dass es kulturübergreifende Gemeinsamkeiten im Hinblick auf emotionsauslösende Situationen gibt. Jedoch können die kognitiven Bewertungen von ähnlichen Situationen durch kulturspezifische Randbedingungen – wie z. B. die Art der verfügbaren Nahrungsressourcen – modifiziert sein.

5.1.1 Emotionsworte und kulturvergleichende Studien

Zieht man Emotionsworte zum interkulturellen Vergleich heran, suggeriert die lexikalische Bedeutung der Worte oft eine weitgehende Universalität. Die so gewonnenen Resultate sind aber trügerisch, da die linguistischen, konnotativen Bedeutungsfelder der einzelnen Emotionswörter erheblich variieren können. Diese Variationen reichen von Nuancen bis hin zu deutlichen Unterschieden in dem, was mit einem Emotionswort gemeint sein kann. Um das Bedeutungsfeld eines Emotionswortes zu bestimmen, müssen mehrere Wege beschritten werden. Man kann z. B. die zugehörigen Situationen umschreiben lassen, die zur Auslösung der Emotion führen, und erklären lassen, weshalb die jeweilige Situation zu einer bestimmten Emotion führt. Zusätzlich kann bestimmt werden, welche Komponenten der Emotion durch das Emotionswort angesprochen werden und ob es Regeln zum Erleben und dem Ausdruck der Emotion gibt. Ein Beispiel, in dem Umschreibungen der emotionsauslösenden Situationen statt Emotionsworten verwendet wurden, ist die oben beschriebene „Fore"-Studie von Ekman und Friesen. Die Erhebung des subjektiven Erlebens mithilfe von Emotionsworten ist also mit einigen Schwierigkeiten behaftet. Validere Informationen liefert die Analyse des tatsächlichen emotionalen Verhaltens unter bestimmten Kontextbedingungen. Umgekehrt kann aber das Fehlen eines Emotionswortes in einer Kultur nicht so interpretiert werden, dass auch das emotionale Phänomen nicht existieren würde. Während des 16. und 17. Jahrhunderts berichteten Seefahrer von einem bemerkenswerten emotionalen Syndrom in Malaysia, bei dem eine Person unaufhaltsam herumrennt und jeden angreift, der ihr in den Weg kommt. Der Name für dieses Phänomen war *amok* und obwohl es kein vergleichbares Wort in Europa dafür gab, war das Phänomen als solches bekannt und nachvollziehbar, was sich auch darin zeigt, dass der Begriff übernommen wurde (Mesquita und Ellsworth, 2001).

5.1.2 Emotionaler Ausdruck und Display Rules

Um die Wirkungsweise kulturell unterschiedlicher Display Rules zu untersuchen, führte Friesen (1972) eine Untersuchung mit japanischen und US-amerikanischen Studenten durch. Die Studenten sahen einen Film über ein Beschneidungsritual allein oder zusammen mit einem Versuchsleiter. Die mimischen und physiologischen Reaktionen der japanischen und US-amerikanischen Probanden während des Films zeigten keinen Unterschied, wenn der Film allein angesehen wurde. Wurde der Film zusammen mit einem Versuchsleiter angeschaut, maskierten die japanischen Probanden die negativen Affekte durch ein Lächeln. Während des sich anschließenden Interviews ergaben sich ebenfalls deutliche Unterschiede zwischen Japanern und US-Amerikanern. Die japanischen Probanden zeigten eine vollkommen neutrale Mimik im Interview mit einem japanischen Interviewer.

Einen anderen Zugang zu *display rules* verfolgte Matsumoto (1990). Er befragte japanische und amerikanische Studenten darüber, welche Emotionen in welchen Situationen ausgedrückt werden sollten. Sie sollten die Emotionsgesichter aus JACFEE danach einstufen, wie angemessen der Ausdruck der Emotion in unterschiedlichen Situationen sei. Die zur Auswahl stehenden Situationen waren „alleine", „in der Öffentlichkeit", „mit engen Freunden", „mit Familienangehörigen", „mit Zufallsbekanntschaften", „mit Statushöheren", „mit Statusniedrigeren", „mit Kindern". Es ergaben sich die folgenden Unterschiede, denen kulturspezifische Display Rules zugrunde liegen: Amerikanische Studenten fanden es angemessener als japanische, Trauer gegenüber Freunden und innerhalb der Familie auszudrücken. Als Erklärung gelten die hohen Werte auf der Dimension Individualismus in den USA. Japanische Studenten fanden es angemessener, Ärger gegenüber Leuten außerhalb des Freundeskreises und außerhalb der Familie auszudrücken als amerikanische Studenten (niedrige Werte auf Dimension Individualismus in Japan). Japanische Studenten fanden es angemessener, Ärger gegenüber statusniedrigeren Personen zu zeigen als amerikanische (große Betonung von Machtunterschieden). Außerdem fanden es amerikanische Studenten angemessener, Freude in der Öffentlichkeit auszudrücken, als es Japaner taten.

5.2 Kulturspezifische Emotionen oder kulturelle Varianten von Basisemotionen?

In anthropologischen Studien, wie sie z. B. von Catherine Lutz („unnatural emotions", Lutz, 1988) durchgeführt wurden, werden kulturspezifische emotionale Verhaltensweisen beschrieben, auf die im Folgenden unter verschiedenen Gesichtspunkten näher eingegangen wird. Es stellt sich die Frage, ob es sich bei den umschriebenen Phänomenen um eigenständige kulturspezifische Emotionen handelt oder ob sie als kulturelle Varianten der bekannten Basisemotionen verstanden werden können. Die Theorie der Basisemotionen lässt genügend Spielraum für kulturelle oder gesellschaftlich bedingte Variationen, da die einzelnen Basisemotionen lediglich als der Kern einer je ganzen Emotionsfamilie verstanden werden. Die Emotionsfamilien können so Emotionen umfassen, die nach Häufigkeit und Intensität des Erlebens und des Ausdrucks variieren.

5.2.1 Kulturspezifische Auftretenshäufigkeiten und Varianten des „Ärgers"

Dass bestimmte Emotionen in verschiedenen Kulturen mit unterschiedlicher Häufigkeit anzutreffen sind und dass die kulturelle Sozialisation bereits sehr früh in der ontogenetischen Entwicklung beginnt, zeigt folgende Studie. Elf Monate alten Babys wurden interessante Spielsachen gezeigt und sie hörten gleichzeitig die Stimmen ihrer Mütter (Miyake et al., 1986). Die Stimmen der Mütter drückten eine der drei Emotionen Freude, Ärger oder Angst aus. Gemessen wurde die Latenz, bis die Babys sich den Spielsachen näherten. War die Stimme der Mutter freudig oder ängstlich, ergaben sich keine Unterschiede zwischen den japanischen und US-amerikanischen Babys. Bei Ärger steigt die Latenz der japanischen Babys auf 48 Sekunden und ist damit deutlich länger

5.2 Kulturspezifische Emotionen

als die der US-Babys, deren Latenz nur 18 Sekunden betrug. Daraus wird geschlossen, dass der Ausdruck von Ärger ein seltenes Ereignis in Japan ist. Die Studie ist ein Beispiel für das Wirksamwerden von kulturspezifischen „display rules" (Ekman und Friesen, 1969), die das Ausdrucksverhalten für bestimmte Emotionen regeln.

Kulturelle Unterschiede können sich aber auch darin zeigen, welche Emotionen bei einem Mitglied der Gesellschaft überhaupt entstehen und erlebt werden dürfen. Hierbei handelt es sich um kulturelle Einflüsse auf die emotionsgenerierenden Prozesse, sie werden als „feeling rules" bezeichnet (Hochschild, 1979). Sie werden z. B. immer dann aktiviert, wenn eine bestimmte soziale Rolle eingenommen wird. Auch wenn das daraus resultierende Verhalten aus einer theoretischen Perspektive nicht mehr als authentisch oder spontan angesehen werden kann, wird es vom Protagonisten soweit als authentisch erlebt, wie er mit der eingenommenen sozialen Rolle identifiziert ist.

Das Ausmaß und die Qualität der „display rules" und „feeling rules" variiert mit den oben erwähnten Dimensionen von Kulturen, wobei die Unterscheidung zwischen individualistischen und kollektivistischen einen wesentlichen Einfluss vor allem auf den Ausdruck negativer Emotionen hat. Diese drücken eine Distanzierung des Senders von den übrigen Mitgliedern der Gemeinschaft aus und werden als schädlich für den gemeinschaftlichen Zusammenhalt angesehen. So beschreibt der japanische Begriff *makoto*, der wörtlich etwa als Aufrichtigkeit übersetzt wird, im Japanischen nicht etwa den authentischen Ausdruck einer Emotion, wie es für westliche Kulturen gelten würde. Benedict (1946) schreibt in einem Handbuch für Kriegsteilnehmer in Japan, dass „Aufrichtigkeit" im Japanischen nicht bedeutet, seine tatsächlichen Gefühle zu zeigen, sondern sich im Einklang mit den sozialen Pflichten zu verhalten. Die Kunst des *makoto* besteht darin, dass erst gar keine Konflikte mit den eigenen Gefühlen auftreten sollen. Die kulturellen Regeln zum Umgang mit Emotionen schreiben also nicht nur vor, was ausgedrückt und erlebt werden darf, sondern setzen bereits bei den emotionsdifferenzierenden individuellen Bewertungsprozessen der Angehörigen von Kulturen an. Diese müssen so gestaltet sein, dass Emotionen, die der Gemeinschaft schaden, gar nicht erst auftreten. Das kann z. B. dadurch erreicht werden, dass der einzelne individuelle Ziele zugunsten von kollektiven Zielen zurückstellt. Als Konsequenz ergeben sich andere Profile in den oben diskutierten Bewertungsprozessen und dementsprechend auch andere Emotionen.

Ein weiteres Beispiel für Emotionen, die sich zwar ähnlich sind, allerdings im Kontext von individualistischen und kollektivistischen Kulturen eine andere Ausformung erfahren, sind der „Ärger" und die Emotion „song". Lutz bezeichnet den „**Ärger**" als typisch für individualistische Gesellschaftsformen (English „I-society"; siehe Lutz), während „**song**", übersetzt als „justifiable anger" (Lutz, Ifaluk „we-society"); in die Wertestruktur von kollektivistischen Gesellschaftsformen eingebettet ist (nach Wierzbicka, 1994). Gemeinsam ist beiden Emotionen die Bewertung, dass jemand etwas Schlechtes getan hat. Ärger hat die Handlungstendenz, dem Verursacher den Schaden zurückzuzahlen. Demgegenüber evoziert **Song** Verhalten, das dazu dient, das Verhalten der Person in Richtung auf soziale Normen hin zu ändern. Das kann sich ebenfalls in aggressivem Verhalten äußern, aber auch in Verweigerung der Nahrungsaufnahme oder versuchtem Selbstmord. Das Verhalten ist durch gesellschaftliche Normen legitimiert und dient der Sozialisation derselben. Lutz gibt ein Beispiel für eine Situation, in der „song" angemessen ist (siehe unten).

5.2.2 Ker versus maluwelu

Der Einfluss kollektivistischer Normen zeigt sich auch bei den positiven Emotionen. So unterscheiden die Ifaluk zwischen *ker* und *maluwelu*. *Ker* wird von Lutz als „happy/excitement" übersetzt. Es ist bei den Ifaluk verpönt, *ker* zu zeigen, da jemand, der ausgelassene Freude zeigt, Gefahr läuft, die Bedürfnisse anderer zu missachten. Ein angemessener Ausdruck von Freude ist *maluwelu*; hier handelt es sich um eine ruhige und sanfte Emotion, die interpersonal verstanden und ausgedrückt wird. Lutz gibt ein Beispiel, in dem sie einem Mädchen zulächelt, das *ker* zeigt. Sie wird dafür von einer Mutter gerügt, da sie Gefahr läuft, später nicht mehr *song* sein zu können, und sie sich damit die Chance nimmt, dem Kind zu signalisieren, dass *ker* keine angemessene Ausdrucksform ist.

5.2.3 Fago

Fago ist die am höchsten geschätzte Emotion, sie bedeutet so viel wie Mitgefühl/Liebe/Trauer und tritt vorwiegend im Kontext von Liebesbeziehungen auf, aber auch mit Kindern und Verwandten. Die Abwesenheit dieser geliebten Personen impliziert auch die enthaltene Trauer.

5.2.4 Amae

Amae ist eine in Japan auftretende Emotion (Markus und Kitayama, 1994). Sie tritt im Kontext symbiotischer Beziehungen auf und beinhaltet die uneingeschränkte Akzeptanz des anderen. Das chinesische Ideogramm zeigt ein saugendes Baby an der Mutterbrust. Am Beispiel von *amae* kann demonstriert werden, dass Kulturen sich bezüglich des Grades unterscheiden, in dem bestimmte Emotionen explizite Bestandteil der emotionalen Kultur sind (Oatley und Jenkins, 1996). In Japan und China ist *amae* eine explizite und häufig genutzte Emotion. In anderen Kulturen ist die beschriebene Emotion aber nicht unbekannt, sondern sie hat lediglich einen geringeren Stellenwert.

5.3 Kulturelle Unterschiede und Gemeinsamkeiten in der Bewertung emotionsauslösender Ereignisse

Kulturelle Phänomene bei der Auslösung von Emotionen setzen wie oben gesehen nicht nur am Ausdruck derselben an, sondern betreffen auch den Prozess der Bewertung von emotionsauslösenden Situationen. Jedoch wird davon ausgegangen, dass der kognitive Bewertungsprozess an sich für die Mitglieder aller Kulturen gleich ist. Was sich ändert, sind die kulturellen Randbedingungen, die dazu führen, dass einzelne Bewertungsschritte zu unterschiedlichen Ergebnissen führen. Wenn in einer Kultur z. B. betont wird, dass jeder selbst für sein Schicksal verantwortlich ist, wird er in frustrierenden Situationen eher Schuld erleben als Ärger. Mesquita und Ellsworth (2001) formulieren dieses Phänomen folgendermaßen: appraisal theories offer a model to explain differences through similarities. Die offenkundigen Unterschiede in der Reaktion auf ein Ereignis können durch eine genauere Analyse der Bewertungsschritte und ihrer Interaktion mit kulturellen Gegebenheiten verstanden werden. So können emotionale Reaktionen, die zunächst fremd erscheinen, nachvollziehbar werden.

Obwohl die Annahme, dass kognitive Bewertungen kulturübergreifend ähnlich ablaufen, nicht verlangt, dass auch die Situationen gleich sind, die Emotionen auslösen, existieren hinsichtlich der Situationen und Ereignisse, die in unterschiedlichen Kulturen als emotionsauslösend angesehen werden, weitgehende Gemeinsamkeiten. Folgende Kategorien von emotionsauslösenden Ereignissen oder Antezedentien wurden in mehreren Studien gefunden (Mesquita et al., 1997):

- gute und schlechte Nachrichten in Bezug auf Kontakte mit Freuden, Zurückweisungen, Angst vor Streitigkeiten
- temporäre Treffen (z. B. ein Essen mit der Freundin)
- Trennungen (z. B. Urlaub)
- andauernde Trennungen, Geburt, Tod
- Lust (z. B. Sexualität, Musik)
- Interaktionen mit Fremden
- Erfolg und Misserfolg in Leistungssituationen

Es fällt auf, dass vor allem soziale Situationen potente Auslöser für Emotionen sind. Trotz bestehender kulturübergreifender Gemeinsamkeiten lassen sich Unterschiede in den emotionalen Reaktionen aber dadurch erklären, dass Lebensbedingungen unterschiedlich sein können und so zu kulturspezifischen Bewertungen von Ereignissen führen. Aber selbst wenn die emotionsauslösenden Bedingungen die gleichen sind, können die emotionalen Reaktionen darauf variieren. Gleiche Situationen können unterschiedlich interpretiert werden und können so auch zu unterschiedlichen Emotionen führen. Dabei wird deutlich, dass Ereignisse ihre emotionale Bedeutung aus kulturspezifischen Ansichten beziehen können. Als Beispiel kann das „alleine sein" und seine emotionalen Konsequenzen in unterschiedlichen Kulturen angeführt werden (Mesquita et al., 1997).

- „Alleine sein" wird bei den *Utku Inuit* als soziale Isolation interpretiert und führt zu Trauer und Gefühlen des Verlassensein.
- *Tahitianer* sehen „alleine sein" als eine Möglichkeit für Geister, Besitz von der Person zu ergreifen, was zu „Verblödung", aber auch zu Angst führt.
- Für *Pintupi* (Aborigines) bedeutet „alleine sein" nicht in Gesellschaft der Verwandten zu sein, keine Möglichkeit zu haben, Zuneigung zu zeigen, schlechte Beziehungen zu Verwandten und damit einhergehende negative Gefühle.
- In *westlichen Kulturen* kann „alleine sein" positiv gesehen werden, als Möglichkeit, sich mit sich selbst auseinander zu setzen oder Dinge zu genießen oder überhaupt nichts fühlen zu müssen.

Ein anderes Beispiel, in dem der Bewertungsprozess bedingt durch den Glauben an Hexerei zu einer anderen emotionalen Reaktion führte, wurde bereits oben erwähnt (siehe Kapitel 4.3.4).

5.4 Emotionen und sozial-konstruktivistische Theorien

5.4.1 Averill

Grundlage von sozial-konstruktivistischen Theorien ist die Annahme, dass Emotionen einen instrumentellen Wert für die Regulation sozialer Beziehungen und die Kontrolle sozialer Prozesse besitzen. Sie sind demnach hochgradig durch kulturelle und gesellschaftliche Prozesse bestimmt. Die Überzeugungen, was als Emotion zu verstehen ist, und die Ausgestaltung einzelner Emotionen wird aktiv von der jeweiligen Gesellschaft betrieben. Sozial-konstruktivistische Theorien der Emotionen gehen auf verschiedene Autoren zurück. Oben wurde bereits Bezug genommen auf die Arbeiten von Catherine Lutz, einer Anthropologin. In der Philosophie hat sich Rom Harré (1986) in dem Buch *The social construction of emotions* mit sozial-konstruktivistischen Vorstellungen zum Thema Emotion beschäftigt. Der sozial-konstruktivistische Vertreter der Psychologie für die Emotionspsychologie ist James Averill. Sozialkonstruktivistisch orientierte Autoren behaupten, dass der kulturelle Einfluss auf Emotionen weit über die von Ekman angenommenen „display rules" hinausgeht. Emotionen sind Produkte gesellschaftlicher Entwicklungsprozesse und obwohl bestimmte evolutionär vorgegebene Komponenten nicht zu leugnen sind, werden sie nicht als Überbleibsel unserer evolutionären Entwicklung verstanden. Ihre funktionale Bedeutung für den heutigen Menschen erschließt sich lediglich durch eine Analyse der sozialen Gegebenheiten, in denen die Emotionen auftreten.

5.4 Emotionen und sozial-konstruktivistische Theorien

Averill versteht Emotionen als polythetische Syndrome, sie bestehen aus Komponenten, die allerdings nicht immer alle gemeinsam auftreten müssen. Für Hoffnung z. B. gibt es weder einen mimischen Ausdruck noch ein physiologisches Muster (Averill, Catlin und Chon, 1990). Demnach lehnt er auch Definitionen wie die von Ekman, die eine Reihe von Charakteristika fordern, ab. Averill geht davon aus, dass es zu viele Ausnahmen gibt, die es unmöglich machen, einen Satz von Charakteristika aufzustellen – sei es im Ausdruck oder der Physiologie –, die Emotionen definieren. Ein emotionales Syndrom kann von jedem etwas enthalten, allerdings wird keines der einzelnen Elemente ausreichen, das gesamte Syndrom zu identifizieren. Was die einzelnen Elemente zusammenhält, ist lediglich die *„transitory social role"*, die vorübergehende Übernahme einer sozialen Rolle, die das Syndrom der Emotion beschreibt. Die Komponenten von Emotionen erlangen also erst den Status eines emotionalen, zusammenhängenden Syndroms durch soziale, temporäre Rollen. Die Kohärenz zwischen den Komponenten wird erst durch die sozial determinierten Rollen hergestellt und diese Zusammenhänge sind erlernt.

Die sozialen Rollen beinhalten aber nicht nur Angaben über den Ausdruck einer Emotion. Im Erlernen der sozialen Rollen wird auch ein kulturspezifisches Appraisal erlernt, das auf den jeweiligen kultur- und gesellschaftsspezifischen Sichtweisen der Welt aufbaut.

Auch das Erleben von Emotionen als Passionen – also als etwas, das wir passiv erleiden – ist nach Averill erlernt. Seiner Meinung nach sind Emotionen Aktionen, die wir ausführen, um individuelle und soziale Ziele zu erreichen. Das damit einhergehende Erleben von Emotionen als spontan und überwältigend ist Teil des sozial vermittelten Syndroms. Es handelt sich um eine erlernte Interpretation unseres eigenen zielgerichteten Verhaltens als spontan, die im sozialen Umfeld bestimmte Funktionen zu erfüllen hat. Averill erläutert am Beispiel des Ärgers und der Liebe, dass wir in diesen emotionalen Zuständen Dinge tun, für die uns niemand verantwortlich machen soll und kann (Averill, 1980). Ein ausführlich besprochenes Beispiel für die soziale Funktion der Liebe aus der Sicht der Emotionssoziologin Arlie Hochschild (1983, 1990) findet man in dem Buch „Die gekaufte Braut".

Auf die soziale Konstruktion und soziale Funktionen von Ärger und seiner Funktionen wurde bereits oben eingegangen. Ärger dient dazu, soziale Interaktionen zu regulieren und die Wertsysteme der Gesellschaft zu sichern. Averill fragt sich aber, in welchem Ausmaß eine seiner Meinung nach grundlegendere Emotion wie Angst sozial-konstruktivistischen Einflüssen ausgesetzt ist. Die Auslöser von Angst sind sicherlich kulturellen Wandlungsprozessen unterworfen, Averill nennt die Angst vor Menschen mit AIDS oder Agoraphobie. Was ist aber mit der sozialen Funktion von Angst? Nach Averill besteht die hauptsächliche Bedeutung von Angst darin, soziale Normen aufrechtzuerhalten. Bildlich gesprochen hält sie uns an unserem Platz, da neue und ungewohnte Dinge Angst auslösen, und sie rechtfertigt zugleich, dass wir uns nicht von unserem Platz bewegen. Instruktiv in diesem Zusammenhang ist das Beispiel von Patienten mit Panikstörungen und Agoraphobie. Die Angst hindert sie daran, den Status quo bestehender sozialer Beziehungen infrage zu stellen und zu verändern. Angst hält sie an dem ihnen ihrer Meinung nach zugewiesenen Platz.

Sozial-konstruktivistische Ansätze werfen noch eine andere Frage auf. Wenn die Emotionen in einer solchen Vielfalt existieren und ständigen Wandlungsprozessen unterworfen sind, wie kann man sich dann das Entstehen neuer Emotionen vorstellen? Smith und Kleinman (1989) beschäftigten sich damit, wie Medizinstudenten lernen, intime Körperstellen zu berühren, ohne sexuell erregt zu werden, oder Leichen zu sezieren, ohne Ekel zu erleben. Sie erlernen im Kontakt mit den Lehrenden und anderen Lernenden Strategien zur Umdeutung. Die Körper werden dementalisiert und entweder in der Attitüde eines Metzgers als ein Stück Fleisch betrachtet oder die Funktionalität der einzelnen beobachteten Organe tritt in den Vordergrund. Eigentlich entstehen aber hier nicht neue Emotionen, sondern es handelt sich vielmehr um eine abgewandelte Wahrnehmung und Interpretation des Wahrgenommenen. Dadurch ändern sich auch die Ergebnisse, zu denen der kognitive Bewertungsprozess führt, und damit auch die resultierende Emotion. Es handelt sich dann aber nicht um eine neue Emotion, sondern um die Auslösung einer bekannten Emotion in einer ungewohnten Umgebung via Umdeutung derselben. Das kann – wie das Beispiel zeigt – durchaus adaptiven Charakter haben und von Nutzen sein, es belegt aber nicht, dass auf diese Weise neue Emotionen entstehen.

Die Diskussion um die biologische oder kulturelle Verankerung von Emotionen krankt daran, dass die Autoren unterschiedliche Arten von Emotionsdefinitionen verwenden und zum Teil auch unterschiedliche Gegenstandsbereiche bearbeiten. Während z. B. Ekman (s. o.) restriktive Kriterien aufstellt, die erfüllt sein müssen, damit von Basisemotionen gesprochen werden kann, orientiert sich Averill hauptsächlich an Emotionsworten – semantischen Labels – für Cluster aus situativen Bedingungen und einem Mix verschiedener subjektiver Erlebensweisen. Er ist gerade an dem Wechselspiel von Emotion, Kultur und Gesellschaft interessiert und versucht somit ein breites Gegenstandsgebiet abzudecken. Zwar thematisiert auch Ekman kulturelle Einflüsse, jedoch liegt der Schwerpunkt hier auf der Untersuchung der eng umgrenzten Phänomene, der Basisemotionen. Die Theorie von Ekman deckt sicherlich nicht alle Interaktionen von Kultur und Gesellschaft mit emotionalen Phänomenen ab, jedoch sollte man sich bei jedem neuen Kandidaten, der beansprucht, eine Emotion zu sein, fragen, worin begründet ist, dass man das Phänomen emotional nennt.

5.4.1.1 Empirische Befunde

Experimentalpsychologische empirische Belege für sozial-konstruktivistische Theorien der Emotion beziehen sich vor allem auf Geschlechtsrollenstereotype, die als Beispiel herangezogen werden, um soziale Konstruktionsprozesse zu verdeutlichen. Labott et al. (1991) ließen Probanden zusammen mit einem Verbündeten des Versuchsleiters einen Film anschauen. Der Verbündete zeigte dabei drei unterschiedliche Arten von Verhaltensweisen: nichtemotional, weinend, lachend. Die Auswertung ergab, dass weinende männliche Partner und weibliche nichtemotionale Partner am sympathischsten wahrgenommen wurden, während für nichtemotionale Männer und lachende Frauen das Gegenteil der Fall war. Die Tatsache, dass weinende Männer als sympathischer wahrgenommen wurden, wird von Labott et al. als ein Indiz dafür gewertet, dass es eine Veränderung gegenüber früheren Geschlechtsstereotypen gibt. Diese Veränderung wird als das Resultat sozialer Konstruktionsprozesse interpretiert, die bestimmen, welche emotionalen Verhaltensweisen für Männer als angebracht angesehen werden. Es wird argumentiert, dass so neue Emotionen entstehen, alternativ ist das Phänomen aber auch durch sich ändernde Darbietungsregeln zu erklären.

5.5 Zusammenfassung

Kulturelle Unterschiede werden mithilfe der Dimensionen von Hofstede zu erfassen versucht. Es stellte sich heraus, dass die Auftretenshäufigkeiten bestimmter Emotionen in Abhängigkeit von diesen Dimensionen variieren. Insbesondere die Unterscheidung nach der Ausprägung der Dimension Individualismus versus Kollektivismus kann für kulturelle Unterschiede im emotionalen Erleben und Verhalten verantwortlich gemacht werden.

Aber auch die Dimension der Machtdistanz (power-distance) hat z. B. Einfluss auf das Zeigen negativer Emotionen in Abhängigkeit vom Status des Empfängers der emotionalen Botschaft.

Kulturelle Einflüsse sind auch nachvollziehbar für die Art und Weise, wie eine bestimmte Situation bewertet wird. Damit können nicht nur kulturspezifische Situationen die emotionale Welt verändern, sondern auch die Bewertung dieser Situationen. Der Bewertungsprozess als solcher wird allerdings als kulturübergreifend ähnlich oder gleich angesehen. Für einen der Kultur nicht angehörenden Menschen können bestimmte emotionale Reaktionen zunächst unverständlich erscheinen. Sie können aber nachvollziehbar werden, wenn die kulturellen Randbedingungen bekannt sind, unter denen einzelne Aspekte einer emotionsauslösenden Situation bewertet werden. Beispiele dafür wurden oben gegeben.

Averill als Vertreter einer sozial-konstruktivistischen Theorie versteht Emotionen als polythetische Syndrome. Ein emotionales Syndrom kann von den in Kapitel 1.1.2 genannten Komponenten je eine oder mehrere enthalten, allerdings wird nach der Ansicht Averills keines der einzelnen Elemente ausreichen, um das gesamte Syndrom zu identifizieren. Was die einzelnen Elemente zusammenhält, ist lediglich die *„transitory social role"* und nicht ein evolutionsbiologisch vorgegebenes Erbe.

5.5.1 Fragen

- In welchen Dimensionen unterscheiden sich Kulturen und welche Dimension hat großen Einfluss auf emotionales Verhalten?
- Welchen Einfluss hat die Dimension der Kollektivität auf das emotionale Erleben und Verhalten?
- Was bezeichnen die Begriffe *„hypercognized"* und *„hypocognized"*?
- Worin zeigen sich kulturelle Unterschiede?
- Nennen Sie Beispiele für kulturspezifische Emotionen.
- Welche Situationen lösen kulturübergreifend Emotionen aus?
- Welche Unterschiede gibt es in der Bewertung von „alleine sein" in verschiedenen Kulturen?
- Wodurch erlangt ein emotionales Syndrom den Status einer Emotion?
- Wie erklärt Averill, dass Emotionen als Passionen erlebt werden?
- Wie wird die Funktion der Angst in einer Gesellschaft aus sozial-konstruktivistischer Perspektive gesehen?

5.5.2 Weiterführende Literatur

Frijda, N. H., Mesquita, B., In: Kitayama, Shinobu (Hg.), Markus, Hazel Rose (Hg.), 1994. Emotion and culture: Empirical studies of mutual influence. Washington, DC, US-American Psychological Association. S. 51–87.

Lutz, Catherine A. (1988). Unnatural Emotions: Everyday Sentiments on a Micronesian Atoll and Their Challenge to Western Theory.

Mesquita, B., Frijda, N. H. und Schererm K. R. (1997). Culture and emotion. In J. E. Berry, P. B. Dasen und T. S. Saraswathi (Hg.), Handbook of cross-cultural psychology: Vol. 2. Basic processes and development psychology. Boston: Allyn and Bacon. S. 255–297.

6 Exkurse in Teil- und Anwendungsgebiete der Emotionspsychologie

6.1 Verräterische Emotionen oder die „undichten" Stellen im Verhalten

6.1.1 Einleitung

Emotionen sollen unsere Anpassung an Erfordernisse der Lebensumwelt verbessern, sie sollen uns informieren, ob Umweltereignisse für uns von Bedeutung sind, und schnelle Handlungsreaktionen ermöglichen. Die äußeren Anzeichen emotionaler Reaktionen können aber auch verräterisch sein, da sie unwillkürlich und sehr schnell auftreten und ihre Kontrollierbarkeit nur eingeschränkt gegeben ist. Sie haben also auch das Potenzial, anderen Menschen Informationen zugänglich zu machen, selbst wenn das nicht gewollt ist. So können Hinweise sichtbar werden, die auf einen Täuschungsversuch hindeuten. Von Interesse ist aber auch, vorgetäuschte Emotionen von tatsächlichen, authentischen Emotionen unterscheiden zu lernen, z. B. ob die Freude über ein Geschenk echt oder nur vorgetäuscht ist oder ob eine ärgerliche Beschuldigung ironisch oder ernst gemeint ist. Die folgenden Ausführungen beziehen sich zunächst auf die Rolle von Emotionen beim Erkennen von Täuschungsversuchen. Beispiele für Täuschungsversuche lassen sich in großer Vielfalt im alltäglichen Leben beobachten. Vermittelt durch die Medien können aber auch Täuschungsversuche im öffentlichen Leben, vor allem aus dem Bereich von Politik und Wirtschaft, als Anschauungsmaterial dienen. Das „klassische" Beispiel einer „medialen" Lüge vor laufenden Kameras stammt aus der „Barschel-Affäre". Weitere potenzielle Beispiele für Täuschungsversuche lassen sich der aktuellen Berichterstattung über das politische und wirtschaftliche Tagesgeschäft entnehmen. Um sich die beim Lügen auftretenden individuellen und interindividuellen Phänomene anschaulich zu verdeutlichen und auch aus eigener Anschauung zu erfahren, kann man ein kleines Spiel machen. Dafür werden zwei Personen benötigt.

Wählen Sie einen Partner B.
Person A schreibt drei Zahlen auf ein Blatt.
Person A beginnt mit der ersten Zahl und sagt: „Die erste Zahl ist gerade/ungerade". (Person A kann wählen, ob sie lügt oder die Wahrheit sagt.)

Person B muss raten: „Du lügst" oder „Du sagst die Wahrheit".
Das Spiel wird mit den verbleibenden Zahlen fortgesetzt.
Wiederholung des Spiels mit getauschten Rollen
Wer hat häufiger richtig geraten, A oder B?

Wenn man das Spiel gespielt hat, hat man vielleicht erfahren, dass es schwierig sein kann, die beim Lügen auftretenden Emotionen zu kontrollieren. Umgekehrt kann man sich aber auch einen Spaß daraus gemacht haben, falsche Täuschungshinweise zu senden, indem man z. B. Anzeichen von Unsicherheit vortäuscht, obwohl man die Wahrheit sagt. Im Folgenden werden die Gefühle, die beim Lügen, Verheimlichen und Täuschen auftreten können, etwas genauer beschrieben. Beim Lügen entscheidet sich eine Person aus freien Stücken, eine andere Person hinters Licht zu führen. In dem Buch zum Thema Lügen „Telling Lies" (deutscher Titel: Warum Lügen kurze Beine haben) von Ekman (1985) unterscheidet der Autor Lügen weiter nach Verheimlichen und Täuschen. Emotionen können verheimlicht, verfälscht oder vorgetäuscht werden, sie können aber auch beim Verheimlichen und Fälschen auftreten. Nicht nur Gefühle können Gegenstand von Geheimhaltung und Verfälschung sein, sondern auch andere Dinge wie Diebstahl, Unterschlagung, Betrug. Beim Versuch, diese zu verheimlichen, kann aber mit verschiedenen Arten von Gefühlen gerechnet werden, die es dem Beobachter ermöglichen, Verdacht zu schöpfen. Ekman (1985) stellt Kriterien zusammen, die bestimmte Gefühle beim Verheimlichen und Täuschen wahrscheinlich werden lassen. Als potenzielle Kandidaten für Emotionen, die beim Lügen auftreten können, nennt Ekman die Angst, ertappt zu werden, Schuldgefühle und die Lust am Lügen. Alle drei können den Lügner verraten. Man kann sich nun fragen, wann diese Gefühle am wahrscheinlichsten sind bzw. wann die Gefahr am größten ist, dass diese Gefühle ausgelöst werden und den Täuschungsversuch verraten.

Am Beispiel der Angst sind im Folgenden einige Kriterien von Ekman zusammengestellt, die bedingen, wann die Angst vor Entdeckung am größten ist:

- wenn das Zielobjekt den Ruf hat, dass es sich nur schwer hinters Licht führen lässt;
- wenn das Zielobjekt beginnt, Verdacht zu schöpfen;
- wenn der Lügner wenig Erfahrung im Lügen hat und bislang keine Erfolge verbuchen konnte;
- wenn der Lügner besonders anfällig ist für die Angst, ertappt zu werden;
- wenn sehr viel auf dem Spiel steht;
- wenn sowohl Gewinne als auch Strafen auf dem Spiel stehen, oder, falls nur das eine oder das andere, wenn Bestrafung auf dem Spiel steht;
- wenn die Strafe dafür, beim Lügen erwischt zu werden, hoch ist, oder wenn die Strafe für das, was verheimlicht wird, so hoch ist, dass kein Anreiz für ein Geständnis vorhanden ist;
- wenn das Zielobjekt in keiner Weise von der Lüge profitiert.

In ähnlicher Weise lassen sich die Bedingungen für das Auftreten von Schuldgefühlen und die Lust am Lügen benennen (siehe Ekman, 1985).

6.1.2 Welche Verhaltenskanäle haben die größten „Lecks"?

Wie oben bereits erwähnt, können Versuche, etwas zu verheimlichen oder vorzutäuschen, daran scheitern, dass verräterische Emotionen auftreten und sichtbar werden. Die folgende Aufstellung gibt Aufschluss darüber, in welcher Art von Verhaltensweisen sich diese Täuschungshinweise zeigen. Je schwerer die Verhaltensweisen zu kontrollieren sind, desto größer ist die Wahrscheinlichkeit, dass in ihnen verräterische Signale zu beobachten sind. Dieses Konzept wird als „leakage" bezeichnet, je mehr Informationen in einem Verhaltenskanal durchsickern können, desto größer ist seine „leakage". Nach Ekman und Friesen (1969) können Verhaltenskanäle danach geordnet werden, wie viel an Information ungewollt übermittelt wird (siehe Tabelle 13). Je schwerer ein Kanal zu kontrollieren ist und je mehr ungewollte Informationen durchsickern, desto größer ist die „leakage", die undichte Stelle, das „Leck".

Tabelle 13: Anordnung der Verhaltenskanäle nach zunehmender „leakage".

- Gesichtsbewegungen (z. B. Lächeln)
- Körper (Körperhaltungen, Gestik, Manipulatoren)
- Stimmlage
- sehr kurze Gesichtsbewegungen („micromomentary" expressions)
- Diskrepanzen zwischen den Kanälen

Lächeln als Beispiel für leicht zu kontrollierende Gesichtsbewegungen kann verwendet werden, um andere emotionale Zustände erfolgreich zu überdecken. Da das Verhalten einer Person immer aus einem komplexen Verhaltensmuster in verschiedenen Verhaltenskanälen besteht, das zeitlich aufeinander abgestimmt sein muss, findet man hier auch die meisten Hinweise auf vorgetäuschtes Verhalten. Diskrepanzen zwischen den einzelnen Verhaltenskanälen sind demnach am schwersten zu kontrollieren und beinhalten die meisten Informationen. Oder positiv formuliert: Der zeitliche Ablauf von aufeinander bezogenen Ereignissen in unterschiedlichen Verhaltenskanälen in authentischem Verhalten ist am schwierigsten vorzutäuschen.

6.1.3 Das Vortäuschen positiver und Verheimlichen negativer Emotionen

In der folgenden Studie wird analysiert, an welchen Verhaltensweisen das Verheimlichen negativer Emotionen erkannt werden kann. Danach wird untersucht, ob Laien in der Lage sind, vorgetäuschte von echten Emotionen zu unterscheiden. Ekman et al. (1991) zeigten Krankenschwesterschülerinnen einen Film mit Szenen von Operationen, Amputationen und Verbrennungen. Ihre Aufgabe war es, einen Interviewer, der den Bildschirm nicht sehen konnte, davon zu überzeugen, dass sie einen Naturfilm mit moderat angenehmem

Inhalt sehen. Zum Vergleich sahen sie auch einen Film, den sie ehrlich beschreiben konnten.

Die Motivation, diese Aufgabe besonders gut zu bewältigen, wurde verstärkt, indem man die Schülerinnen darauf hinwies, dass sie in ihrem Beruf ähnlichen Szenen ausgesetzt sein werden und dass es sich um ein Experiment zu Kommunikationsfähigkeiten handelt. Ihr Erfolg in diesem Experiment sei außerdem ein guter Prädiktor für ihren weiteren beruflichen Erfolg. Obwohl diese Aussage nur dazu eingesetzt wurde, die Motivation zu erhöhen, stellte sich später heraus, dass diejenigen, denen es am besten gelang, den Interviewer zu täuschen, auch die besten Beurteilungen von ihren Supervisoren erhielten.

In dem gewählten Szenario mussten die Probandinnen starke negative Emotionen verheimlichen, die durch den Film induziert wurden. Zusätzlich können Emotionen auftreten, die mit der Situation als solcher zusammenhängen. Die Angst, dabei ertappt zu werden, kann als hoch angenommen werden. Schulderleben ist eher unwahrscheinlich, da der Täuschungsversuch vom Versuchsleiter explizit erwünscht war. Die Lust an einem gelungenen Täuschungsversuch stellt kein Problem dar, da sie mit dem Ziel der Täuschung übereinstimmt.

Hinweise auf den Täuschungsversuch fanden sich in allen untersuchten Verhaltenskanälen (Gesicht, Körper, Stimme und Text). In der „ehrlichen" Situation traten mehr Duchenne – Smiles auf, in der unehrlichen mehr „masking smiles". „Masking smiles" sind Formen des Lächelns, die dazu dienen, negative Emotionen zu maskieren. Dadurch dass der negative Ausdruck durch ein Lächeln überlagert wird, ist er weniger gut zu erkennen, verschwindet jedoch nicht vollständig. Typisch für das maskierende Lächeln ist, dass es erst kurz nach dem Beginn des negativen Ausdrucks einsetzt. Des weiteren fand Ekman, dass beim Lügen weniger Illustratoren in der Gestik gezeigt wurden. Die Stimmhöhe stieg beim Lügen an. Erstaunlicherweise waren die Probandinnen beim Lügen ruhiger. Sie zeigten weniger selbstmanipulierende Aktivität, weniger Beinbewegungen und kürzere Latenzen beim Sprechen. Harrigan et al. (1997) geben einen Überblick zu den verschiedenen Funktionen des Lächelns im Zusammenhang mit Täuschungsversuchen. Sie zeigen auch, dass die Beurteilung von „state-anxiety" durch erfahrene und erfolgreiche Rater nicht mehr valide ist, wenn die ängstlichen Probanden lächeln.

6.1.3.1.1 Worauf achten Laien, um Lügen zu erkennen?

Nachdem man gesehen hat, dass es Verhaltensweisen gibt, die die ehrlichen von den unehrlichen Krankenschwestern unterschieden, stellte sich die Frage, ob man sich diese Erkenntnisse auch im Alltagsleben zu Nutze macht. Ekman zeigte Collegestudenten die Videoaufnahmen der Krankenschwesterschülerinnen aus seiner Studie und bat sie einzuschätzen, für wie glaubwürdig, entspannt, gut gelaunt, sympathisch sie die Person hielten. Diese Einschätzungen korrelierte er mit den beobachtbaren Verhaltensweisen. Er fand allerdings *nur Korrelationen mit Textmaßen*. Die valideren Kriterien, wie unterschiedliche Lächelformen, Stimmhöhe und Illustratoren, korrelierten hingegen nicht oder kaum. Lenkt man die Aufmerksamkeit der Beobachter auf das Gesicht oder den Körper, indem man nur diese Videoausschnitte darbietet, kommt es zu Korrelationen. Bemerkenswert ist, dass alle Textmaße und vokale Maße mit den Ratings der Beobachter korrelierten, nur die beiden validen Maße (Anzahl der „Ich" und Stimmhöhe) nicht. Im Experiment von Ekman gab es nur eine Bedingung, unter der die Beobachter überzufällig in ihrem Urteil richtig lagen. Nämlich dann, wenn sie zuerst ein ehrliches und im Anschluss daran ein unehrliches Interview sahen (O'Sullivan, Ekman und Friesen, 1988). Die Fähigkeit, Lügen zu erkennen, variiert aber auch in Abhängigkeit von der Berufsgruppe, der die Probanden angehören. Ekman et al. (1999) untersuchten Probanden verschiedener Strafverfolgungsbehörden, die sich durch besondere Fähigkeiten und besonderes Interesse an Täuschungshinweisen auszeichneten. Zusätzlich wurden klinische Psychologen mit Interesse an der Täuschungsforschung, klinische Psychologen ohne besonderes Interesse und akademische Psychologen verglichen. Die Aufgabe bestand darin zu entscheiden, ob eine Person vortäuscht eine bestimmte Meinung zu vertreten, oder ob sie tatsächlich davon überzeugt ist (false opinion paradigm, Mehrabian, 1972). Bundesbeamte – vorwiegend Mitglieder der CIA – und Countysheriffs erwiesen sich den Richtern und anderen Mitgliedern von Strafverfolgungsbehörden als überlegen. In der Gruppe der klinischen Psychologen zeigten diejenigen mit Interesse an der Täuschungsforschung die besten Diskriminationsleistungen, gefolgt von klinischen Psychologen allgemein und akademischen Psychologen.

6.1.3.1.2 „Micromomentary expressions" und wie man lernt, sie zu erkennen

„Micromomentary expressions" sind sehr kurze mimische Ereignisse, die das volle Bild eines Emotionsgesichtes zeigen, allerdings sind sie kürzer als eine Viertelsekunde. Das Wahrnehmen auch dieser sehr kurzen mimischen Expressionen kann innerhalb kürzester Zeit erlernt werden. Diese Fähigkeit ist allerdings nicht zu verwechseln mit der Fähigkeit zum Codieren der Gesichtsbewegungen, wofür eine deutlich aufwändigere Schulung nötig ist. Ekman zeigte, dass selbst mimische Ereignisse, die nur 1/15 einer Sekunde andauern, nach einem Training erkannt werden können. Um dies zu erreichen, mussten die Probanden einfach sehr viele Bilder mit kurzer Darbietungszeit anschauen. Nach einer Weile erkannten die Probanden mehr und mehr von den dargebotenen Emotionen und glaubten, die Darbietungszeit wäre von den Trainern verlängert worden.

6.1.3.2 Zwei Arten von Fehlern, die man bei der Beurteilung machen kann

Eine häufige Fehlerart, die auftritt, wenn man versucht, den Wahrheitsgehalt einer Aussage zu beurteilen, ist der Othello-Fehler. Der Fehler besteht darin, dass wahrgenommene emotionale Reaktionen falsch zugeordnet und als Täuschungshinweis gewertet werden. Sie können aber auch durch die Erwartung ausgelöst worden sein, dass einem nicht geglaubt wird. Ein typisches Beispiel ist der Lügendetektortest, in dem die Angst, dass man fälschlicherweise überführt wird, als Indiz für einen Täuschungsversuch missinterpretiert werden kann. Eine weitere Fehlerart ist der „Brokaw-Fehler". Man schließt in diesem Fall von vermeintlichen Täuschungshinweisen fälschlicherweise auf Lügen, beim Fehlen von solchen fälschlicherweise darauf, dass jemand die Wahrheit sagt. Pokerspieler können z. B. Täuschungshinweise geben, wenn sie gerade nicht bluffen. Die einzige Möglichkeit, den Brokaw-Fehler zu reduzieren, sieht Ekman darin, dass man Vergleiche anstellt. Vergleiche zwischen Phasen, in denen man sicher ist, dass die Person nicht lügt, mit solchen, die es zu beurteilen gilt. Je länger und über je mehr Themen man mit jemandem redet, desto größer wird die Trefferquote.

6.1.4 Der Polygraph als „Lügendetektor"

Lügendetektoren sollen dazu dienen, anhand der physiologischen Reaktionen einer Person zu entscheiden, ob sie lügt oder die Wahrheit sagt. Mithilfe von Polygraphen und am Körper befestigten Elektroden oder Sensoren werden hauptsächlich autonome Reaktionen aufgezeichnet. Gemessen werden üblicherweise Atemtiefe und Atemfrequenz mit Bändern um den Oberkörper und Bauch, die Herzaktivität mit einer Blutdruckmanschette und die Schweißabsonderung an den Fingern. Die so entstehenden Messprotokolle geben aber per se keine Auskunft darüber, ob jemand lügt oder nicht. Sie liefern nur Hinweise auf emotionale Erregung und nur unter Einschränkungen auf spezifische Emotionen. Um Polygraphen als Lügendetektor einzusetzen, muss ein umschriebener Test durchgeführt werden. Das heißt, es muss ein genau umschriebenes Design von Fragen entworfen werden. Nur so wird es möglich, die physiologischen Reaktionen auf bestimmte Fragen überhaupt zu interpretieren. Zwei oft verwendete Tests sind der CQT (Control-Question-Test) von Raskin (1978, 1982) und der GKT (Guilty-Knowledge-Test) von Lykken (1981).

6.1.4.1 Der Control-Question-Test von Raskin

Beim CQT von Raskin werden die Reaktionen auf eine Kontrollfrage mit den Reaktionen auf die zu beurteilende Frage verglichen. Die Kontrollfrage spricht dabei allgemein die Problematik der aufzuklärenden Straftat an, während die eigentliche Frage sich auf den konkreten aufzuklärenden Sachverhalt bezieht. Damit der Test korrekt durchgeführt werden kann, ist es notwendig, dass er von gut ausgebildeten Versuchsleitern durchgeführt wird, die z. B. in der Lage sind, in Vorgesprächen mit dem Probanden die Kontrollfragen auszuwählen. Das ist deshalb wichtig, weil dem Test die Annahme zugrunde liegt, dass Unschuldige an stärkeren Reaktionen auf die Kontrollfragen und Schuldige an stärkeren Reaktionen auf die relevanten Fragen zu erkennen seien. Es handelt sich also weniger um einen standardisierten Test als vielmehr um eine Sammlung von möglichen Verfahrensweisen, die im Wesentlichen aus einer Kombination von verschiedenen Interviewtechniken mit physiologischen Erhebungen besteht. Lykken kritisiert am CQT, dass es zu seinem Funktionieren notwendig ist, dass der Beschuldigte a) an die Unfehlbarkeit des Tests glaubt und b) daran, dass starke Reaktionen in der Kontrollphase ihn verraten würden. Von diesen Voraussetzungen kann aber nicht in allen Fällen ausgegangen werden. Daraus ergeben sich mehrere Möglichkeiten einer Fehlinterpretation des CQT. Die Hauptfehlertendenz im CQT besteht darin, dass einer ehrlichen Person oft nicht geglaubt wird.

6.1.4.2 Der Guilty-Knowledge-Test von Lykken

Um die Wahrscheinlichkeit, dass man jemandem fälschlicherweise nicht glaubt zu reduzieren, entwickelte Lykken den Guilty-Knowledge-Test. In diesem Test werden Fragen zu Sachverhalten gestellt, die nur der Schuldige kennen kann. Zum Beispiel wird gefragt: „Wie viel Geld wurde gestohlen: 50, 100, 500 ... 2 Euro" oder es wird nach der Stückelung der Beute gefragt, „in 2-Euro-Stücken, 10-Euro-Scheinen, ...". Hohes „Arousal" bei der richtigen Auswahlmöglichkeit wird als Indiz für Wissen über die Situation gewertet. Es kann aber nicht unterschieden werden, ob der Beschuldigte beim Verbrechen nur anwesend war und deshalb über das Tatsachenwissen verfügt oder ob er der Täter war. Das Verfahren hat auch praktische Nachteile. Es gibt nämlich nicht immer Sachverhalte, die sich in der benötigten Art kategorisieren lassen. Raskin kritisiert vor allem, dass der Fehler, eine Lüge zu glauben, hoch sei.

6.1.4.3 Untersuchungen zur Korrektheit der Lügendetektortests

Zur Korrektheit der Lügendetektortests wurden mehrere Studien durchgeführt. Ergebnisse, die von Raskin und von Lykken anerkannt werden, lassen sich folgendermaßen zusammenfassen:

Die Tests arbeiten mit einer hohen Erkennungsrate, aber sie machen auch häufig Fehler. Die Tests arbeiten besser in Feldstudien als in Analogstudien. Höheres Arousal, geringeres Bildungsniveau, geringere Gewissheit über den zugrunde gelegten Wahrheitsgehalt in Feldstudien. Einer ehrlichen Person wurde oft nicht geglaubt (etwa 20 %), was allerdings nicht für den GKT gilt. Einer unehrlichen Person wurde oft geglaubt (10 %), das gilt vor allem für den GKT (> 20 %). Die Lügendetektortests haben also erhebliche Fehlerquoten und sind aus diesen Gründen in Deutschland nicht als gerichtsverwertbar anerkannt, auch nicht im Zusammenhang mit Unschuldsbeweisen.

6.1.5 Zusammenfassung

Emotionen können vorgetäuscht oder verheimlicht werden, sie können aber auch mit Täuschungsversuchen wie Lügen einhergehen. Ekman konnte zeigen, dass das Vortäuschen von positiven und das Verheimlichen von negativen Emotionen anhand des gezeigten Verhaltens in Mimik, Gestik und Stimmhöhe erkennbar ist. Jedoch sind Laien dazu oft nicht in der Lage, vor allem weil sie auf die falschen Verhaltenskanäle achten. Eine Anwendung der Ergebnisse von Ekman auf den Einzelfall ist immer mit Unsicherheit behaftet. Einer der häufigsten Fehler in diesem Zusammenhang ist der Othello-Fehler, bei dem emotionale Reaktionen falsch zugeordnet werden. Ekman selbst wurde einmal aufgefordert, seine Erkenntnisse auf die Stellungnahmen von Barschel anzuwenden. Er erkannte einen „verräterischen" langen Lidschlag. Dieser wird interpretiert als Anzeichen für kognitive Planungstätigkeiten, wie sie unter anderem auch beim Lügen auftreten, aber auch in jedem anderen Fall auftreten können. Täuschungshinweise müssen deshalb immer im Kontext ihres Auftretens zu erklären versucht werden, wobei es äußerst wichtig ist, alternative Erklärungen für beobachtete Täuschungshinweise zu suchen. Die eindeutige Identifikation eines Täuschungsversuchs anhand des nonverbalen Verhaltens ist also genauso mit Fehlern behaftet, wie es die beschriebenen Lügendetektortests sind.

6.1.6 Fragen

- Welche Gefühle treten besonders oft bei Täuschungsversuchen auf?
- Was besagt das Konzept der „leakage" und wie werden Verhaltenskanäle danach angeordnet?
- In welchen Verhaltensweisen verrieten sich die Probandinnen im Versuch von Ekman?
- Warum sind die Urteile über vorgetäuschte Emotionen so wenig valide?
- Wie muss ein Polygraph eingesetzt werden, damit man einigermaßen valide Ergebnisse erzielen kann?

6.1.7 Weiterführende Literatur

Ekman, P. (1985). *Telling Lies*. (Clues to deceit in the marketplace, marriage, and politics). New York: Norton.

6.2 Emotionale Ausdrucks- und Wahrnehmungsfähigkeit

6.2.1 Enkodierungs- und Dekodierungskompetenz

6.2.1.1 Definitionen

Im vorigen Kapitel wurde beschrieben, dass Laien nur sehr schlechte Ergebnisse lieferten, wenn sie entscheiden sollten, ob eine Emotion vorgetäuscht

6.2 Emotionale Ausdrucks- und Wahrnehmungs-

oder echt war. Im Folgenden geht es darum zu untersuchen, ob sich Menschen in der Fähigkeit, emotionale Informationen zu senden und zu empfangen, unterscheiden. Die Fähigkeit, emotionale Zustände so auszudrücken, dass sie von anderen Menschen erkannt werden, wird als Enkodierungskompetenz bezeichnet. Das Pendant dazu ist die Dekodierungskompetenz, sie umfasst die Fähigkeit, den emotionalen Zustand anderer Menschen zu erkennen. Wichtig ist es, den Begriff der Enkodierungskompetenz von der Expressivität abzugrenzen. Das Ausmaß der Encodierungskompetenz wird hauptsächlich durch die Exaktheit („accuracy") der gesendeten Informationen bestimmt. Im Gegensatz dazu stellt Expressivität nicht sicher, dass auch eindeutige und durch andere erkennbare Informationen gesendet werden. Es kann also jemand sehr expressiv sein, ohne dass man viel über seinen emotionalen Zustand erfährt. Wenn jemand z. B. unabhängig von seinem aktuellen emotionalen Zustand ständig lächelt, ist er zwar expressiv, die Expressionen verraten jedoch nichts Unmittelbares über seinen emotionalen Zustand. Die *Enkodierungskompetenz* einer Person beschreibt also ihre Fähigkeit, nonverbale Botschaften so zu senden, dass sie von potenziellen Empfängern möglichst akkurat wahrgenommen werden können. Die *Dekodierungskompetenz* umfasst Fähigkeiten, die als Empathie, Exaktheit der Personenwahrnehmung und soziale Sensitivität umschrieben werden.

6.2.1.2 Welche Hinweisreize werden in sozialen Situationen gesendet und empfangen?

Sowohl die En- als auch die Dekodierungskompetenz sind Fähigkeiten, die für den geregelten Ablauf sozialer Beziehungen von herausragender Bedeutung sind. Das *Brunswiksche Linsenmodell* (siehe Abbildung 13) fasst die Prozesse des Sendens und Empfangens von Hinweisreizen auf emotionale Zustände zusammen. Es verdeutlicht die Vielfalt der zu verwertenden Informationen im Kontext der Wahrnehmung und Attribution emotionaler Zustände. Der Sender externalisiert einen emotionalen Zustand durch das Senden von distalen Hinweisreizen, die im Beispiel weitgehend aus Innervationen der Gesichtsmuskulatur und der mit der Stimmbildung verbundenen Muskulatur bestehen. Diese distalen Hinweisreize können potenziell als proximale Perzepte wahrgenommen werden. Das heißt, die Innervation des Muskels Corrugator führt zu dem Erscheinungsbild der zusammengekniffenen Augen. Letzteres ist dem Empfänger als Perzept zugänglich. Im Fall sozialer Interaktionen treten diese proximalen Perzepte jedoch möglicherweise nicht alleine auf, sondern es können mehrere andere Verhaltensweisen quasi als Störvariablen fungieren. Deshalb müssen aus einer Vielzahl von Informationen diejenigen herausgefiltert und interpretiert werden, die ein valides Urteil über den Interaktionspartner möglich machen. Erst die exakte Selektion und Kombination der emotionsspezifischen proximalen Perzepte ermöglicht Inferenzen auf den emotionalen Zustand des Senders. Diesem wird im Beispiel die Emotion „Ärger" attribuiert.

6 Exkurse in Teil- und Anwendungsgebiete der Emotionspsychologie

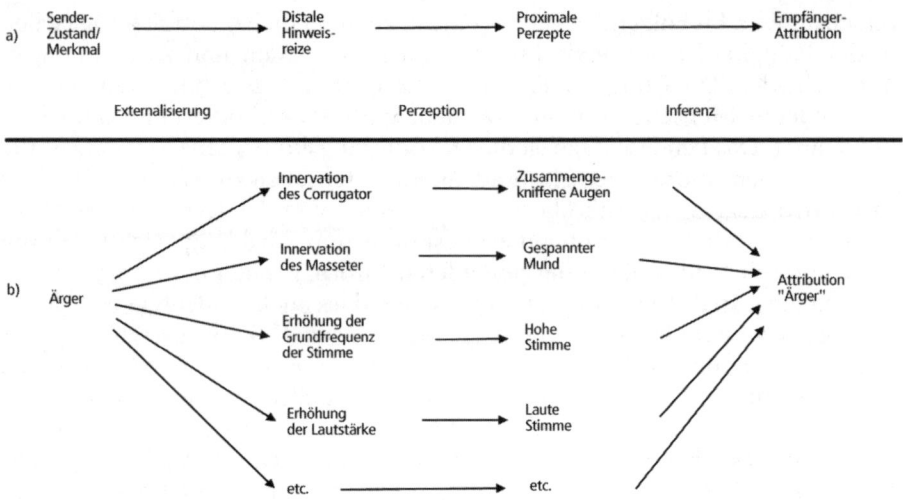

Abbildung 13: Brunswiksches Linsenmodell modifiziert nach Scherer und Wallbott für die Emotion „Ärger"

Dieser Wahrnehmungsprozess läuft allerdings in den wenigsten Fällen bewusst ab. Vielmehr können unbewusste Selektions- und Ansteckungsprozesse das Urteil erheblich beeinflussen und verändern. Zu den von Scherer und Wallbott (1990) genannten proximalen Reizen kommen die *idiomotorischen Reaktionen* des Empfängers hinzu. Es handelt sich hierbei um Phänomene wie die unwillkürliche Ansteckung durch z. B. Gesichtsbewegungen, Körperhaltungen oder Körperbewegungen des Gegenübers, die unwillkürlich imitiert werden (idiomotorische Bewegungen). Durch die idiomotorischen Bewegungen des Empfängers wird bei ihm selbst ein dem des Senders ähnliches Gefühl induziert. Im Beispiel würde das unwillkürliche Nachahmen des angespannten Mundes zu einer Induktion von Ärger oder zumindest zu einem negativen emotionalen Gefühl führen (siehe Varianten der Facial-Feedback-Hypothese).

Das so beim Empfänger induzierte Gefühl muss von diesem wahrgenommen und weiterverarbeitet werden. Es muss z. B. unterschieden werden, ob es etwas mit dem Sender zu tun hat oder ob es ein Gefühl des Empfängers selbst ist. Erst wenn diese Zuordnung erfolgt ist, kann die korrekte Attribution einer Emotion an den Sender erfolgen. Die Fähigkeit, Emotionen des Senders korrekt wahrzunehmen, wird als Empathie bezeichnet. Dieser Prozess kann außer auf den wahrgenommenen Signalen des Senders auch auf Informationen über und Schlussfolgerungen aus dem situativen Kontext, in dem sich der Sender befindet, beruhen (Bischof-Köhler, 1989). Übernimmt der Empfänger das induzierte Gefühl als sein eigenes ohne ein Bewusstsein dafür, dass es vom Gegenüber stammt, spricht man nicht von Empathie, sondern von Gefühlsansteckung.

6.2.2 Verfahren zur Erhebung von De- und Enkodierungskompetenz

6.2.2.1 Das „slide-viewing"-Paradigma

Ein Vorgehen, das die Messung von Enkodierungs- und Dekodierungskompetenz vereint, ist das „slide-viewing"-Paradigma von Buck (1978). Die Sender schauen eine Reihe emotionaler Dias an, die den Kategorien Szenisch, Sexuell, Unerfreulich und Ungewöhnlich zuzuordnen sind. Sie werden aufgefordert, dem Versuchsleiter das jeweilige Dia zu beschreiben. Dabei werden sie ohne ihr Wissen videographiert. Die so gewonnenen Videoaufnahmen können dann verwendet werden, um die Dekodierungskompetenz von Versuchspersonen zu bestimmen. Die Videoaufnahmen der Sender werden dazu den Probanden ohne Ton gezeigt und diese müssen einschätzen, welche Kategorie von Dia die Person auf dem Video gerade gesehen hat. Zusätzlich muss eingeschätzt werden, ob sie sich eher gut oder schlecht gefühlt hat. Je häufiger sie die Kategorie des Dias korrekt einschätzen, desto höher ist ihre Dekodierungskompetenz. Umgekehrt sind die Probanden gute Sender, deren Videoaufnahmen korrekt den Kategorien der Dias zugeordnet werden.

6.2.2.2 Test zur Erfassung der Dekodierungskompetenz

Zur Erhebung der Dekodierungskompetenz wurden noch weitere Tests entwickelt. Einer davon ist eine Ableitung aus dem beschriebenen „slide-viewing"-Verfahren. Es handelt sich um den Der **CARAT** (Communication of Affect Receiving Ability). Er besteht aus 32 Items, die aus Videos zum „slide-viewing"-Paradigma gewonnen wurden. Die Aufgabe des Probanden besteht auch hier darin, einzuschätzen, welcher Kategorie das Dia angehört, das die Versuchsperson gesehen hat. Ein anderer klassischer Test zu Erhebung der Dekodierungskompetenz ist der PONS (Profile of Nonverbal Sensitivity). In der Entwicklung des **PONS** wurden zwanzig emotionale Situationen von einer einzigen Person gestellt, die entlang der Dimensionen Dominanz Submission und Positiv-Negativ variieren. Jede der Situationen ist je elfmal in unterschiedlichen Darbietungsformen zu beurteilen (nur Gesicht, nur Körper, beides, inhaltsgefiltertete Stimme usw.). Der PONS hat gegenüber dem CARAT den Nachteil, dass alle Items nur von einer Person stammen, ein Vorteil besteht darin, dass die Dekodierungskompetenz in mehreren Kanälen und Kombinationen bestimmt werden kann.

Ein Verfahren, das die Dekodierungskompetenz für die oben genannten Basisemotionen überprüft, ist der BART (Brief-Affect-Recognition-Test) von Ekman und Friesen (1974). Er umfasst siebzig Dias, sechzig zeigen je zehn Beispiele der Primäraffekte, die restlichen sind neutral. Die Dias werden tachistoskopisch dargeboten. Es werden sieben Testskalen berechnet, eine generelle und sechs emotionsspezifische. Eine Weiterentwicklung dieses Tests ist der JACBART (Matsumoto et al., 2000).

6.2.2.3 Enkodierungskompetenz als relativ stabiles, eindimensionales, individuelles Attribut

Bei der Untersuchung der Enkodierungskompetenz stellt sich heraus, dass es sich um ein relativ stabiles, eindimensionales, individuelles Attribut handelt. Es bestehen konsistente Geschlechtsunterschiede bei Erwachsenen in Form einer expressiven Überlegenheit der weiblichen Probanden (s. a. Kapitel 6.3). Untersucht man Kinder sind die Geschlechtsunterschiede geringer, bei Jungen findet man eine negative Korrelation mit dem Alter, nicht aber bei Mädchen.

Die Enkodierungskompetenz korreliert mit einer Vielzahl anderer Persönlichkeitsmaße wie **Extraversion, Selbstwert** und **kognitivem Stil**. Sie korreliert negativ mit der **elektrodermalen Aktivität** und der **Herzrate** in Reaktion auf die Dias (Buck, 1982). Patienten mit **linkshemisphärischen Schädigungen** haben eine höhere Enkodierungskompetenz als solche mit einer rechtshemisphärischen Schädigung und Parkinson-Patienten. Buck schließt daraus, dass die Enkodierungskompetenz eine *biologische Grundlage* hat, die in der rechten Hirnhemisphäre zu suchen ist. Dieses biologisch basierte System wird aber *im Lauf der Entwicklung durch soziale Lernprozesse* beeinflusst. So kann jemand mit einer Tendenz zum Internalisieren oder Externalisieren geboren werden, die soziale Erfahrung kann diese Tendenzen aber ändern. Ein Mann mit Externalisierungstendenz, der sich expressiv in vielen Situationen verhalten würde, kann in unserer Kultur lernen, seine Emotionen zu hemmen. Eine Frau mit einem ähnlichen Temperament könnte eine selektive Hemmung im Bereich Aggression und Erfolg lernen, in den restlichen emotionalen Bereichen bliebe das Temperament aber bestehen.

6.2.2.4 Dürftige Ergebnisse hinsichtlich der Dekodierungskompetenz

Im Vergleich zur reichhaltigen und konsistenten Befundlage hinsichtlich der Enkodierungskompetenz kann bei der Dekodierungskompetenz kaum von einem konsistenten, individuellen Attribut gesprochen werden. Das zeigt sich z. B. daran, dass zwei der bekanntesten Tests zur Beurteilung der Dekodierungskompetenz und der CARAT (Buck und Miller, 1972) und der PONS (Rosenthal et al., 1979), beinahe zu Null miteinander korrelieren.

6.2.2.5 Verbessert sich die Dekodierungskompetenz im Fall von vertrauten Personen (= spezifische Dekodierungskompetenz)?

In den genannten Tests zur Dekodierungskompetenz müssen von dem Probanden unbekannte Personen eingeschätzt werden. Demgegenüber gibt es Untersuchungen, in denen die Probanden das Verhalten von ihnen bekannten, vertrauten Personen einschätzen müssen *(spezifische Dekodierungskompetenz)*. Mütter dekodieren das Ausdrucksverhalten ihrer Kinder akkurater, als es Studenten tun, und besser, als sie das Verhalten anderer Kinder dekodieren (Buck, 1975). Umgekehrt dekodieren Kinder das Verhalten ihrer Mütter besser als das der Mütter von anderen Kindern, gleiches gilt für das Verhalten von Peers. Ein ähnliches Muster wurde auch für Therapeuten gefunden, die ihre eigenen Klienten besser dekodieren als Klienten von Kollegen. Ihre spezifische Kompetenz ist auch besser als ihre generelle mit CARAT gemessene Dekodierungskompetenz. Gottman, der sich mit Ehepaaren und Scheidungsprädiktoren beschäftigt, fand, dass die spezifische Dekodierungskompetenz bei „glücklichen" Ehepaaren größer ist, sie teilen ein „private message system". Sabatelli et al. (1982) untersuchte ebenfalls Ehepaare und zeigte, dass die Zufriedenheit der Partner mit der Fähigkeit der Ehefrau korrelierte, die Verhaltensweisen des Ehemanns richtig zuzuordnen, bei denen die Studenten die meisten Fehler machten.

6.2.2.6 Interaktive Sichtweise der Dekodierungskompetenz

Diese Ergebnisse zeigen auf, dass globale Maße möglicherweise nicht ausreichend sensitiv sind für die Erhebung subtilerer Aspekte nonverbaler Kommunikation. Angemessener ist eine interaktionelle Sichtweise, in der das Zusammenspiel der En- und Dekodierungskompetenz beider Partner integriert ist. Überlegungen dazu, wie solche Überlegungen im Hinblick auf die Vermittlung sozialer Erwartungen aussehen, werden weiter unten angestellt. Ein Beispiel für ein einfaches lineares Modell, das die Interaktion in dyadischen Beziehungen beschreibt, stammt von Kenny (1981). Kenny geht davon aus, dass jedes in einer dyadischen Beziehung beobachtete Verhalten in vier Komponenten unterteilt werden kann:

- das durchschnittliche Niveau des Verhaltens über alle Dyaden einer Gruppe
- die generelle Tendenz von Partner A, das Verhalten an alle zu senden
- die generelle Tendenz des Partners B, das Verhalten von allen zu empfangen
- das spezifische Niveau des Verhaltens in der Dyade, nachdem die generellen Tendenzen kontrolliert wurden.

Die empirische Abschätzung der Parameter dieses Modells erfordert eine aufwändige Art empirischen Vorgehens, ein „round-robin"-Design. Die Probanden werden dabei nicht nur im Gespräch mit einem Partner analysiert, sondern auch im Gespräch mit anderen Personen. Ein ähnliches Modell zur Analyse geschlechtsspezifischen emotionalen Verhaltens benutzen *Barret* et al. (1998).

6.2.3 Emotionale Intelligenz

Der Popularität, die das Konzept der Emotionalen Intelligenz in den Medien, in der Wirtschaft und in Ratgebern findet, stehen weit reichende theoretische und methodische Probleme gegenüber, die in populären Darstellungen nicht ausreichend oder gar nicht berücksichtigt werden. Mayer, DiPaulo und Salovey (1990) definieren „Emotionale Intelligenz wie folgt: Emotionale Intelligenz beinhaltet die Fähigkeit, Emotionen korrekt wahrzunehmen, zu bewerten und auszudrücken; die Fähigkeit, Zugang zu seinen Gefühlen zu haben bzw. diese zu entwickeln, um gedankliche Prozesse zu erleichtern; die Fähigkeit, Emotionen zu verstehen und ein emotionales Wissen zu besitzen; und die Fähigkeit, Emotionen zu regulieren, um emotionales und intellektuelles Wachstum zu unterstützen. Zur Erfassung des so definierten Konstrukts der Emotionalen Intelligenz wurde die Multi-Factor Intelligence Scale (MEIS) von Mayer, Caruso, und Salovey (1999) entwickelt, die aus zwölf Subtests zu den vier Gebieten *emotional identification (perception), assimilating emotions, understanding emotions* und *managing emotions* besteht. Es handelt sich um ein Verfahren, das die tatsächlichen Fähigkeiten überprüft und nicht auf Selbstberichten beruht (s. o.). Strittig ist, ob EI eine eigenständige Kompetenz beschreibt, die ähnlich der allgemeinen Intelligenz erfasst werden kann. Mayer und Salovey (1993) hatten EI ursprünglich als soziale Intelligenz beschrieben, es gelang ihnen aber nicht zu zeigen, dass soziale Intelligenz von anderen Intelligenzformen, insbesondere der verbalen Intelligenz, unabhängig ist. Obwohl es einige Befunde gibt, die die Annahme einer Emotionalen Intelligenz stützen, bleiben Zweifel und es bestehen noch einige Probleme bei der Erhebung des Konstrukts. Zum Beispiel unterscheiden sich die Ergebnisse in Abhängigkeit davon, ob man für die Bewertung der Itemantworten des MEIS konsensorientierte Kriterien oder Expertenkriterien verwendet (Roberts et al., 2001).

6.2.4 Zusammenfassung

Enkodierungs- und Dekodierungskompetenz für emotionale Informationen spielen eine wichtige Rolle für den Ablauf und die Qualität sozialer Interaktionen (s. a. Kapitel 6.4). Im Brunswikschen Linsenmodell modifiziert nach Scherer und Wallbott (1990) werden proximale und distale Hinweisreize unterschieden, die für die En- und Dekodierung verwendet werden. Zur Erfassung der Enkodierungskompetenz wurde von Buck ein spezielles Vorgehen entwickelt, das die Erhebung beider Kompetenzen ermöglicht, das „slide-viewing-paradigm". Die Enkodierungskompetenz ist ein relativ stabiles, eindimensionales, individuelles Attribut, während es für die Dekodierungskompetenz wenig einheitliche Befunde gibt. Auf Geschlechtsunterschiede in der En- und Dekodierungskompetenz wird im nächsten Kapitel genauer eingegangen. Verfahren zur Erhebung der Dekodierungskompetenz sind der CARAT (Buck und Miller, 1972) und der PONS (Rosenthal et al., 1979), die allerdings fast nicht miteinander korrelieren.

6.2.5 Fragen

- Was bezeichnet man als Enkodierungskompetenz, was als Dekodierungskompetenz?

- Welche Rolle spielen distale Hinweisreize und proximale Perzepte für den Ausdruck und die Wahrnehmung von Emotionen?
- Welches Verfahren ermöglicht die Erhebung der Enkodierungskompetenz?
- Welche Tests zur Dekodierungskompetenz existieren?
- Was versteht man unter spezifischer Dekodierungskompetenz?

6.3 Geschlechtsunterschiede im emotionalen Verhalten

6.3.1 Geschlechterstereotype und emotionales Verhalten

Im nonverbalen Verhalten beobachtbare Geschlechtsunterschiede müssen vor dem Hintergrund geschlechtsspezifischer Erwartungen an das Verhalten von Männern und Frauen diskutiert und interpretiert werden (Hall und Briton, 1993; Fischer und Manstead, 2000). Die Erwartungen schlagen sich in Geschlechtsstereotypen zu unterschiedlichen Persönlichkeitseigenschaften und Verhaltensweisen nieder, von denen sich ein Großteil unmittelbar oder mittelbar auf den Ausdruck und Umgang mit Emotionen zurückführen lassen. Die Beschreibungen der Geschlechterstereotype lassen sich grob in zwei Kategorien zusammenfassen, die durch eine Vielzahl von Eigenschaften gekennzeichnet sind:

maskulin als handelnd oder instrumentell:
aggressiv, dominant, roh, laut, aktiv, faul, clever, abenteuerlustig, selbstbewusst, hart, rational, unabhängig, unternehmenslustig, prahlerisch, grob, ehrgeizig, kompetitiv, weltmännisch, furchtlos, entschlussfreudig, überlegen

feminin als expressiv oder gemeinschaftlich:
emotional, freundlich, sensitiv, ordentlich, geduldig, eitel, schwach, hilfsbereit, liebevoll, charmant, erregbar, sentimental, verständnisvoll, warm, loyal, leichtgläubig, schmeichlerisch, frivol, mitfühlend, rücksichtsvoll, herzlich

Es fällt auf, dass die Stereotype viele Eigenschaften enthalten, die auch als emotional gelten. Das maskuline Stereotyp ist gekennzeichnet als handelnd, instrumentell und im Einzelnen durch Aggressivität, Rationalität und Furchtlosigkeit, während das feminine Stereotyp die emotionale Expressivität und Sensitivität in den Vordergrund rückt. Nach Hochschild (1983) leisten Frauen mehr emotionale Arbeit als Männer, die darin besteht, Emotionen zu unterdrücken und an ihrer Stelle andere Emotionen zu generieren oder nur bestimmte Emotionen zu zeigen. Emotionale Arbeit dieser Art dient der Aufrechterhaltung von Beziehungen, z. B. indem der vom Interaktionspartner gewünschte emotional-mentale Status aufrechterhalten wird. In besonderem Maß wird emotionale Arbeit von Personen gefordert, die Dienstleistungen an

6 Exkurse in Teil- und Anwendungsgebiete der Emotionspsychologie

Menschen leisten, z. B. Therapeuten, Stewardessen, Hotline-Mitarbeiter u. a. Der Erfolg emotionaler Arbeit hängt in hohem Maß davon ab, dass die gezeigten Expressionen möglichst echt wirken müssen, was dazu führt, dass sie auch von Forschern gelegentlich als Ausdruck tatsächlicher Emotionen angesehen werden.

Vor diesem Hintergrund stellen sich mehrere Fragen. Zum einen muss untersucht werden, ob sich die in den Stereotypen formulierten Verhaltensweisen auch mit den Selbstbeschreibungen und vor allem mit dem tatsächlichen Verhalten von Männern und Frauen decken. Zusätzlich wird diskutiert, welche Qualität die zu beobachtenden emotionalen Verhaltensweisen haben, ob z. B. das expressive Verhalten, das Frauen zeigen, besser erkannt wird als das von Männern, ob sich emotionsspezifische Unterschiede zeigen und welche Rolle das Vortäuschen von Emotionen spielt.

6.3.1.1 Selbstbeschreibungen, tatsächliche Fähigkeiten und der Einfluss der verwendeten Verfahren

Befragt man Männer und Frauen nach ihrem emotionalen Verhalten und ihren Fähigkeiten im Ausdrücken und Erkennen von Emotionen, kommt man zu dem Ergebnis, dass sich die Selbstbeschreibungen der Probanden mit den oben beschriebenen Stereotypen decken. Insbesondere bezüglich der Enkodierungs- und Dekodierungsfähigkeiten ergeben sich in Befragungen hinsichtlich der tatsächlichen Skills der Befragten auch entsprechende Gruppenunterschiede zwischen Männern und Frauen. Die Korrelationen zwischen den berichteten und den tatsächlichen Skills sind aber innerhalb der Gruppen gering. Die Personen beschreiben sich also selbst in Anlehnung an die Stereotype, diese können für die Gruppe auch bestätigt werden, sagen aber wenig über die tatsächlichen Kompetenzen der einzelnen Person innerhalb der Gruppe aus. LaFrance und Banaji (1992) zeigen auf, dass die Ergebnisse von Studien, die auf Selbstberichten basieren, in Abhängigkeit von den verwendeten Verfahren große Unterschiede aufweisen können. In der Literatur werden hauptsächlich Selbstberichte über Emotionen erwähnt und verwendet. Die Art dieser Selbstberichte hat wiederum Einfluss auf die gewonnenen Ergebnisse. Im Folgenden werden unterschiedliche Verfahren und ihr Einfluss auf die mit ihnen erhaltenen Ergebnisse dargestellt.

6.3.1.1.1 Direkte versus indirekte Verfahren

Bei Verwendung direkter Verfahren werden die Probanden aufgefordert, Aussagen über ihre Emotionalität zu machen. In indirekten Verfahren werden die Probanden ebenfalls aufgefordert, verbale Berichte zu emotionsrelevanten Ereignissen abzugeben. Aussagen zur Emotionalität werden aber aus diesen Berichten indirekt abgeleitet. Während man bei Verwendung von direkten Verfahren zahlreiche Hinweise auf Geschlechtsunterschiede findet, werden sie bei Verwendung indirekter Verfahren geringer oder verschwinden sogar ganz. Ein Beispiel für ein indirektes Verfahren ist das Analysieren der sprachlichen Inhalte von Traumtagebüchern, Erzählungen, Objektbeschreibungen usw.

6.3.1.1.2 Bezogenheit auf private, nicht beobachtbare, persönliche, innere Zustände versus beobachtbares Zeigen von Emotionen

In einer Studie verglichen Allen und Haccoun (1976) die Tendenz zu privatem, emotionalem Erleben mit der Tendenz zu öffentlichem Ausdruck von Emotionen. Im öffentlichen Ausdruck schätzten die weiblichen Probanden sich expressiver ein, als die Männer es taten. Im privaten emotionalen Erleben gab es nur Unterschiede hinsichtlich Angst und Trauer.

6.3.1.1.3 Kontextberücksichtigung der emotionsauslösenden Bedingungen

Die wenigen Untersuchungen, die interpersonale und unpersönliche Auslöser von Emotionen unterscheiden, zeigen auf, dass Frauen nach eigenen Angaben stärker auf interpersonale Ereignisse reagieren als Männer. Im unpersönlichen Bereich gab es keine geschlechtsspezifischen Unterschiede.

6.3.1.1.4 Spezifität der Emotionen

Die Befunde zu Geschlechtsunterschieden hinsichtlich spezifischer Emotionen sind uneindeutig. Shields (1984) z. B. fand keine Unterschiede in Ärger, Trauer und Angst. Sie fand aber, dass Frauen mehr die begleitenden physiologischen Phänomene berichten. Das gilt nach Thomas (1989) vor allem für Ärger, während Wallbott et al. (1986) keine Unterschiede in den Berichten zu physiologischen Reaktionen fanden. Dem Befund von Shields stehen auch die im Kapitel Emotion und Körper aufgeführten Studien entgegen, die zeigen, das Frauen eher die kognitiven Komponenten von Emotionen wahrnehmen, während Männer stärker auf die Physiologie fokussieren. Schon dort wurde jedoch aufgezeigt, dass dies nur der Fall ist, wenn weitere Kontextinformationen zur Situation fehlen.

6.3.1.1.5 Konkrete Situation versus globale Ratings

Eine Studie, in der emotionales Verhalten während einer ganzen Woche jeweils nach mindestens zehnminütigen sozialen Interaktionen erhoben wurde, bestätigt den Einfluss der Art des Selbstreports auf Geschlechtsunterschiede (Barret et al., 1997). Frauen beschrieben sich in den globalen Ratings zwar als affektiver, offener, sensitiver, ängstlicher, trauriger und fröhlicher als Männer. In den Beschreibungen, die nach den konkreten Situationen direkt abgegeben wurden, kamen aber keine Geschlechtsunterschiede zum Tragen.

Marianne LaFrance fasst die auf Selbstberichten basierenden Ergebnisse wie folgt zusammen: Frauen berichten, emotionaler zu sein als Männer, wenn die Maße *direkt* sind, wenn die berichtete Emotion *potenziell von anderen wahrgenommen* werden kann, wenn es sich um einen *interpersonalen Kontext* handelt und wenn *globales* statt diskretes emotionales Verhalten erfragt wird.

6.3.1.2 Geschlechtsspezifische Unterschiede in der Expressivität

Wenn man wie gezeigt die Validität von Selbstberichten anzweifeln muss, stellt sich erneut die Frage: Sind Frauen expressiver als Männer?

Dieser Frage ging Hall (1984) in einer Metaanalyse nach. Dabei fällt auf, dass Studien, die anderes mimisches Ausdrucksverhalten als Lächeln untersuchen, selten sind. Fasst man die vorliegenden Untersuchungen zusammen, ergeben sich Effektstärken von d = .45 (Hall, 1984) zugunsten der weiblichen Probanden. In der gestischen Expressivität liegt die mittlere Effektstärke der einbezogenen Studien bei d = 28. Häufiger sind wie erwähnt Studien zu finden, die Lächeln erheben, da dieses anscheinend einfach zu codieren ist. Aber auch das Lächeln ist eine sehr heterogene Kategorie mimischen Ausdrucksverhaltens. Es kann nicht davon ausgegangen werden, dass dies in allen Studien ausreichend berücksichtigt wurde. Für das Lächeln ergab sich eine Effektstärke von d = .30 zugunsten der weiblichen Probanden. In einer von Hall et al. (2000) aktualisierten Fassung stieg die Effektstärke sogar auf d = .33. In der Metaanalyse von LaFrance ergab sich lediglich eine Effektstärke von d = .20, was darauf zurückzuführen ist, dass Studien, für die keine Effektstärkenberechnung möglich waren, mit einem Wert von Null gewertet wurden. Der Zusammenhang zwischen Lächelfrequenz und Geschlecht ist allerdings nicht kontextunabhängig zu verstehen, vielmehr wird er von einer Reihe von Mediatoren vermittelt. Die Unterschiede werden z. B. kleiner, wenn man Frauen und Männern ähnliche Aufgaben stellt, z. B. zu lügen und/oder sie ähnliche Positionen hinsichtlich der Dominanz einnehmen lässt (Hall et al., 2000).

6.3.1.3 Expressivität, Genauigkeit und emotionsspezifische Unterschiede

Die Annahme, dass emotionsspezifische Überlegenheiten in der Expressivität den Geschlechterstereotypen folgen, konnte nur zum Teil bestätigt werden. Tucker und Friedman (1993) fanden z. B. eine Überlegenheit der weiblichen Probanden bei Freude und Ärger. Ersteres wurde erwartet, Zweites entspricht nicht den Stereotypen. Allerdings gibt es andere Studien, die zeigen, dass Frauen Freude und Trauer besser encodieren (Tucker und Riggio, 1988), aber die Unterschiede für Ärger nicht sehr groß sind und die Richtung sich hier zugunsten der männlichen Probanden umkehrt (Coats und Feldman, 1996). Geschlechtsspezifische Unterschiede sind allerdings von Kultur zu Kultur verschieden, wie die Studie von Biehl et al. (1997) zeigt. Das stereotype Muster konnte lediglich für die „caucasian" Stimulusfotos und das US-Sample bestätigt werden, während sich in anderen Ländern (Japan, Vietnam) abweichende Geschlechtsunterschiede zeigten. Mit Geschlechtsstereotypen konsistentes expressives Verhalten hat auch Auswirkungen auf die Einschätzungen durch Sozialpartner. Als populär wurden die Frauen angesehen, die Freude akkurat ausdrücken, für Männer war der Ausdruck von Ärger entscheidend für die Popularität, so Coats und Feldman (1996). Fischer und Manstead (2000)

6.3 Geschlechtsunterschiede im emotionalen Verhalten

geben eine abweichende Zusammenfassung z. B. der Studie von LaFrance und Banaji (1992). Die Unterschiede seien größer bei Expressionen als beim Erleben. Das zeigt sich vor allem, wenn man einzelne Emotionen unterscheidet. Frauen zeigen mehr Emotionen, die Verletzbarkeit und Machtlosigkeit implizieren (Angst, Trauer, Scham). Männer zeigen mehr machtbetonte Emotionen (Ärger, Stolz, Verachtung). Ein ähnliches Ergebnis liefert auch die International Study of Adult Crying (ISAC, Vingerhoets und Becht, 1996).

Wie schon oben besprochen, ist es notwendig, zwischen der Expressivität und der Genauigkeit des Ausdrucks zu unterscheiden, wie es für die Encodierungskompetenz getan wird. Untersuchungen zu der Frage, wessen nonverbales Verhalten korrekter eingeschätzt wird, ergaben wiederum eine Überlegenheit der weiblichen Probanden (d = .25), die sowohl für gestellte wie für spontane Verhaltensweisen gilt. Eine kanalspezifische Überlegenheit der Frauen ergab sich für die Mimik. Demgegenüber sind Männer in der stimmlichen expressiven Akkuratheit überlegen (d = .50, Hall et al., 2000).

6.3.1.4 Wurde tatsächlich emotionaler Ausdruck erfasst?

Frauen zeigen zwar mehr Gesichtsmimik in Reaktion auf emotionsrelevante Stimuli, in subtileren Maßen wie Blickvermeidung reagierten sie aber genau wie männliche Probanden (Cherulnik, 1979). Buck et al. (1974) fanden ebenfalls ausgeprägtere mimische Reaktionen von Frauen auf affektauslösende Stimuli. Die Änderungen physiologischer Parameter waren aber auch hier bei Frauen und Männern gleich. In den Untersuchungen zu geschlechtsspezifischem Ausdrucksverhalten müsste demnach besser unterschieden werden nach mimischer Aktivität, die willkürlich und aus Gründen sozialer Erwartungen an die Versuchspersonen gezeigt werden, und dem echten Ausdruck von Gefühlen. Im von Ekman und Friesen entwickelten EMFACS kann z. B. anhand von einzelnen Bestandteilen mimischen Ausdrucks („Action Units") zwischen unterschiedlichen Lächelformen unterschieden werden. In den meisten Experimenten wird Lächeln aber nur unter einer Kategorie zusammengefasst und als Anheben der Mundwinkel ohne Berücksichtigung anderer relevanter Gesichtsbewegungen operationalisiert.

Weitere Einschränkungen müssen für Untersuchungen gemacht werden, in denen emotionale Verhaltensweisen von Beobachtern eingeschätzt und beurteilt werden. Es hat sich gezeigt, dass Beurteiler ebenfalls Geschlechtsrollenstereotype anwenden. Wenn sie z. B. das Verhalten von Kleinkindern beschreiben sollen, die wahlweise als Jungen oder Mädchen bezeichnet wurden, führten geschlechtsrollenspezifische Erwartungen zu einem entsprechenden Bias der Beurteiler. Um diese Effekte zu kontrollieren, sollten in Untersuchungen expressiven Verhaltens deshalb genaue Beschreibungen des zu erfassenden Verhaltens vorgegeben werden, die den Einfluss stereotyper Wahrnehmungsmuster auf Seiten der Beobachter einschränken. Um den Einfluss von Erwartungen der Beobachter zu untersuchen, unterteilten Briton und Hall (1995) ihre Beobachter nach dem Grad bestehender Voreinstellungen zum geschlechtsspezifischen Lächelverhalten. Die Beobachter sollten dann das

Videoband einer Person hinsichtlich des Lächelns beurteilen. Entgegen der Erwartungen ergaben sich jedoch keine signifikanten Unterschiede. Die Autoren führen den fehlenden Einfluss der Voreinstellungen darauf zurück, dass Lächeln ein recht einfach zu codierendes Verhalten ist, bei dem der Beobachterbias weniger zum Tragen kommt. Der Beobachterbias wird mit Zunahme der Komplexität der zu beurteilenden Verhaltensweisen auch an Einfluss gewinnen. Zum Beispiel wenn aus mehreren Verhaltenskanälen zusammengesetzte Konstrukte wie Aggression oder Nachgiebigkeit eingestuft werden sollen.

6.3.1.5 Metaanalysen zur geschlechtsspezifischen Überlegenheit beim Dekodieren

In einer Vielzahl von Studien (Hall, 1984) zeigte sich tatsächlich eine Überlegenheit von Mädchen und Frauen im Dekodieren nonverbaler Reize, insbesondere wenn es sich um Emotionsgesichter handelt. Die Unterschiede wurden nach Hall in verschiedenen Kulturen und mit unterschiedlichen Messinstrumenten gefunden. Weibliche Probanden wären also tatsächlich verständnisvoller und empfänglicher für die Gefühle von anderen. Die Überlegenheit der Frauen beim Decodieren gilt weitgehend als erwiesen. Die mittleren Effektstärken bewegen sich um $d = .25$. Eine ähnlich hohe Effektstärke wurde auch in der kulturübergreifenden Studie von Biehl et al. (1997) gefunden. In einer Studie unter Verwendung des World Wide Web fand Merten (2002a) eine Effektstärke von $d = .17$ zugunsten der weiblichen Probanden beim Einschätzen von Gesichtsausdrücken der Basisemotionen.

6.3.2 Kulturen, Geschlechtsstereotype und emotionales Verhalten

Gesellschaftlich sanktioniertes Geschlechtsrollenverhalten ist in erheblichem Ausmaß kulturellen Einflüssen unterworfen und weist demnach auch interkulturelle Unterschiede auf. Umso mehr verwundert es, dass die meisten Studien zu Geschlechtsunterschieden sich lediglich auf westliche Kulturen beziehen und es nur wenige Studien gibt, die beide Faktoren (Geschlecht und Kultur) berücksichtigen. Fischer und Manstead geben einen Überblick über diese Studien und führen gleichzeitig eine Sekundäranalyse der Datenbank ISEAR (International Survey on Emotional Antecedents and Reactions, Scherer und Wallbott, 1994) durch. Es zeigt sich auch hier, dass Frauen berichten, Emotionen intensiver und länger zu erleben und mehr zu zeigen.

In weniger traditionellen Kulturen, die gekennzeichnet sind durch die aktive Teilnahme von Frauen am wirtschaftlichen und politischen Leben (High GEM = Gender Empowerment Measure), weniger ausgeprägte Geschlechtsrollenstereotype (low M) und ausgeprägten Individualismus (high I), werden nach Berichten der Probanden Emotionen intensiver erlebt als in traditionellen Kulturen. Es zeigt sich jedoch, dass die Unterschiede zwischen Männern und

6.3 Geschlechtsunterschiede im emotionalen Verhalten

Frauen in nichttraditionellen Kulturen größer sind als in traditionellen Kulturen. Dieses Ergebnis widerspricht der Hypothese von Fischer und Manstead, dass Unterschiede im emotionalen Verhalten auf differenzierte Geschlechtsrollen zurückzuführen seien. GEM und M sind nicht korreliert, d. h., dass die Arbeitswelten von Männern und Frauen zwar ähnlicher werden, die Geschlechtsrollen sich aber nicht in dem gleichen Ausmaß verändern.

Hinsichtlich der „display rules" konnte die Hypothese, dass diese geschlechtsunspezifisch seien, bestätigt werden. Die Überlegung der Autoren war, dass in individualistischen Kulturen jeder seine Emotionen nach dem romantischen Grundsatz äußern könne, solange sie authentisch und ein Ausdruck seines inneren Zustands sind. In kollektivistischen Kulturen ist das emotionale Verhalten des Einzelnen jedoch weniger an seine eigenen Motive als vielmehr an Vorschriften und Normen der Gemeinschaft gebunden. Es existieren hier also mehr geschlechtsunspezifische Display Rules, die für Männer und Frauen gelten und somit sind die Geschlechtsunterschiede im emotionalen Verhalten geringer. Da GEM auch mit Individualismus korreliert, könnte das auch eine Erklärung dafür sein, dass die Geschlechtsunterschiede in wenig traditionellen Kulturen wider Erwarten größer waren als in traditionellen Kulturen.

6.3.3 Das Geschlecht des Interaktionspartners – eine wichtige Kontextvariable

Als bedeutender Kontextfaktor für das expressive Verhalten von Männern und Frauen hat sich das Geschlecht des Interaktionspartners herausgestellt. Wie viel expressives Verhalten ein Mann oder eine Frau zeigen, hängt stark davon ab, welche Personen anwesend sind. Frauen berichten zwar z. B. generell öfter als Männer zu weinen. Die Angaben variieren aber in Abhängigkeit davon, ob eine Frau oder ein Mann anwesend sind. Männer berichten seltener in Anwesenheit einer Frau zu weinen, Frauen häufiger in Anwesenheit eines Mannes. Der Kontext hat aber auch einen entscheidenden Einfluss auf das tatsächliche expressive Verhalten von Männern und Frauen. In der folgenden Studie von Frisch (1997) wurden drei Dyadentypen untersucht: Männer im Gespräch mit Männern „männlich-männlich", Frauen im Gespräch mit Frauen „weiblich-weiblich" und Frauen im Gespräch mit Männern „weiblich-männlich". Die Probanden, die sich beim Experiment zum ersten Mal trafen, führten ein zwanzigminütiges Gespräch über die vier wichtigsten politischen Probleme, die in nächster Zeit in der Bundesrepublik Deutschland gelöst werden müssten. Dabei wurden die Probanden in einer „split-screen"-Technik auf Video aufgezeichnet. Zur Codierung des mimisch-affektiven Verhaltens wurde EM-FACS (Friesen und Ekman, 1984) verwendet. Die Ergebnisse der Studie zeigen, wie durch das Geschlecht des Gesprächspartners das mimisch-affektive Verhalten vor allem der männlichen Probanden situationsabhängig verändert wird. Vergleicht man die Dyadentypen „männlich-männlich" und „weiblich-weiblich", ergeben sich für das gesamte gezeigte Lächeln keine Unterschiede.

Die Männer und Frauen lächeln etwa 47- bzw. 48-mal während des zwanzigminütigen Gesprächs. Differenziert man jedoch nach den beiden Lächelformen Duchenne-Smile (s. o.) und „soziales" Lächeln (nur die Mundwinkel werden angehoben; Ekman und Friesen, 1982), stellt sich heraus, dass die Frauen signifikant häufiger Duchenne-Smiles zeigen als die Männer. Die Männer zeigen jedoch signifikant häufiger „soziales" Lächeln. Diese deutlichen Unterschiede im Lächelverhalten treten also erst dann zutage, wenn man zwischen den beiden Lächelformen differenziert. Wie wirkt sich nun der Einfluss des Geschlechts des Interaktionspartners auf das expressive Verhalten aus? Die Vergleiche zwischen den Männern in Dyadentyp „weiblich-männlich" und den zugehörigen Frauen liefern keinerlei signifikante Unterschiede mehr. Das Ausdrucksverhalten der Frauen ist quantitativ gleich dem der Frauen aus Dyadentyp „weiblich-weiblich", aber das der Männer verzeichnet deutliche Anstiege. Während sie in „männlich-männlich" nur etwa 15 Duchenne-Smiles zeigten, steigt die Anzahl dieses als Ausdruck von Freude zu wertenden Verhaltens auf fast 41. Zugleich nimmt die Anzahl „sozialen Lächelns", das als soziales Signal des „appeasement" zu verstehen ist, ebenfalls deutlich ab. Auf die Bedeutung dieser Verhaltensweisen für die geschlechtsspezifische Qualität und Thematik der Beziehungsregulation wird weiter unten noch eingegangen.

6.3.4 Das Geschlecht als Mediator interpersonaler Erwartungen?

Sozial erwünschtes Geschlechtsrollenverhalten wird vor allem in interpersonalen Situationen vermittelt und verstärkt. Das Geschlecht ist aber auch ein Mediator, der die Empfänglichkeit für soziale Erwartungen und die Effizienz gesendeter Erwartungen beeinflusst. Erwartungen an das eigene Verhalten und das des Interaktionspartners werden bereits in der Präinteraktionsphase generiert (Patterson, 1991). In diesem Zusammenhang stellt sich die Frage, ob Frauen stärker auf von Männern oder von Frauen vermittelte Erwartungen oder Männer stärker auf von Männern oder Frauen vermittelte Erwartungen? Welche Rolle spielen En- und Dekodierungskompetenz für die Vermittlung von Erwartungen?

Hall diskutiert drei alternative Erklärungsmodelle (Hall, 1993). *„Männer als einflussreiche Sender"* Eine Annahme geht auf Compton (1970) zurück, der davon ausgeht, dass dem Verhalten und den Hinweisreizen von Männern mehr Beachtung geschenkt würde als denjenigen von Frauen. Somit sind Männer als Sender von Erwartungen effektiver als Frauen. Diese wiederum seien empfänglicher, weil sie eher submissiv, passiv seien und eher geneigt, anderen zu gefallen. *„Frauen als effektive Sender"*. Eine andere Argumentation führt dazu, dass Frauen die effektiveren Sender von Erwartungen seien. Sie sind expressiver und damit würde auch mehr von ihren Erwartungen im nonverbalen Verhalten „durchsickern". Da sie aber auch die besseren Dekoder seien, wären sie auch anfälliger für Beeinflussung. *„Frauen als selektive, effektive Sender*

6.3 Geschlechtsunterschiede im emotionalen Verhalten

und Empfänger". Von den gleichen Annahmen ausgehend, kann man aber auch zu anderen Schlussfolgerungen gelangen. Da Frauen über eine höhere Kompetenz verfügen, ihr expressives Verhalten zu kontrollieren, senden sie weniger Hinweisreize bzw. nur dann, wenn es intendiert ist, die Erwartungen zu vermitteln. Die höhere Dekodierungskompetenz führt dazu, dass sie die beeinflussenden Hinweisreize der Sender wahrnehmen und so im günstigen Fall die Entscheidung treffen können, ob sie sich den Erwartungen gemäß verhalten oder nicht. Ein weiterer Mediator, der in die Diskussion der von Hall diskutierten Alternativen eingebracht werden kann, ist die oben erwähnte „leakage" der Verhaltenskanäle. Wenn die von Buck berichtete Abnahme der Dekodierungskompetenz der Frauen in Abhängigkeit von der „leakage" Bestand hat, wären Frauen empfänglicher für Erwartungen, die in den Kanälen mit geringer „leakage" vermittelt werden, während Männer auf die Erwartungen am stärksten reagieren, die in Kanälen mit höherer „leakage" und geringerer Kontrollmöglichkeit vermittelt werden. Das würde dazu führen, dass es bei Nichtberücksichtigung der „leakage" zu einer Nivellierung von Geschlechtsunterschieden kommt. Eine Metaanalyse von Hall (1993) führt z. B. zum überraschenden Resultat, dass der einzige Geschlechtsunterschied, der über mehrere Studien hinweg zu finden ist, darin besteht, dass Männer und nicht Frauen empfänglicher sind für Erwartungen, die ihnen von einem Sender übermittelt werden.

6.3.5 Zusammenfassung

Die oben berichteten Geschlechtsstereotype definieren sich in großen Teilen über emotionale Eigenschaften, die Männern und Frauen zugeschrieben werden. Folgt man den Selbstbeschreibungen, so deckt sich das emotionale Verhalten von Männern und Frauen auch mit den zugehörigen Geschlechtsstereotypen. Selbstberichte erweisen sich aber als besonders anfällig für die Wirkung von Stereotypen, sodass es umso wichtiger ist, die tatsächlichen Fähigkeiten (z. B. die En- und Dekodierungskompetenz) und Verhaltensweisen in Alltagssituationen direkt zu untersuchen, anstatt lediglich Befragungen durchzuführen. Außerdem ist es sinnvoll, zu unterscheiden, in welchen Situationen sich Unterschiede im emotionalen Verhalten zeigen; z. B. spielt es eine Rolle, ob das emotionale Verhalten *potenziell von anderen wahrgenommen* werden kann oder ob es sich um einen *interpersonalen Kontext* handelt, in dem Emotionen gezeigt wurden. Auch ist es wichtig zu diskutieren, was als emotionales Verhalten bezeichnet wird und ob es sinnvoll ist, von generellen Unterschieden zwischen Männern und Frauen auszugehen. Dem entgegen stehen z. B. emotionsspezifische Unterschiede hinsichtlich der En- und Dekodierungskompetenz. Außerdem zeigen sich in bestimmten Verhaltenskanälen widersprüchliche Ergebnisse. So existiert eine Überlegenheit der männlichen Probanden hinsichtlich des vokalen Ausdrucks. Darüber hinaus muss man sich im Klaren sein, dass nicht alle Studien tatsächlich expressives Verhalten untersuchen. Vorgetäuschtes Verhalten z. B., das nicht den eigentlichen emotionalen Zustand des Senders wiedergibt, sollte nicht unbesehen in die Beurteilung der Expressivität mit aufgenommen werden, sondern als eigene Kategorie behandelt werden. Auch besteht ein Bias im Hinblick auf die Valenz der untersuchten Emotionen. Es wurden hauptsächlich Studien zum Lächeln durchgeführt und alle Arten von Lächeln wurden dabei unkritisch als Ausdruck von Freude verstanden. Für das Lächeln ergaben sich die deutlichsten geschlechtsspezifischen Unterschiede, während die Befundlage nicht mehr so eindeutig ist, wenn auch der Ausdruck negativer Emotionen untersucht wurde. Hier zeigten sich auch kulturelle Unterschiede, was darauf hinweist, dass es nicht ausschließlich das biologische Geschlecht ist, das die gefundenen Unterschiede begründet.

Was die Dekodierungskompetenz betrifft, scheint die Befundlage eindeutig. Jedoch lassen sich auch hier einige Schwachpunkte finden. Bisher wurden bis auf wenige Ausnahmen keine interaktiven Situationen und damit für das alltägliche Verhalten relevante Situationen untersucht. Wenig ist auch bekannt über die Rolle, die die Motivation zu decodieren spielt, und damit fehlt die Abgrenzung zwischen der Fähigkeit zu decodieren und der Motivation. Es werden auch *Ausnahmen von dieser weiblichen Überlegenheit* berichtet. Frauen verlieren ihre Überlegenheit beim Dekodieren spezifischer Emotionen wie z. B. Ärger, vor allem wenn der Enkodierer ein Mann ist. Auch in der Studie von Shapiro und Penrod (1986) wurden keine Geschlechtsunterschiede gefunden. Eine weitere moderierende Variable für den geschlechtsspezifischen Unterschied im Decodieren ist die „leakage" der zu beurteilenden Kanäle. Die „leakage" spielt im Zusammenhang mit Geschlechtsunterschieden in der *Dekodierungsfähigkeit eine Rolle*. Frauen zeigen sich überlegen im Dekodieren von Gefühlen, die in Kanälen mit geringer „leakage" vermittelt werden. Mit zunehmender „leakage" der zu beurteilenden Kanäle und abnehmender Kontrollmöglichkeit über die in den Kanälen vermittelten Informationen reduziert sich die Überlegenheit der weiblichen Probanden (DePaulo und Rosenthal, 1979).

Ein beeindruckender Beleg dafür, wie wichtig die Berücksichtigung von Kontextvariablen bei der Beurteilung der Expressivität von Probandengruppen ist, stammt von Frisch (1997) und wurde oben beschrieben. Die männlichen Probanden zeigten im Gespräch mit Männern eine erheblich reduzierte Expressivität gegenüber den weiblichen Probanden. Erhob man ihre Expressivität aber in Gesprächen mit weiblichen Probanden, waren sie genauso expressiv wie diese.

6.3.6 Fragen

- Welche emotionalen Eigenschaften sind Bestandteil von Geschlechtsrollenstereotypen?
- Wie können Selbstberichte sich auf Ergebnisse zu Geschlechtsunterschieden auswirken?

- Unter welchen Bedingungen berichten Frauen, emotionaler zu sein als Männer?
- In welchen emotionalen Verhaltensbereichen sind Frauen expressiver als Männer?
- Welche Kontextbedingungen spielen bei der Erhebung von geschlechtsspezifischen Unterschieden eine Rolle?
- Wie spielen Expressivität, Geschlechtsstereotype und kulturelle Einflüsse zusammen?
- In welchem Verhaltenskanal erwiesen sich die expressiven Verhaltensweisen von Männern als besser dekodierbar?
- Wie beeinflusst das Geschlecht des Interaktionspartners die Expressivität von Männern?
- Welche Rolle spielt die „leakage" für Modelle der Vermittlung interpersonaler Erwartungen?

6.4 Emotionen und die Regulation von Beziehungen

Über vieles, was wir im Gespräch mit anderen Menschen tun, sind wir uns nicht bewusst. Zeichnet man Interaktionen auf und konfrontiert die Gesprächsteilnehmer anschließend mit den so gewonnenen Aufnahmen, löst man meist Erstaunen aus. Ein Teil des Erstaunens geht darauf zurück, dass man nun Gelegenheit hat, sich aus der Außenperspektive wahrzunehmen. Man kann sich so vollkommen auf die Beobachtung des eigenen Verhaltens konzentrieren. Im Gegensatz dazu werden während des Gesprächs große Teil der Aufmerksamkeit dadurch gebunden, dass man auf den Gesprächspartner und dessen Verhalten achtet, aber man ist auch mit der eigenen Handlungs- und Gesprächsplanung beschäftigt. Durch die Videoaufzeichnung werden auch Phänomene zugänglich, die keinem der beiden Gesprächspartner ansonsten ins Auge fallen. Beide Gesprächspartner können z. B. gleiche Kopf-, Arm- oder Körperpositionen einnehmen. Sie kratzen sich im gleichen Moment am Kopf oder wechseln gemeinsam die Sitzposition. Obwohl diese Verhaltensweisen während des Gesprächs nicht bewusst wahrgenommen werden, haben sie großen Einfluss auf die emotionale Qualität eines Gesprächs. Das Ausmaß gleichzeitiger lateraler Kopfauslenkungen korreliert z. B. damit, wie sympathisch man den Gesprächspartner nach dem Gespräch einschätzt (Bernieri, 1991; Merten, 1988).

Zu diesen recht leicht zu beobachtenden Verhaltensweisen gesellt sich eine Klasse anderer Verhaltensweisen, die zur Feinabstimmung der Beziehungsgestaltung dienen. Diese oft nur sehr kurz andauernden Verhaltensweisen sind vor allem die mimisch emotionalen Zeichen, die von beiden gesendet werden, oder die Feinregulationen des Blickverhaltens. Im Rahmen der Regulation von Beziehungen spielen die über die Mimik gesendeten Emotionen eine zentrale Rolle. Sie sind Bestandteil und beeinflussen Wahrnehmungs- und Informationsverarbeitungsprozesse. Gleichzeitig dienen sie dazu, Nähe oder Distanz zu anderen Menschen herzustellen oder andere Qualitäten menschlicher Beziehungen zu regulieren. All diese Funktionen werden erfüllt, ohne dass es den am Gespräch beteiligten Personen bewusst sein muss. Die Verhaltensweisen, die der Regulation von Beziehungen dienen und mit denen die Qualität von Beziehung zwischen Menschen analysiert werden kann, lassen sich nach dem Grad der Zugänglichkeit ähnlich anordnen, wie es oben für die „leakage" getan wurde.

Im Folgenden werden empirische Befunde zum zwischenmenschlichen Verhalten, der sozialen Interaktion, vor dem Hintergrund eines Modells zur Beziehungsregulation zusammengestellt. Es wird aufgezeigt, welche Bedeutung der Ausdruck und das Erleben von Emotionen (z. B. der Primäraffekte Ärger, Ekel, Verachtung, Trauer, Angst, Überraschung und Freude) für die Selbst- und Beziehungsregulation haben.

6.4.1 Regulationsmodelle und die kognitiv-affektive Modellierung von Führungsfunktionen

In sozialen Beziehungen müssen Größen wie die Nähe zwischen den beteiligten Partnern sowie ihr Aktivitäts- und Dominanzverhältnis reguliert werden. Zum Verständnis der Regulation von Nähe und Distanz wurde eine Reihe von Modellen entwickelt, die im Folgenden kurz skizziert werden.

Von den Theorien und Untersuchungen mit funktioneller Orientierung heben sich die Regulationsmodelle im Anschluss an Argyle und Dean (1965, 1985) in zweifacher Hinsicht ab. Erstens gehen sie von einer prozessualen Fragestellung aus, nämlich der, in welchen Situationen kompensatorisch oder reziprok auf Verhaltensänderungen reagiert wird, und zweitens bilden sie das interaktive Verhalten in Form eines multikanalen Konzepts ab.

Gegenstand der Regulation ist ein multikanales Verhaltenscluster das als „Involvement" (Patterson und Powell, 1991) bezeichnet wird. Das multikanale Verhaltenscluster, umfasst das Blickverhalten, Kopf- und Körperpositionen, die räumliche Distanz der Gesprächspartner, den Sprecher/Zuhörerstatus, qualitative Merkmale der Körperhaltung wie Offenheit, Symmetrie/Asymmetrie oder Vor- und Zurücklehnen, Kopfnicken, mimisches Verhalten und paraverbale Hinweisreize. Das „Involvement" erfuhr unterschiedliche inhaltliche Interpretationen: als Ausdruck von affiliativen Bedürfnissen, dem Wunsch nach Intimität „intimacy" (Argyle und Dean, 1965), als Ausdruck der „immediacy" (Mehrabian, 1972) bis zum „involvement" von Patterson (1991). Bei Patterson erhält das Involvement inhaltliche Bedeutung durch die wahrgenommene Funktion desselben (s. u.).

Argyle und Dean (1965) betrachteten im Rahmen ihrer Gleichgewichtstheorie („equilibrium theory") das Anstreben und Aufrechthalten eines angemessenen Grades an Intimität als einen Organisator des interaktiven Verhaltenss dergestalt, dass beim Über- oder Unterschreiten einer vorgegebenen Schwelle mit kompensatorischen Verhaltensänderungen gegenreguliert wer-

6.4 Emotionen und die Regulation von Beziehungen

den muss. Erlebt ein Interaktionspartner das aktuelle Involvement als zu hoch, wird er dies kompensieren, indem er sein eigenes Involvement reduziert. Das kann z. B. dadurch geschehen, dass er den Blick abwendet. Die Theorie von Argyle und Dean regte eine Vielzahl empirischer Untersuchungen an, in deren Folge die Theorie vielfach modifiziert werden musste. Andersen (1985) fasst die Kritik an der Theorie zusammen. Als zentralen Einwand gegen die „equilibrium"-Theorie führt er an, dass sie nicht die Möglichkeit reziproker Reaktionen berücksichtigt. Reziproke Reaktionen sind in empirischen Studien aber viel häufiger zu finden als kompensatorische Verhaltensweisen. Cappella und Greene (1982) beanstanden zusätzlich, dass die Theorie nur unzulängliche Aussagen über aktivitätsbezogenes Verhalten macht. Reziproke Verhaltensregulationen liegen dann vor, wenn auf eine Erhöhung des Involvements ebenfalls mit einer Erhöhung des Involvements reagiert wird. Lehnt sich ein Interaktionspartner nach vorne und verringert so die Distanz, bestände eine reziproke Reaktion darin, sich ebenfalls zu nähern. So rückte die Frage in den Vordergrund, unter welchen Bedingungen kompensatorisch oder reziprok reguliert wird. Dazu entwarf Patterson (1991) ein Modell des nonverbalen Austauschs, in das die vermuteten Ziele und Handlungspläne der Interaktionspartner mitaufgenommen wurden. Dieses als „functional approach" bezeichnete Modell zielt auf die Erklärung der Regulation des Involvements unter Berücksichtigung (a) genetischer oder umweltbedingter Basis-Determinanten und (b) lang- und mittel- bis kurzfristiger Antezedentien. Außerdem werden die Situation und die Beziehung zum Interaktionspartner als (c) Mediatoren in der Vorphase der Interaktion thematisiert. Für die Modellierung der interaktiven Phase spielt die wahrgenommene Funktion des nonverbalen Involvements eine entscheidende Rolle, und zwar die Einschätzung der Situation im Hinblick auf Stabilität oder Instabilität des Verhaltensablaufs. Eventuell auftretende Instabilität führt je nach Art entweder primär zu einer Änderung des Arousal oder primär zu einer kognitiv-affektiven Beurteilung mit eventuellen Auswirkungen auf das Arousal.

Nach Patterson hat die naive Einschätzung der Funktion einer beobachtbaren Verhaltensweise mehr Einfluss auf das Verhalten als die kognitiv-affektiven Folgen einer Veränderung des Arousals. Diese Gewichtung leitet er aus dem Phänomen ab, dass das gezeigte Verhalten nicht immer konsistent ist mit dem zugrunde liegenden Affekt (Ickes, Patterson, Rajecki und Tanford, 1982; Ekman, 1985), sondern von der Intention des Akteurs abhängt. Ein Zusammenspiel der Urteilsbildung hinsichtlich der wahrgenommenen Funktion und kognitiv-affektiver Bewertungsprozesse wird von Patterson nicht thematisiert.

Um interaktiven Regulationsprozessen gerecht werden zu können, müssen die Theorien zur Regulation von Intimität, Involvement und Unmittelbarkeit (Mehrabian, 1972; Cappella und Greene, 1982; Anderson, 1985; Patterson und Powell, 1991) um prozessuale und interaktive Aspekte erweitert werden. Zusätzlich muss das in den meisten Theorien verwendete Konzept eines unspezifischen Arousals durch die Integration von Emotionen, insbesondere des mimischen Ausdrucks derselben, spezifiziert werden. Zur Modellierung von

Beziehungsregulation kann man einen interaktionsregulierenden Prozess annehmen, der die Entstehung, Aufrechterhaltung und Weiterentwicklung *verbaler* und *nonverbaler Verhaltensmuster* im Verlauf eines Gesprächs steuert. Die in einem Gespräch zu beobachtenden Verhaltensmuster müssen als das Resultat einer dyadenspezifischen Organisation und Kalibrierung betrachtet werden. Das Verhalten jedes einzelnen Interaktionspartners wird durch *Führungsgrößen* geregelt. Die einzelne *Führungsgröße* wird durch eine Funktion bestimmt, die einen Bereich umschreibt, innerhalb dessen sich die Regelgröße über die Zeit befinden muss. Im einfachsten Fall ist der Verlauf der Führungsgröße über die Dauer der Interaktion als eine konstante Funktion zu beschreiben. Das würde bedeuten, dass ein Interaktionspartner eine Interaktion mit dem Wunsch nach einem bestimmten Ausmaß an Nähe beginnt und dieses unabhängig vom weiteren Verlauf beizubehalten versucht. Solche konstanten Führungsfunktionen sind allerdings für die Modellierung spontanen interaktiven Verhaltens denkbar ungeeignet. Es müssen statt dessen Führungsfunktionen thematisiert werden, die die Beschreibung flexiblerer Formen von Interaktionsabläufen gestatten. Die Führungsgrößen zu einem bestimmten Zeitpunkt der Interaktion sind als das Ergebnis von mentalen Modellierungsprozessen zum Zweck der Selbst- und Beziehungsregulation zu betrachten. Es ist also davon auszugehen, dass die Führungsgröße und die Führungsfunktion sich im Verlauf der Interaktion situationsabhängig verändern. Wird eine Interaktion z. B. mit dem Ziel begonnen, die Nähe zum Sozialpartner nach und nach zu steigern, läge eine ansteigende Führungsfunktion vor. Im Verlauf des Gesprächs kann diese aber zu einer absteigenden Führungsfunktion modifiziert werden, wenn sich neue Aspekte ergeben, die eine Realisierung des ursprünglichen Ziels nicht mehr wünschenswert erscheinen lassen (z. B. Mundgeruch). Weiterführende Überlegungen zu Fragen beziehungsregulierender Prozesse und eine Anwendung auf das Verhalten von gesunden Interaktionspartnern im Vergleich zu an Schizophrenie erkrankten Patienten findet man bei Merten (1996a, 1996b).

6.4.2 Die Funktionen mimisch-emotionalen Verhaltens

Mimisch-emotionale Zeichen dienen nicht nur der Regulation von Beziehungen und sind auch nicht nur Ausdruck des emotionalen Zustands einer Person, sondern sie werden auch vielfach dazu eingesetzt, emotionale Inhalte zu symbolisieren. Im Folgenden wird versucht, auf der Grundlage von Kontextanalysen (Merten, 2002b) diese unterschiedlichen Funktionen mimisch-affektiver Zeichen in dyadischen Interaktionen unterscheidbar zu machen. Betrachtet man das mimisch-affektive Verhalten als ein Zeichensystem, können in Anlehnung an Bühler (1934) Symbol, Signal- und Ausdrucksfunktion unterschieden werden.

Krause (1993, 1996) unterscheidet mimisch-affektive Zeichen, die indikativ sind für den emotionalen Zustand des Zeichengebers oder der Beziehung, von solchen, die indikativ sind für eine Kognition, einen Gegenstand, über den der

6.4 Emotionen und die Regulation von Beziehungen

Zeichengeber kommuniziert. In der aktuellen Emotionsforschung ist vor allem die Ausdrucksfunktion mimisch-affektiver Zeichen umstritten (Fridlund, 1994; Russell, 1994). Bei der Analyse natürlicher Interaktionen ist es deshalb sinnvoll, davon auszugehen, dass das vorgefundene mimische Verhalten einer Person grundsätzlich jeder der in Abbildung 14 genannten Funktionen dienen kann. Betracht man das mimisch-affektive Verhalten als ein Zeichensystem mit mehreren Funktionen, werden Probleme beim empirischen Nachweis kongruenter Beziehungen zwischen af-

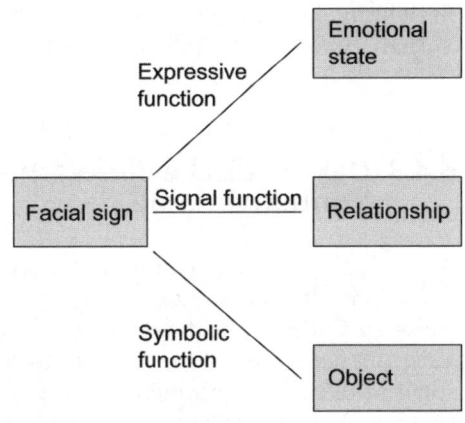

Abbildung 14: Funktionen des mimisch-emotionalen Zeichensystems

fektivem Verhalten, emotionalem Erleben und physiologischen Reaktionen verständlich, da nicht alle mimischen Zeichen expressive Funktion haben. Vielmehr dient der größere Teil mimisch-affektiver Zeichen in Alltagsinteraktionen der Illustration und Symbolisierung einer affektiven Einstellung zu im Verbalsprachlichen erwähnten Objekten. Redet man z. B. über Personen des öffentlichen Lebens wie Politiker, so sind eine Vielzahl negativer mimischer Zeichen zu beobachten, die das Gesagte emotional anreichern und die Einstellung zur Person charakterisieren und symbolisieren, über die gerade gesprochen wird. Das beobachtete mimische Verhalten ist dann zwar emotional negativ, das emotionale Erleben des Erzählers muss aber nicht zwingend auch negativ sein, vielmehr ist es im beschriebenen Fall umso positiver, je mehr negative Äußerungen dieser Art getätigt werden (Hufnagel et al., 1991). Das mimische Zeichen gilt in diesem Fall auch nicht dem Zuhörer, es ist also kein Signal, das die Beziehung reguliert. Es kann sich jedoch teilweise mit dem emotionalen Zustand des Senders decken, wenn dieser von dem berichteten Verhalten des Politikers persönlich betroffen ist. Dann löst die Erzählung bei ihm einen emotionalen Zustand aus, der kongruent zur gezeigten Mimik ist.

Mimische Zeichen, wie man sie in sozialen Interaktionen beobachten kann, sind für sich allein genommen, ohne Berücksichtigung des Kontexts, in dem sie auftreten, also mehrdeutig. Die jeweilige Funktion des mimisch-affektiven Zeichen muss für den Interaktionspartner aber erkennbar sein, da es ansonsten zu erheblichen Irritationen in der Regulation der Beziehung kommen kann. Das gilt vor allem für die negativen Affekte Ärger, Ekel und Verachtung, die mit einer negativen Basalklassifikation des Objekts einhergehen (Krause, 1990). Würde ein Interaktionspartner nicht in der Lage sein, zwischen mimisch-emotionalen Zeichen zu unterscheiden, die dem Politiker gelten, und solchen, die für ihn gelten, hat das offensichtlich Folgen für die Qualität der

6 Exkurse in Teil- und Anwendungsgebiete der Emotionspsychologie

Beziehung. Darauf, wie diese Unterscheidungen getroffen werden und welche Verhaltensweisen daran beteiligt sind, wird unten eingegangen.

6.4.3 Das dyadische Blickverhalten als wichtige Kontextvariable

Eine Möglichkeit zur Unterscheidung verschiedener Arten mimisch-emotionalen Verhaltens besteht darin, dass im Kontext der mimischen Zeichen Hinweise zu finden sind, die dem Empfänger als Metabotschaften zur Disambiguierung der oben genannten Funktionen dienen können. Eine wichtige Rolle spielt in diesem Zusammenhang das Blickverhalten der beiden Interaktionspartner (Merten, 1996). Das Blickverhalten des Zeichengebers dient dazu, dem Empfänger zu signalisieren, ob die gezeigte Emotion ihm oder einem Dritten gilt. Außerdem ist es wichtig, in Rechnung zu stellen, ob der Interaktionspartner in der Lage sein soll, das mimische Zeichen zu sehen oder nicht zu sehen. Im Fall der Symbolfunktion des mimischen Zeichen ist es sinnvoll, es dann zu zeigen, wenn der Interaktionspartner zum Zeichengeber hinschaut und somit seine Empfangsbereitschaft signalisiert. Entsprechend diesen Annahmen ergeben sich funktionsspezifische Muster im nonverbalen Kontext der mimischen Zeichen, die eine Disambiguierung der Funktionen desselben ermöglichen.

In Abbildung 15 sind die vier Arten von dyadischem Blickverhalten dargestellt, in denen ein mimisches Zeichen auftreten kann.

a) keiner blickt

b) Proband 1 blickt allein

c) Proband 2 blickt allein

d) beide blicken

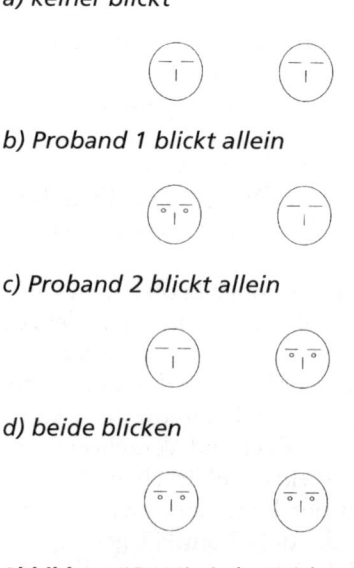

Abbildung 15: Mimische Zeichen und dyadisches Blickverhalten

Die empirische Überprüfung der Art und Weise, wie sich die Mimik auf diese dyadischen Blickzustände verteilt, entspricht den gemachten Annahmen. Die negativen Affekte, die eine Symbolfunktion haben, werden vorwiegend dann gezeigt, während der Sender wegschaut und der Zuhörer hinschaut und nur selten im umgekehrten Fall (Sender schaut hin, Zuhörer weg).

6.4.4 Interaktives Involvement, emotionales Erleben und Verhalten

6.4.4.1 Positive und negative Affekte im Kontext der Beziehungsregulation

Für die Beurteilung der emotionalen Qualität der Beziehung sind Phasen hohen interaktiven Involvements von besonderem Interesse. Hierbei handelt es sich um Momente, in denen beide Interaktionspartner einander zugewandt sind und sich anblicken. Diese können hochgradig ambivalent sein und müssen deshalb durch das Senden von emotionalen Signalen klarifiziert werden. In einer Untersuchung von männlichen und weiblichen Dyaden ergaben sich geschlechtsspezifische Ergebnisse dazu, wie hohes Involvement von Interaktionspartner bewertet wird und welche Emotionen in diesen Phasen gezeigt werden. Die Dauer des beidseitigen Anblickens korreliert in den weiblichen Dyaden positiv mit dem Erleben von Freude, in den männlichen Dyaden mit Überraschung. Das ist ein Hinweis auf die unterschiedliche Bewertung dieser Phasen hohen Involvements. Sie setzt sich in der Art der Verteilung der Emotionen auf diese Phasen fort (siehe Tabelle 14).

Tabelle 14: Emotionale Signale während hohen interaktiven Involvements

Dyaden-typen	Relative Dauer beidseitigen Anblickens	Duchenne smiles/„echte Freude"	Soziales Lächeln	all smiles	anger, contempt, disgust
Männer gesund	35	35	46***	42**	17***
Frauen gesund	42	50*	46	52**	28**

Wilcoxon-Rank-Sum Tests, *** P< =.001, ** P< =.01, * P< =.05, + P< =.10 1-seitig, N = 20

In den weiblichen Dyaden ist ein Anstieg des Ausdrucks echter Freude (Duchenne-Smiles) bei Blickkontakt zu verzeichnen, während in den männlichen Dyaden ein Anstieg des sozialen Lächelns als „appeasement" bei Blickkontakt auftritt. Beiden Dyadentypen gemeinsam ist eine generelle Reduktion negativer Affekte bei Blickkontakt. Neben diesen in allen Gesprächen gefundenen Muster lässt sich die emotionale Qualität der Beziehung in einzelnen Dyaden auch durch spezifische Muster im mimisch-emotionalen Verhalten charakterisieren.

Da diese jedoch sehr vielfältig sein können, bedarf es eines Instruments, um sie aus der unüberschaubaren Flut von Verhaltensweisen extrahieren zu können. Einen Algorithmus zur Identifikation von temporalen Mustern stellt Magnusson (1996) zur Verfügung. Auf Beispiele für solche Muster und ihre Aussagekraft für emotionale Regulationsprozesse wird unten eingegangen.

6.5 Emotionen in der klinischen Psychologie

Im Folgenden werden einige ausgewählte Ergebnisse zum mimisch-affektiven Verhalten von Patienten in sozialen Interaktionen im Überblick dargestellt. Schwerpunkt der Studien war es, den emotionalen Ausdruck und das emotionale Erleben von Patienten in sozialen Interaktionen und seine Funktionen im Rahmen der Beziehungsregulation zu verstehen. Es wird das Konzept des Leitaffekts eingeführt und der Zusammenhang desselben zum emotionalen Erleben als zentrale Größe im Verständnis der Selbst- und -Beziehungsregulation. Im Anschluss daran werden emotionale Regulationsprozesse in Phasen hohen interaktiven Involvements verwendet, um unterschiedliche Qualitäten sozialer Beziehungen zu kennzeichnen.

Definitionen und Symptombeschreibungen klinischer Störungen kommen nicht ohne den Rückgriff auf Gefühle und emotionales Verhalten aus. Auch für therapeutische Behandlungsprozesse werden Veränderungen des emotionalen Erlebens und der emotionalen Qualität der sozialen Beziehungen der Patienten als wesentliche Ziele angesehen. Viele klinische Störungen wie die Angststörungen und die affektiven Störungen Depression und Manie werden fast ausschließlich über Änderungen emotionaler Befindlichkeiten und Verhaltensweisen definiert. Auch der Umgang mit affektiven Handlungsimpulsen vor allem im Umfeld des Ärgers und der Wut werden zur Definition von Störungen verwendet und tauchen auch in der Bezeichnung der Störung auf, z. B. die emotional instabilen Persönlichkeiten (F60, ICD-10) mit den Untertypen impulsiver Typus und Borderline-Typus. Einen Überblick zum Stellenwert von emotionspsychologischen Theorien für klinische Fragestellungen geben z. B. Flack und Laird (1998). Wie die Emotionspsychologie Anwendung auf die psychoanalytisch und psychotherapeutische Praxis finden kann, ist beschrieben in Krause et al. (1992).

6.5.1 Beziehungsmuster und Leitaffekte

Psychische Störungen sind genau wie Emotionen am besten unter Berücksichtigung der sozialen Kontexte zu verstehen, in denen sie auftreten. Emotionales Verhalten bestimmt die Qualität sozialer Interaktionen, dies ist im Fall von Personen mit psychischen Störungen besonders deutlich. Sie sind zum Teil durch deutlich ausgeprägte Beziehungsmuster zu charakterisieren, die ätiolo-

6.5 Emotionen in der klinischen Psychologie

gisch bedeutsam sein können, die aber auch der Aufrechterhaltung der Störung dienen. Im einfachsten Fall lassen sich Beziehungsmuster durch das gehäufte Auftreten einer einzelnen Emotion charakterisieren. Die negative Emotion der Depressiven drückt nicht nur einen Zustand von Lust- und Antriebslosigkeit aus, sondern wirkt im sozialen Kontext oft auch als Entwertung der von außen an den Patienten herangetragenen Hilfsangebote. „Ich selbst und die Welt sind genauso wertlos wie die von dir vorgebrachten Hilfsangebote". Die Implementation dieses Beziehungsmusters bringt auch mit sich, dass der soziale Partner entsprechende emotionale Reaktionen zeigt. Die nachhaltige Frustration seiner Hilfsangebote lässt Rückzug aus der Beziehung zum Patienten oder Ärgerreaktionen wahrscheinlich werden.

Ein anderes Phänomen wurde bei der Erforschung der sozialen Interaktionen von an Schizophrenie leidenden Patienten gefunden (Steimer-Krause et al., 1990). Die untersuchten Patienten zeigten als häufigste Emotion Verachtung. Diese Emotion Verachtung war anders als die oben besprochenen negativen Emotionen der gesunden Interaktionspartner auf den Interaktionspartner bezogen. Die mimischen Signale der Verachtung sind zwar die gleichen wie bei den Gesunden, sie unterscheiden sich aber durch den Kontext, in dem sie auftreten. Sie wurden vor allem dann gezeigt, wenn der Interaktionspartner sie nicht sehen kann. Dass sie aber dem Interaktionspartner gelten, wird dadurch deutlich, dass der Schizophrene, während er die Verachtung zeigt, den Partner anschaut. Die Anpassungsprozesse, die in den Interaktionen gesunder Probanden mit den schizophrenen Probanden ablaufen, sind an anderer Stelle genauer beschrieben worden (Merten, 1996). Im Wesentlichen handelt es sich darum, dass die Interaktionspartner dazu gebracht werden, sich im Endeffekt so zu verhalten, wie es vom Patienten befürchtet wird. Im Fall der schizophrenen Dyaden zeigte sich das in einer sukzessiven Reduktion des interaktiven Involvements (räumlicher und emotionaler Nähe) durch den Sozialpartner.

6.5.2 Leitaffekte und das emotionale Erleben

Das Überwiegen eines negativen Affekts im mimisch-affektiven Verhalten der Patienten bei gleichzeitigem Fehlen positiver Affekte ist als ein Indikator für maladaptive Formen der Selbst- und Beziehungsregulation zu verstehen. Diese Annahme wird gestärkt durch eine Reihe von Untersuchungen an verschiedenen Patientengruppen. In Tabelle 15 sind die Korrelationen der vorherrschenden negativen Affekte mit dem Erleben von Freude wiedergegeben. Das Freudeerleben wurde am Ende der Interaktion mithilfe der Differentiellen-Affekt-Skala (DAS, Merten und Krause, 1988) erhoben. In den vier Gruppen mit schizophrenen Patienten und PatientInnen mit Colitis Ulceros ergaben sich signifikante negative Korrelationen der Affekte „contempt" und „disgust" mit dem Erleben von Freude. Es zeigt sich hier also für Patienten mit schweren psychischen bzw. psychosomatischen Störungen ein kongruenter Zusammenhang zwischen den Komponenten Ausdruck und Erleben einer Emotion. Ein solcher Zusammenhang, der im Laienverständnis als Indikator für Gesundheit

Tabelle 15: Das emotionale Erleben von Freude der Patienten und die Leitaffekte

facial behavior	SAmb	SIn	CM	CW	WS	Schmerz
anger		.71*				
contempt	−.86**				.60+	−.45*
disgust			−.60*	−.73*	−.65*	

N = 10 für alle Gruppen außer den Schmerzstörungen
Schmerz: Patientinnen mit Schmerzstörungen (N = 21)
CW Colitis Dyaden mit weiblichen Probanden
WS Dyaden mit männlichen Wirbelsäulenpatienten
CM Colitis Dyaden mit männlichen Probanden
SAmb Dyaden mit schizophrenen Patienten in ambulanter Behandlung
SIn Dyaden mit schizophrenen Patienten in stationärer Behandlung

angesehen wird, trat bei den untersuchten gesunden Probanden und Probandinnen nicht auf.

Als Erklärung für den kongruenten Zusammenhang im Fall der Patienten und Patientinnen können folgende Überlegungen angeführt werden: Die mimischen Signale der Patienten dienen nicht – wie im Fall der Gesunden – dazu, das verbal-sprachlich Geäußerte emotional anzureichern und damit im Sinne eines möglichst angenehmen „smalltalks" anregender zu gestalten. Vielmehr sind sie Ausdruck von Problemen der Selbst- und Beziehungsregulation, die akut durch die gerade ablaufende Interaktion ausgelöst werden. Es überwiegen also negative affektive Signale, die dadurch ausgelöst werden, dass es den Patienten nicht gelungen ist, ihre Binnenregulation störungsfrei aufrechtzuerhalten und solche, die auf Probleme mit der Regulation der Beziehung einhergehen. Zum Beispiel kann ein übergroßer Wunsch nach Nähe zum Interaktionspartner bestehen, der allerdings nicht ohne Irritationen realisierbar ist. Je häufiger negative Affekte in diesem Kontext zur Selbst- und Beziehungsregulation eingesetzt werden müssen, desto schlechter fällt die abschließende Bilanz über die Qualität des emotionalen Erlebens aus. Die negativen Affekte sind allerdings nicht als reine Störfaktoren missszuverstehen, sie indizieren auch nicht nur die Regulationsprobleme, sondern stellen auch zumindest kurzfristige Lösungsversuche der unerwünschten Selbst- und Beziehungskonstellationen dar. So kann z. B. die Verachtung einen nicht realisierbaren Wunsch nach Nähe regulieren, indem das eigentliche ersehnte Objekt durch die Verachtung ab- oder entwertet wird. Damit ist eine kurzfristige Regulation möglich, da Nähe zu einem entwerteten Objekt nicht wünschenswert ist.

6.5.3 Das interaktive Involvement als Indikator von Beziehungsregulationsstörungen

Weiter oben wurde bereits besprochen, dass sich gesunde m-m Dyaden und w-w Dyaden durch das Auftreten verschiedener Lächelformen in Phasen hohen

6.5 Emotionen in der klinischen Psychologie

interaktiven Involvements voneinander unterscheiden lassen. Auch für die Gruppen mit Patienten lässt sich zeigen, dass das beidseitige Anblicken und die zugehörigen emotionalen Signale gute Indikatoren der emotionalen Qualität der Beziehung sind. Die Partner der weiblichen Colitispatienten und die der männlichen Patienten mit funktionellen Wirbelsäulenbeschwerden zeigen während des beidseitigen Anblickens überzufällig häufig „echte Freude". Dieses Muster gibt die unterstützende Funktion wieder, die die gesunden Probanden ihren erkrankten Gesprächspartnern gegenüber einnehmen.

Dass die Dyaden mit Colitispatientinnen nicht gänzlich frei sind von Irritationen der Beziehungsregulation, zeigt sich in einem Anstieg des sozialen Lächelns bei Blickkontakt. Die Dyaden der Patienten mit funktionellen WS unterscheiden sich von den gesunden Dyaden allein dadurch, dass ein Unterstützungsmuster hinzukommt.

Tabelle 16: Positive und negative mimische Signale bei beidseitigem Anblicken (Blickkontakt)

Dyaden-typen	Relative Dauer beidseitigen Anblickens	Duchenne smiles/„echte Freude"	Soziales Lächeln	all smiles	anger, contempt, disgust
Männer gesund	35	35	46***	42**	17***
Frauen gesund	42	50*	46	52**	28**
CW	35				
Patient		38	46+	42	19*
Partner		55**	46+	53*	22**
WS	33				
Patient		45	50**	**48****	11**
Partner		49*	43+	49**	19**
CM	21				
Patient		35	26	**28***	3**
Partner		29	25	25+	4**
SAmb	29				
Patient		32	39+	41*	4**
Partner		37	35	34	6**

CW Colitis Dyaden mit weiblichen Probanden
WS Dyaden mit männlichen Wirbelsäulenpatienten
CM Colitis Dyaden mit männlichen Probanden
SAmb Dyaden mit schizophrenen Patienten in ambulanter Behandlung
Wilcoxon-Rank-Sum Tests, *** $P< =.001$, ** $P< =.01$, * $P< =.05$, + $P< =.10$ 1-tailed significance

Dieses „Unterstützungsmuster" findet man in den Dyaden mit männlichen Colitispatienten und schizophrenen Patienten nicht wieder. Das heißt aber nicht, dass hier die Patienten keine Unterstützung von den gesunden Probanden erfuhren. Vielmehr waren hier andere Verhaltensweisen indiziert, um eine situations- und störungsadäquate Unterstützung zu gewährleisten. Das läßt sich am Beispiel der schizophrenen Patienten am besten verdeutlichen. Diese Patienten ließen sich charakterisieren durch einen Konflikt zwischen dem Wunsch nach Nähe und der Angst vor einem Verlust der Selbstkohärenz durch ein Zuviel an Nähe. Der konflikthafte Umgang mit Nähe vermittelt sich auch den gesunden Probanden im Verlauf der Interaktion sehr schnell, z. B. dadurch, dass der Blickkontakt abgebrochen wird oder das Zeigen von Freude durch eine Verachtungsmimik des Schizophrenen beantwortet wird. Es handelt sich dabei um seltene Ereignisse, die keine Auswirkung auf die statischen Auszählungen der Häufigkeiten einzelner Affekte bei beidseitigem Anblicken haben. Diese seltenen Ereignisse führen aber in Form eines „1 trial learning" dazu, dass der gesunde Proband sehr schnell lernt, dass seine positiven Signale bei der Gegenseite aus welchen Gründen auch immer nicht als solche ankommen. Der gesunde Proband vermeidet dann das, was der kranke Interaktionspartner wünscht, aber auch fürchtet. Das „Unterstützungsmuster", wie es oben gefunden wurde, wird dadurch gleichsam vergiftet, da es genau im Kern des Konflikts des Patienten liegt. Der Rückgang dieses Musters ist demnach eine einfühlsame Reaktion der gesunden Laien auf das Beziehungsangebot des Patienten. Der Begriff „einfühlsam" könnte zu der fälschlichen Interpretation führen, dass diese Prozesse auch von den Interaktionsteilnehmern reflektiert werden. Das ist allerdings nicht der Fall, wie die mit den Probanden durchgeführten Nachinterviews bestätigten. Weder war den gesunden Probanden aufgefallen, dass es sich um einen psychisch Kranken handelte, noch gaben sie an, dass sie ihr Verhalten besonders auf den Partner eingestellt hätten. Es wurde lediglich gelegentlich von Gefühlen wie Angst und Unsicherheit berichtet, die allerdings alle mit der ungewohnten Situation in Verbindung gebracht wurden.

Der Wegfall des „Unterstützungsmusters" in den letzten beiden Dyadentypen bleibt jedoch nicht ohne Konsequenz für die emotionale Qualität der Beziehung, da ein wichtiges Mittel zur Signalisierung positiver Beziehungswünsche („echte Freude" bei Blickkontakt) ausfällt. Daraus erklärt sich unter anderem auch, dass die negativen Affekte bei beidseitigem Anblicken in diesen Gruppen fast gar nicht gezeigt werden. Das Zeigen negativer Affekte bei Blickkontakt unterliegt wie oben bereits erwähnt nämlich der Gefahr, dass der negative Affekt als emotionale Reaktion auf den Interaktionspartner missdeutet wird. Es ist nur möglich, wenn der sprachliche Kontext, in dem der negative Affekt auftritt, so deutlich ist, dass dieses Missverständnis ausgeschlossen werden kann und die emotionale Qualität der Beziehung durch vorhergehendes Signalisieren eines positiven Beziehungswunsches gestärkt wurde.

Synchrone Duchenne-Smiles können ebenfalls als Indikatoren hohen positiven Involvements verwendet werden. Von synchronen Duchenne-Smiles spricht man, wenn Interaktionspartner gleichzeitig „echte Freude" in der Mi-

6.5 Emotionen in der klinischen Psychologie

mik zeigen. Alltagssituationen lassen sich am besten von klinischen Situationen unterscheiden durch die Häufigkeit des Auftretens der synchronen Duchenne-Smiles (Merten, 2001).

6.5.4 Strukturelle Aspekte der Persönlichkeit und die Qualität der Selbst- und Beziehungsregulation

Einige Patientengruppen lassen sich durch ein *Reduktionsphänomen* im mimischen Ausdruck von Emotionen charakterisieren, das einhergeht mit einer Einschränkung des affektiven Repertoires zugunsten eines einzigen negativen Affekts *(Leitaffekt)* und zu Lasten des Freudeausdrucks *(Anhedoniephänomen)*. Während das Reduktionsphänomen vorwiegend bei sehr schweren psychischen Erkrankungen wie paranoider Schizophrenie auftrat, ist der Rückgang an Freudeausdruck ein störungsübergreifender Indikator (psychischer) Erkrankung. Das Hervortreten eines bestimmten Leitaffekts kann verstanden werden als Lösungsversuch eines in einer Situation auftretenden Beziehungskonflikts. Für den Leitaffekt Verachtung schizophrener Patienten wurde das in Merten (1996a, b) genauer beschrieben. Dort wird von einem Konflikt zwischen dem Wunsch nach Nähe und der Angst vor der Defragmentation durch ein Zuviel an Nähe ausgegangen. Die Implementation dieses Konfliktes kann durch die Analyse des verbalen, paraverbalen und nonverbalen Verhaltens in der Beziehung zu gesunden Interaktionspartnern beobachtbar und erfassbar gemacht werden. Ein weiteres in mehreren Patientengruppen auftretendes Phänomen weist auf die Funktion des Leitaffekts hin. Da das Ausmaß des Leitaffekts mit dem Ausmaß der Aktualisierung des Beziehungskonflikts variiert, ist auch davon auszugehen, dass das emotionale Erleben um so negativer ist, je ausgeprägter der Leitaffekt gezeigt wird. In der Tat weist der Leitaffekt in mehreren Gruppen einen solchen Bezug zum emotionalen Erleben auf. In Merten (1997a, b) wird dies für schizophrene Patienten und Patienten mit schweren psychosomatischen Störungen (Colitis Ulcerosa) beschrieben. In einer neueren Arbeit (Merten und Brunnhuber, 2003) wurde gezeigt, dass dieses Phänomen auch in psychodynamischen Interviews mit Patientinnen mit somatoformen Schmerzstörungen auftritt. Ihr mimischer Ausdruck ist zwar gegenüber den Kontrollinterviews mit gesunden Probandinnen nicht als Ganzes reduziert, sie zeigen aber eindeutig weniger Freude, mehr negative Affekte und fast überwiegend einen negativen Leitaffekt (Verachtung). Der Leitaffekt Verachtung weist auch Zusammenhänge zum Erleben von Freude, Angst und Scham auf. Je ausgeprägter der Leitaffekt mimisch gezeigt wird, desto negativer ist das emotionale Erleben, das Freudeerleben ist reduziert und die Patientinnen berichten, mehr Angst und Scham erlebt zu haben. Insbesondere die Zusammenhänge zur Angst und Scham weisen auf die Aktivierung selbstbezogener Konflikte im Verlauf des Interviews hin, die sich sowohl in der Mimik in Form des Leitaffekts als auch im Erleben zeigen.

Dass die Analyse von Beziehungsmustern sich nicht auf eine Person, den Patienten, beschränken darf, wird durch das so genannte *Anpassungsphäno-*

men empirisch belegt. In allen untersuchten Gesprächssituationen passten sich die gesunden Interaktionspartner den Patienten an. Dies geschah in einem solchen Ausmaß, dass sie oft größere Unterschiede zu gesunden Kontrollgruppen aufwiesen, als es die Patienten taten (Krause, 1998).

Beziehungsregulation und die Implementation maladaptiver Beziehungsmuster muss also in Form eines dyadischen Modells konzeptualisiert werden, das mentale Repräsentationen, Wünsche und Konflikte beider Personen umfasst, die bewusst, vorbewusst oder unbewusst sein können. Diese aktualisieren sich in entsprechendem Beziehungsverhalten und bestimmen die emotionale Qualität derselben. Es handelt sich hierbei nicht um ein statisches Geschehen, sondern die Beziehungsmuster werden „kreativ" an die gerade gegebenen Umstände einer Interaktion angepasst. Sie zeichnen sich durch ein hohes Assimilationspotenzial aus, das allerdings so stark ausgeprägt ist, dass es mit zum maladaptiven Charakter dieser nur schwer zu akkomodierenden Schemata beiträgt. Die interaktive Seite dieser Schemata ist besonders ausgeprägt. Manche Patienten, aber auch gesunde Menschen entwickeln einen geradezu unwiderstehlichen Sog, in den ihre Sozialpartner hineingezogen werden und sich schlussendlich gemäß den „befürchteten" Beziehungsmustern der Patienten verhalten. Dieser Sog ist umso stärker, je mehr konfliktive Anteile des gesunden Interaktionsteilnehmers, sei es Laie oder Therapeut, zum maladaptiven Muster des Patienten passen. Wenn man z. B. jemanden ärgerlich werden lassen möchte, gelingt das umso besser, je genauer man weiß, was wichtige Grundsätze oder Ziele einer Person sind. Wenn man diese dann regelmäßig verletzt, kann mit hoher Wahrscheinlichkeit davon ausgegangen werden, das der andere ärgerlich wird oder man verachtet wird. Das heißt, je „empathischer" der Patient ist, desto größer ist die Gefahr, dass auch ein erfahrener Therapeut in den Sog des Beziehungsmusters gerät.

6.5.5 Die emotionale Qualität der therapeutischen Beziehung

Die emotionale Qualität therapeutischer Beziehungen erleichtert oder ermöglicht nicht nur das Wirksamwerden therapeutischer Interventionen, sie kann sogar selbst als wichtiger Wirkfaktor angesehen werden. Eine interessante, aber leider immer noch unbefriedigend beantwortete Frage ist die nach der „guten" psychotherapeutischen Beziehung. Zunächst muss das Attribut „gut" definiert oder wenigstens operationalisiert werden. Diese Frage wird in der empirischen Forschung meist im Hinblick auf die erreichten Ziele beantwortet (Orlinsky et al., 1994). Eine therapeutische Beziehung wird dann als gut bezeichnet, wenn sie das Wirksamwerden spezifischer Behandlungsmethoden ermöglicht. Die therapeutische Beziehung wird in dieser Definition als allgemeiner Wirkfaktor angesehen. Spezifische Änderungen des Patienten werden den darauf aufbauenden einzelnen therapieschulenspezifischen Interventionen zugeschrieben. Die gute therapeutische Beziehung wird als notwendige Bedingung für das Wirksamwerden spezifischer Interventionen angesehen.

Man kann jedoch die therapeutische Beziehung selbst als spezifischen Wirkfaktor konzeptualisieren. Dann kommt dem, was sich in der Beziehung zwischen Patient und Therapeut tatsächlich abspielt, eine weit größere Bedeutung zu, als die der notwendigen Voraussetzung für die Wirksamkeit anderer Interventionen. Das Beziehungsgeschehen selbst wird demnach als zentraler Faktor der Veränderungsprozesse angesehen (Weiss und Sampson, 1986). Aufbauend auf dieser Annahme könnte eine Technik der Beziehungsgestaltung entwickelt werden, die Informationen über den Patienten und den Therapeuten – z. B. deren Beziehungswünsche – sowie die zwischen ihnen ablaufenden Interaktionen integriert. Die Realisierung einer solchen Technik der Beziehungsgestaltung erfordert allerdings mehr Wissen über Qualitäten und interpersonale Dynamiken von Beziehungen und therapeutischen Beziehungen im besonderen, als bisher vorhanden ist.

Es existieren zwar einige Ansätze, die versuchen, dieses Problem zu lösen, sie beschränken sich aber weitgehend auf die ausgetauschten verbalen Informationen, ohne die durch nonverbale und paraverbale Verhaltensweisen ausgetauschten Informationen zu berücksichtigen. Weiter oben wurde bereits eine ganze Reihe von Studien der Saarbrücker Arbeitsgruppe (Krause, 1997, 1998; Merten, 2001, Merten und Krause, 2003) dargestellt, die sich mit der Beziehungsgestaltung von verschiedenen Patientengruppen beschäftigten. Im Folgenden wird dargestellt, welche emotionalen und vor allem nonverbalen Austauschprozesse in psychotherapeutischen Interaktionen stattfinden. Untersuchungen zu prototypischen affektiven Mikrosequenzen und deren Bedeutung für psychotherapeutische Behandlungen wurden auch von Bänninger-Huber (1996) durchgeführt.

6.5.5.1 Unterschiede zu Alltagsinteraktionen und Interviews

Um die Qualität der therapeutischen Beziehung zu untersuchen, kann man das mimisch-affektive Verhalten in therapeutischen Situationen mit dem in Alltagssituationen vergleichen. Man kommt zu folgenden Ergebnissen:

Bei allen Therapeutinnen und Therapeuten sowie allen weiblichen Patientinnen ist die mimische Affektivität im Vergleich zu den Kontrollgruppen hoch signifikant reduziert. Die Patientinnen zeigen nur etwa die Hälfte und die Therapeuten und Therapeutinnen nur etwa ein Drittel der Primäraffekte, die in den Kontrollgruppen codiert wurden. In Einzelfällen erreichen aber einige Patienten und ein Therapeut Primäraffekthäufigkeiten, die an diejenigen in den Kontrollgruppen heranreichen. Im Fall der Patienten wird aber dann vorwiegend der negative Affekt Ekel gezeigt.

Die Unterschiede auf der Ebene einzelner Primäraffekte sind in Tabelle 17 für alle drei Dyadentypen zusammengefasst. Die oben beschriebene Reduktion der mimischen Gesamtaffektivität der Therapeuten gegenüber den Kontrollgruppen geht vor allem auf die Affekte Freude, Verachtung und Ekel zurück. Trotz der generellen Reduktion der mimischen Affektivität ist aber ein signifikanter Anstieg der Überraschungsmimik für die Therapeuten festzustellen.

6 Exkurse in Teil- und Anwendungsgebiete der Emotionspsychologie

Die mimische Affektivität der Patienten ist vor allem im Bereich der Freude, des Ekels und der Trauer reduziert, während sie deutliche Aktivitätssteigerungen bei den Affekten Ärger sowie Angst und Überraschung zeigen.

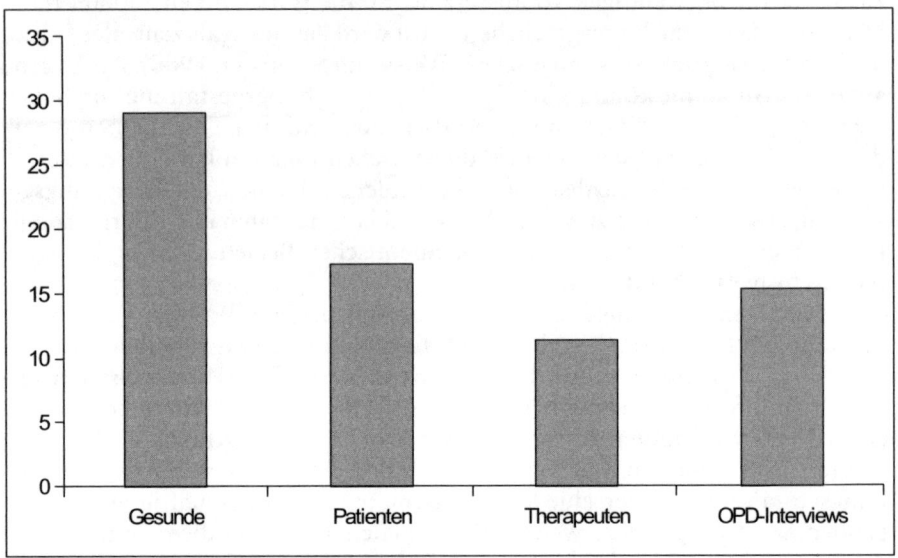

Mimische Affektivität pro zehn Minuten

Abbildung 16: Mimische Affektivität von Patienten, Therapeuten im Vergleich mit gesunden Probanden in einer „Alltagssituation" und Interviewer und Patientinnen in einem OPD-Interview

Ein Ergebnis, das unabhängig vom Geschlecht der Interaktionspartner die psychotherapeutischen Dyadentypen charakterisiert, ist die Reduktion der echten Freude – und mit einer Einschränkung – die Zunahme von Überraschung. Auffallend ist, dass mit der Reduktion der echten Freude, die einen positiven Beziehungswunsch signalisiert, auch die negativen distanzregulierenden Affekte *Verachtung* und *Ekel* reduziert sind. Die Reduktion der mimischen Affektivität geht also auf eine Reduktion der Affekte zurück, die zur Regulation von Nähe und Distanz dienen. Dazu konsistent ist auch die Reduktion des Affektes *Trauer* in einigen Gruppen. Die Zunahme von *Ekel* in den beiden Therapien mit männlichen Patienten geht vor allem auf einen der beiden Patienten zurück, der über den gesamten Verlauf der Therapie mit Ausnahme einer Stunde *Ekel* als häufigsten Affekt zeigt.

Ein über die drei Patientengruppen konsistenter Anstieg ist in der Ärgermimik zu verzeichnen.

Auch die männlichen Therapeuten mit weiblichen Patientinnen zeigen relativ zur gesamten mimischen Affektivität mehr Ärger als die Probanden der Kontrollgruppe.

6.5 Emotionen in der klinischen Psychologie

Tabelle 17: Primäraffekte in Alltagssituationen und Psychotherapie

Therapeuten	Ärger	Verachtung	Ekel	Angst	Trauer	Überraschung	Freude
w-w		reduziert	reduziert		reduziert		reduziert
w-m	(erhöht)	reduziert	reduziert			erhöht	reduziert
m-m		reduziert				erhöht	reduziert
Patienten							
w-w	erhöht	reduziert	reduziert	erhöht	reduziert	erhöht	reduziert
w-m	erhöht[+]	(erhöht)	reduziert	erhöht[+]	reduziert	erhöht[+]	reduziert
m-m	erhöht	reduziert	erhöht[+]	erhöht		erhöht	reduziert

Angaben in Klammern beziehen sich auf relative Häufigkeiten
Die mit [+] gekennzeichneten Unterschiede sind nur tendenziell

6.5.5.2 Aktualisierung maladaptiver Beziehungsmuster und der Therapieerfolg

Um der Frage nachzugehen, welchen Einfluss das Beziehungsverhalten auf den therapeutischen Erfolg hat, wurden sowohl das Verhalten von Patienten als auch das der Therapeuten mit dem Therapieerfolg in Beziehung gesetzt. Folgende Fragen wurden untersucht: Bestehen Zusammenhänge zwischen der mimischen Expressivität von Patienten bzw. Therapeuten und dem Therapieerfolg? Welche Beziehungsmuster findet man im unwillkürlichen mimisch-affektiven Verhalten von Patient und Therapeut bereits in der ersten Stunde der Behandlung und welchen Zusammenhang weisen diese Muster zum Therapieerfolg auf?

6.5.5.2.1 Der Leitaffekt der Patienten/Therapeuten und der therapeutische Erfolg

Fasst man den Leitaffekt als Indikator für selbst- oder beziehungsregulierende emotionale Prozesse auf, kann man vermuten, dass diese einen Zusammenhang zum therapeutischen Prozess und Erfolg aufweisen. Die Überprüfung dieser Hypothese ergab, dass weder die Valenz des Leitaffekts der Patienten noch dessen Häufigkeit signifikant mit den Erfolgseinschätzungen korrelieren.

Aus den Ergebnissen früherer Studien, die einen Anpassungseffekt der gesunden Laien an kranke Personen hinsichtlich des mimisch-affektiven Verhaltens beschreiben, und der theoretischen Überlegung, dass ein erfolgreicher psychotherapeutischer Prozess davon abhängt, wie der Therapeut auf die

Beziehungsangebote der Patienten reagiert, kann die Annahme abgeleitet werden, dass der Leitaffekt der Therapeuten einen Zusammenhang mit dem Therapieerfolg aufweisen sollte. Dieser Annahme folgend, korreliert der *Leitaffektanteil des Therapeuten* in der ersten Therapiesitzung – definiert als prozentualer Anteil des Leitaffekts an allen Primäraffekten – signifikant negativ mit dem vom Therapeuten retrospektiv eingeschätzten Behandlungserfolg (siehe Tabelle 18).

Die affektive Qualität der Mimik bleibt bei dieser Analyse unberücksichtigt. Je mehr der Therapeut selbst in der ersten Stunde einen einzigen mimischen Affekt präferiert, sei er positiv oder negativ, desto schlechter beurteilt er die Behandlung am Ende.

Tabelle 18: Therapeutenaffekte, dyadische Beziehungsmuster und der therapeutische Erfolg

Prädiktor	Therapeut	Patient	kombiniert
Leitaffektanteil$_T$	–.63		
Negative Affekte$_T$	+.81		
Anzahl dyadischer Muster	–.575$^+$	–.811*	–.750*
S$_P$ echte Freude	–.63		

Negative Affekte$_T$: Summe der negativen Affekte Ärger, Ekel, Verachtung des Therapeuten
S$_P$ echte Freude: Vom Patienten initiierte synchrone Lächelereignisse

Um die Rolle negativer Therapeutenaffekte weiter zu untersuchen, wurden die negativen Affekte Ärger, Ekel und Verachtung mit dem Therapieerfolg in Beziehung gesetzt. Alle diese Affekte signalisieren eine negative Bewertung des auslösenden Ereignisses oder Objekts zusammen mit dem Wunsch nach einer Distanzerhöhung. Diese negativen Affekte erschweren den Aufbau und die Aufrechterhaltung einer emotional positiven therapeutischen Beziehung. Setzt man eine solche aber für den therapeutischen Erfolg als notwendig voraus, sollte die Anzahl der genannten negativen Affekte mit einem schlechteren Verlauf der therapeutischen Behandlung in Beziehung stehen. Umgekehrt kann aber auch ein Fehlen negativer Affekte darauf hinweisen, dass der Therapeut kein Verständnis der affektiv problematischen Situationen der Patienten aufgebaut hat und sich z. B. ausschließlich freundlich, aber auch wenig affektiv involviert zeigt. Ein teilweises Eingehen auf die Beziehungsangebote der Patienten, das sich auch in negativen Affekten äußern sollte, wurde in der Einleitung bereits als eine möglicherweise notwendige Voraussetzung für ein vertieftes Verständnis der Beziehungsmuster des Patienten diskutiert.

Die Berechnung der Korrelationen zwischen der Summe der distanzerhöhenden Affekte ergibt einen Zusammenhang, der für die beiden letztgenannten Alternativen spricht. Es besteht eine signifikante *positive* Korrelation zwischen den distanzerhöhenden Affekten des Therapeuten und seiner Erfolgseinschätzung *(r=.81, p=.003, N = 10).*

6.5.5.2.2 Maladaptive Beziehungsmuster und der Therapieerfolg

Oben wurde bereits beschrieben, dass maladaptive Beziehungsmuster für die Entstehung und Aufrechterhaltung psychischer Störungen eine wichtige Rolle spielen. Es stellt sich die Frage, wie ihre Aktualisierung in der therapeutischen Beziehung sich auf den Therapieerfolg auswirkt. Um diese Muster auf empirischem Weg zu finden und inferenzstatistisch gegen zufällig auftretende Verhaltensweisen abzugrenzen, wurde ein Mustererkennungsalgorithmus von Magnusson (1996) verwendet. In der Tat lassen sich im unwillkürlichen mimischen Verhalten von Patient und Therapeut eine Vielzahl von überzufällig häufig auftretenden Mustern beobachten, zu denen sowohl der Patient als auch der Therapeut beitragen. Diese dyadischen Muster, die in der ersten Stunde auftreten, ermöglichen bereits eine Vorhersage des Therapieerfolgs, wie er am Ende der Behandlung erhoben wurde (Tabelle 18). Je mehr dyadische Muster in der ersten Stunde auftraten, desto geringer wurde der Therapieerfolg sowohl vom Therapeuten wie vom Patienten eingestuft. Es bleibt zu bemerken, dass diese Muster bis auf wenige Ausnahmen in keiner Weise bewusst kontrolliert werden können, noch unterliegen sie einer bewussten Wahrnehmung. In diesen Mustern bilden sich patienten- und therapiespezifische emotionale, konfliktive Prozesse ab, die auch für den weiteren Verlauf der Behandlung von großer Wichtigkeit sind. Die weiterführenden einzelfallspezifischen Analysen dieser Beziehungsmuster im Therapieverlauf sind bei Merten (2001) beschrieben.

Eines dieser Muster tritt jedoch als generelles Muster in fast allen Therapien – und auch in allen Alltagsinteraktionen – auf. Es ist ein Muster aus einem gleichzeitig auftretenden echten Freudeausdruck von Patient und Therapeut, ein synchroner Freudeausdruck. Aber auch diese positiven Muster, die im Allgemeinen als Indikator für eine positive Beziehung angesehen werden können, verlieren ihren verstärkenden Charakter, wenn sie im Übermaß auftreten. Dies zeigt sich in der Korrelation zwischen der Häufigkeit des synchronen Freudeausdrucks mit dem vom Therapeuten eingeschätzten Therapieerfolg. Überschreiten die vom Patienten initiierten synchronen Lächelmuster eine bestimmte Schwelle, behindern sie therapeutische Prozesse stärker, als sie sie fördern. Betrachtet man die Einzelfälle, kann man aufzeigen, dass sich in ihnen Widerstände gegen die Bearbeitung konfliktiver Themen ausdrücken (Merten, 2001).

Literatur

Adolphs, R., Damasio, H., Tranel, D., Cooper, G., and Damasio, A. (2000). A role of somatosensory cortices in the visual recognition of emotions as revealed by three-dimensional lesion mapping. *Journal of Neuroscience.* 20: 2683–2690.

Adolphs, R., Tranel, D., Damasio, H. & Damasio, A. (1994). Impaired recognition of emotion in facial expressions following bilateral damage to the human amygdala. *Nature,* 372, 669–672.

Allen, J. G. and Haccoun, D. M. (1976). Sex differences in emotionality: A multidimensional approach. *Human Relations,* 29, 711–722.

Allport, F. H. (1924). *Social psychology.* Boston.

Andersen, P. A. (1985). Nonverbal immediacy in interpersonal communication. In A. Siegman W. und S. Feldstein (Hg.), *Multichannel Intregrations of Nonverbal Behavior* (pp. 1–36). New Jersey: Hillsdale.

Andrew, R.J. (1965). The origins of facial expressions. Scientific American, 2143, 88–94.

Anstadt, T., Merten, J., Ullrich, B., Krause, R. (1997). Affective dyadic behavior, core conflictual relationship themes and treatment outcome. *Psychotherapy Research, 7 (3).*

Argyle, M. und Dean, J. (1965). Eye contact, distance and affiliation. *Sociometry,* 289–304.

Argyle, M. (1985). *Körpersprache und Kommunikation.* (3. Aufl.). Paderborn: Jungferman Verlag.

Arnold, M. (1960). *Emotion and Personality.* New York: Columbia University Press.

Asch, S. E. (1952). *Social psychology.* New Jersey.

Averill, J.R. (1980). The emotions. In Staub, E. (Ed.), Personalità: *Basic aspects and current research.* 134–199. Englewood Cliffs, NJ: Prentice-Hall

Averill, J.R., Catlin, G. und Chon, K.K. (1990). The rules of hope. New York: Springer Verlag.

Ax, A.F. (1953). The physiological differentiation between fear and anger in humans. *Psychomatice Medicine,* 15, 433–442.

Bandura, A. (1978). The self system in reciprocal determinism. *American Psychologist,* 33, 244–358.

Bänninger-Huber, E. und Rauber-Kaiser, S. (1989). Die Differenzierung verschiedener Lächeltypen: FACS-Codierung und Einschätzungen [Eine Untersuchung zur Eindrucksbildung]. *Schweizerische Zeitschrift für Psychologie,* 48, 21–34.

Bänninger-Huber, E. (1996). *Mimik – Uebertragung – Interaktion.* Die Untersuchung affektiver Prozesse in der Psychotherapie. Facial expression, transference, interaction. The investigation of affective processes in psychotherapy.

Bard, P. (1928). A diencephalic mechanism for the expression of rage with special reference to the sympathetic nervous system. *American Journal of Physiology*, 84, 490–513.
Barrett, K.C., & Nelson-Goens, C. (1997). Emotion communication and the development of social emotions. In K.C. Barrett (Ed.), New Directions for Child Development, No. 77: *The communication of emotion*: Current research from diverse perspectives (pp. 69–88). San Francisco: Jossey-Bass.
Benedict, R. (1946). *The crysanthemum and the sword: Patterns of Japanese culture*. Boston: Houghton Mifflin.
Bermond, B., Fasotti, L., Nieuwenhuyse, B. und Schuerman, J. (1991). Spinal cord lesions, peripheral feedback, and intensities of emotional feelings. *Cognition and Emotion*, 5, 201–220.
Bernieri, Frank, J. und Rosenthal, R. (1991). Interpersonal coordination: Behavior matching and interactional synchrony. In R. Feldman S., und B. Rime (Hg.), *Fundamentals of nonverbal behavior* (pp. 401–432). New York Port Chester Melbourne Syndey: Cambridge University Press.
Bernieri, F., & Rosenthal, R. (1991). Interpersonal coordination: Behavioral matching and interactional synchrony. In R.S. Feldman & B. Rime (Eds.). *Fundamentals of nonverbal behavior* (pp. 401–432). Cambridge, UK: Cambridge University Press.
Biehl, M., Matsumoto, D., Ekman, P., Hearn, V., Heider, K., Tsutomu, K., and Ton, V. (1997). Matsumoto and Ekman's Japanese and Caucasian facial expressions of emotion (JACFEE): Reliability data and cross-national differences, *Journal of Nonverbal Behavior*, 1997, 21 (1).
Bischof, N. (1985). *Das Rätsel Ödipus*. München: Piper.
Bischof, N. (1989). Emotionale Verwirrungen [Oder: Von den Schwierigkeiten im Umgang mit der Biologie]. *Psychologische Rundschau*, 40, 188–205.
Bischof, N. (1996). Untersuchungen zur Systemanalyse der Sozialen Motivation IV: Die Spielarten des Lächelns als Problem der Sollwertanpassung. *Zeitschrift für Psychologie*, 204, 1–40.
Bischof-Köhler, D. (1989). *Spiegelbild und Empathie*. Bern; Stuttgart: Huber.
Bischof-Köhler, D. (2002). *Von Natur aus anders*. Stuttgart: Kohlhammer.
Breiter, H. C., Etcoff, N. L., Whalen, P. J., Kennedy, W. A., Rauch, S. L., Buckner, R. L., Strauss, M. M., Hyman, S. E. and Rosen, B. R. (1996). Response and habituation of the human amygdala during visual processing of facial expression. Neuron 17, 875–887.
Boissy, A. (2002). Interactions between social and feeding motivations on the grazing behaviour of herbivores: Sheep more easily split into subgroups with familiar peers. *Applied Animal Behaviour Science*, 79(3), 233–245.
Boiten, F. (1996). Autonomic response patterns during voluntary facial action. *Psychophysiology*, 33, 123–131
Borod, J. und Koff, E. (1990). Lateralization of facial emotional behavior: A methodological perspective. *International Journal of Psychology*, 25, 157–177.
Briton, N. J., & Hall, J. A. (1995). Beliefs about female and male nonverbal communication. *Sex Roles: A Journal of Research*, 32, 79–91.
Broca, P. (1878). Anatomie comparée des circonvolutions cérébrales. Le grand lobe limbique et la scissure limbique dans le série des mammifères. *Revue Anthropologique*, 2, 385–498.
Buck, R. und Miller, R. E. (1972). *A measure of sensitivity to facial expression*. Paper and videotape screening presented at the conference of the Anthropological an Documentary Film Conference, Temple University, Philadelphia.

Buck, R. (1975). Nonverbal communication of affect in children. *Journal of Personality and Social Psychology*, 31, 633–653.
Buck, R. (1978). The slide viewing technique for measuring sending accuracy: A guide for application. *Catalog of Selected Documents in Psychology*, 8, 63 (Abstract).
Buck, R. (1982). Nonverbal receiving ability. In Wiemann, J.M. und Harrison, R. P. (Hg.), *Nonverbal Interaction*. Beverly Hills: Sage Publications.
Buck, R. (1984). *The communication of emotion*. New York: The Guilford Press.
Buck, R. (1985). PRIME Theory: An integrated approach to motivation and emotion. *Psychological Review*, 92, 389–413.
Buck, R. (1988). *Human Motivation and Emotion*. 2nd Edition. New York: John Wiley und Sons.
Buck, R. (1993). *Interpersonal expectations. Theory, Research, and Applications*. Press Syndicate ot the University of Cambridge.
Buck, R. (1994). Social and emotional functions in facial expression and communication: The readout hypothesis. *Biological Psychology*, 38, 95–115.
Buck, R. (1999). Typology of biological affects. *Psychological Review*, 1999, 106, 2, 301–336.
Buck, R., Miller, R. E., and Caul, W. F. (1974). Sex, personality, and physiological variables in the communication of emotion via facial expression. *Journal of Personality and Social Psychology*, 30, 587–596.
Bühler, K. (1934). *Sprachtheorie* (Neuauflage 1984). Jena: Leipzig.
Buss, D. M. (1995). Evolutionary Psychology: A new paradigm for psychological science. *Psychological Inquiry*, 6, 1–30.
Buss, D. M. (1999). *Evolutionary psychology*. The new science of mind. Boston: Allyn and Bacon. Rowohlt.
Buunk, B. P., Angleitner, A., Oubaid, V. und Buss, D. M. (1996). Sex differences in jealousy in evolutionary and cultural perspective: Test from the Netherlands, Germany, and the United States. *Psychological Science, 7*, 359–363.
Cacioppo, J. T. (1992). What is an emotion? The role of somatovisceral afference, with special emphasis on somatovisceral „illusions". In Clark, M. S. (Hg.), *Emotion and social behavior. Review of personality and social psychology*, 63–98. Newbury Park, CA: Sage.
Cacioppo, J. T., Klein, D. J., Berntson, G. G. und Hatfield, E. (1993). The psychophysiology of emotion. In Lewis, M. und Haviland, J. M. (Hg.), *handbook of emotions*, 119–142. New York: Guilford.
Camras, L. (1987). Darwin revisited: an infant's first emotional facial expressions. *Face Value*, 1 (2), 3.
Camras, L. (1992). Expressive development and basic emotions. *Cognition and Emotion*, 6, 269–283.
Camras, L. A.; Oster, Harriet; Campos, Joseph; Campos, Rosemary; Ujiie, Tatsuo; Miyake, Kazuo; Wang, Lei; Meng, Zhaolan, (1998). Production of emotional facial expressions in European American, Japanese, and Chinese infants. Developmental Psychology. Vol 34 (4), Jul (1998), 616–628.
Camras, L. A., Oster, H., Campos, J., Campos, R., Ujiie, T., Miyake, K., Wang L., Meng, Z., (1998). Production of emotional facial expressions in European American, Japanese, and Chinese infants. *Developmental Psychology*. Vol 34(4), Jul (1998), 616–628.
Cannon, W. B. (1927). The James-Lange theory of emotion: A critical examination and an alternative theory. *American Journal of* Psychology, 39, 106–124.

Cannon, W. B. (1931). Against the James-Lange and the thalamic theories of emotion. *Psychological Review,* 38, 281–295.
Cappella, J. N. & Greene, J. O. (1982). A discrepancy-arousal explanation of mutual influence in expressive behavior for adult and infant-adult interaction. *Communication Monographs,* 49, 89–114.
Cherulnik, P. D. (1979). Sex differences in the expression of emotion in a structured social encounter. *Sex Roles,* A Journal of Research, 5, 413–424.
Chevalier-Sknolikoff, S. (1973). Facial expression of emotion in nonhuman primates. In Ekman, P. (Hg.), *Darwin and Facial Expression.* New York/London: Academic Press.
Chwalisz, K., Diener, E. und Gallagher, D. (1988). Autonomic arousal feedback and emotional experience: Evidence from the spinal cord injured. *Journal of Personality and Social Psychology,* 54, 820–828.
Clark, D. M. (1986). A cognitive approach to panic. *Behaviour Research and Therapy,* 24, 461–470.
Coats, E. J. und Feldman, R. S. (1996). Gender differences in nonverbal correlates of social status. *Personality and Social Psychology Bulletin,* 22, 1014–1022.
Coats, E. J. und Feldman, R. S. (1996). Gender differences in nonverbal correlates of social status. *Personality and Social Psychology Bulletin,* 22, 1014–1022.
Cornelius, R. R. (1996). *The science of emotion.* Research and tradition in the psychology of emotions. New Jersey: Prentice Hall.
Cosmides, L. und Tooby, J. (1994). Evolutionary psychology and the emotions. In Lewis, M. & Haviland, J.M. (Eds.), *Handbook of emotions,* 119–142. New York: Guilford.
Dalgleish, T. und Power, T. (1999). *Handbook of cognition and emotion.* Chichester, Weinheim: Wiley.
Daly, M., Wilson, M. und Weghorst, S. J. (1982). Male sexual jealousy. *Ethology and sociobiology,* 3, 11–27.
Damasio H., Grabowski T., Frank R., Galaburda A. M., Damasio A. R. (1994). The return of Phineas Gage: clues about the brain from the skull of a famous patient. *Science* 264 (5162):1102–5.
Darwin, C. (2000). *Der Ausdruck der Gemütsbewegungen bei dem Menschen und den Tieren.* Frankfurt am Main: Eichborn Verlag.
Davidson, Ekman, Saron, Senulis und Friesen, (1990).
Davidson, R. J., Ekman, P., Saron, C. D., Senulis, J. A., & Friesen, W. V. (1990). Approach-withdrawal and cerebral asymmetry: emotional expression and brain physiology. I. *Journal of Personality and Social.Psychology.,* 58, 330–341.
Davidson, R.J. (1993). Cerebral asymmetry and emotion: Conceptual and methodological conundrums. *Cognition and Emotion,* 7, 115–138.
Davidson, R.J. (1998). Affective style and affective disorders: Perspectives from affective neuroscience. *Cognition and Emotion,* 12, 307–330.
Davidson, R.J., Jackson, D.C. & Kalin, N.H. (2000). Emotion, plasticity, context and regulation: Perspectives from affective neuroscience. *Psychological Bulletin,* 126, 890–906.
Dawkins, R. (1996). *Das egoistische Gen.* Hamburg: Rowohlt.
DePaulo, BM, & Rosenthal, R. (1979). Age changes in nonverbal decoding skills: Evidence for increasing differentiation. *Merrill-Palmer Quarterly,* 25, 145–150
Edelmann, G. M. (1992). *Göttliche Luft – Vernichtendes Feuer.* München: Piper.
Efron, D. (1972). *Gesture, race and culture.* The Hague-Paris: Mouton.
Eibl-Eibesfeldt, I. (1993). *Das verbindende Erbe.* München: Heyne.

Ehrenkranz J, Bliss E & Sheard MH. Plasma testosterone correlation with aggressive behaviour and social dominance in man. *Psychosomatic Medicine,* 1974, 36, 469–474

Eibl-Eibesfeldt, I. (1995). *Die Biologie des menschlichen Verhaltens.* Grundriss der Humanethologie. München: Piper.

Ekman, P. (1972). Universals and cultural differences in facial expression of emotion. In J. R. Cole (Hg.), *Nebraska Symposium on Motivation* (pp. 207–283). Lincoln: University of Nebraska Press.

Ekman, P. (1982). *Emotion in the human face* (2nd). Cambridge: Cambridge University Press.

Ekman, P. (1984). Expression and the nature of emotion. In K. Scherer, und P. Ekman (Hg.), *Approaches to emotion.* Hillsdale, New York: Lawrence Erlbaum.

Ekman, P. (1985). *Telling Lies.* (Clues to deceit in the marketplace, marriage, and politics). New York: Norton.

Ekman, P. (1988). *Gesichtsausdruck und Gefühl.* Paderborn: Jungfermann Verlag.

Ekman, P. (1988). Lying and nonverbal behavior: Theoretical issues and new findings. *Journal of Nonverbal Behavior,* 12, 163–175.

Ekman, P. (1992). An argument for basic emotions. *Cognition and Emotion,* 6 (3/4), 2169–200.

Ekman, P. (1994). Strong evidence for Universals in Facial Expressions: A Reply to Russell's Mistaken Critique. *Psychological Bulletin,* 115 (2), 268–287.

Ekman, P., & Friesen, P. (1971). Constants across cultures in the face and emotion. *Journal of Personality and Social Psychology,* 17, 124–129

Ekman, P., & Friesen, W. V. (1974). Nonverbal behavior and psychopathology. In R. J. Friedman & M. Katz (Eds.), *The psychology of depression*: Contemporary theory and research (pp. 3–31). Washington, DC: Winston & Sons.

Ekman, P. und Davidson, R. J. (1994). *The Nature of Emotion* (Fundamental Questions). New York Oxford: Oxford University Press.

Ekman, P. und Friesen, W. (1968). Nonverbal behavior in psychotherapy research. In J. M. Shlien (Hg.), *Research in psychotherapy* (Band 3, 179–216), o. O.

Ekman, P. und Friesen, W. V. (1969). *The repertoire of nonverbal behavior.* Categories, Origins, Usage and Coding. Semiotica, 1, 49–98.

Ekman, P. und Friesen, W. V. (1975). *Unmasking the face* (A guide to recognizing emotions from facial clues). Englewood Cliffs, NJ: Prentice-Hall.

Ekman, P., Friesen, W. V. (1982). Felt, false, and miserable smiles. *Journal of Nonverbal Behavior,* Vol 6 (4), Sum 1982. 238–258.

Ekman, P. und Friesen, W. V. (1978). *Manual for the Facial Action Coding System.* Palo Alto: Consulting Psychologists Press.

Ekman, P. und Rosenberg, E. L. (Hg.) 1997. *What the face reveals: Basic and applied studies of spontaneous expression using the Facial Action Coding System (FACS).* 386–397. New York: Oxford University Press.

Ekman, P., Friesen, W. V., and Davidson, R. J. (1990). The Duchenne Smile: Emotional Expression and Brain Physiology II. *Journal of Personality and Social Psychology,* 58 (2), 342–353.

Ekman, P., Friesen, W. V. (1978). *The facial action coding system (FACS)* (A technique for the measurement of facial action). Palo Alto, CA: Consulting Psychologists Press.

Ellgring, H. und Smith, M. (1998). Affect regulation during psychosis. In Flack & Laird (Hg.). *Emotions in psychopathology.* Theory and research. New York, Oxford: Oxford University Press.

Ellgring, H. (1989). *Nonverbal communication in depression*. Cambridge: Cambridge University Press.
Ellgring, H. (1997). Nonverbal expression of psychological states in psychiatric patients. In Ekman, P. und Rosenberg, E.L. (Hg.). *What the face reveals: Basic and applied studies of spontaneous expression using the Facial Action Coding System (FACS)*. 386–397. New York: Oxford University Press.
Endres de Olivera & Krause, R. (1989b). Reagieren Kleinkinder auf affektive mimische Reize affektiv?. *Acta Pädopsychiatrica*, 52, 26–35
Endres de Olivera (1989a). *Die Ontogenese des Affektsystems*. Unveröffentlichte Dissertation, Universität des Saarlandes, Saarbrücken.
Etcoff, N. L., Ekman, P., Frank, M., Magee, J., und Torreano, L. (1992). *Detecting deception: Do aphasics have an advantage?* Paper presented at conference of ISRE, Carnegie Mellon University).
Euler, H. A. (2000). Evolutionstheoretische Ansätze. In Otto, J. H., Euler, H. A. und Mandl, H. (Hg.), *Emotionspsychologie. Ein Handbuch*. Weinheim: Beltz, Psychologie Verlags Union.
FACS (Ekman und Friesen, 1978).
Feldman Barret, L. (1998). Discrete emotions or dimensions? The role of valence focus and arousal focus. *Cognition and Emotion*, 12, 579–599
Feldmann Barrett, L. und Russell, J. A. (1998). Independance and bipolarity in the structure of current affect. *Journal of Personality and Social Psychology*, 74, 967–984.
Feldman Barrett, L., Robin, L., Pietromonaco, P. R., & Eyssell, K. M. (1998). Are women the \;more emotional sex?\6\6 Evidence from emotional experiences in social context. *Cognition and Emotion*, 12, 555–578.
Feldmann Barrett, L. & Russell, J.A. (1998). Independance and bipolarity in the structure of current affect. *Journal of Personality and Social Psychology*, 74, 967–984
Field, T. M. (1985). Neonatal perception of people: maturational and individual differences. In Field, T. M., Fox, N. A. (Hg.), *Social perception in infants*, 31–52. Norwood, New Jersey: Ablex Publishing.
Fischer, A. H. und Manstead, A. S. R. (2000). *The relation between gender and emotion in different cultures*. In Fischer, A.H. (Hg.). Gender and emotion. Social psychological perspectives. Cambridge: University Press.
Flack und Laird (1998). *Emotions in psychopathology*. Theory and research. New York, Oxford: Oxford University Press.
Folkman, S. und Lazarus, R. S. (1985). If it changes it must be a process: Study of emotion and coping during three stages of a college examination. *Journal of Personality and Social Psychology*, 48, 150–170.
Frey, S., Hirsbrunner, H. P., Pool, J. und Daw, W. (1981). Das Berner System zur Untersuchung nonverbaler Interaktion. In P. Winkler (Hg.), *Methoden der Analyse von Face-to-Face-Situationen* 203–236. Stuttgart: Metzler.
Fridlund, A. J. (1991a). Evolution and facial action in reflex, social motive, and paralanguage. *Biological Psychology*, 32, 3–100.
Fridlund, A. J. (1991b). The sociality of solitary smiles: Effects of an implicit audience. *Journal of Personality and Social Psychology*, 60, 229–240.
Fridlund, A. J. (1994). *Human facial expression: An evolutionary view*. San Diego: Academic Press.
Friesen, W. V. und Ekman, P. (1984). *EMFACS-7: Emotional Facial Action Coding System*, Version 7. Unveröffentlicht.
Friesen, W. V. (1988). *Interpretationsprogramm EMFACS*.

Friesen, W. V. (1972). Cultural differences in facial expressions in a social situation: An experimental test of the concept of display rules. *Unpublished dissertation* ä University of California, San Francisco.

Frijda, N. und Mesquita, B. (1994). The social rules and functions of emotions. In Kitayama, S. und Markus, H. R. (Hg.). *Emotion and culture*. Washington DC: APA.

Frijda, N. H. (1986). *The emotions*. Cambridge: University Press.

Frijda, N. H. (1996). *Gesetze der Emotionen*. Psychosomatische Medizin und Psychoanalyse, 3, 205–221.

Frisch, I., Schwab, F. und Krause, R. (1995). Affektives Ausdrucksverhalten gesunder und an Colitis erkrankter männlicher und weiblicher Erwachsener. *Zeitschrift für Klinische Psychologie*, 24, 230–238.

Frisch, I. (1997). Eine Frage des Geschlechts? *Mimischer Ausdruck und Affekterleben in Gesprächen*. Saarländische Schriftenreihe zur Frauenforschung. St. Ingbert: Röhrig.

Funkenstein, D. H. (1954). The physiology of fear and anger. *Scientific American*, 192, 74–80.

Galati, D., Miceli, R., Sini, B. (2001). Judging and coding facial expression of emotions in congenitally blind children. Source: International Journal of Behavioral Development. Vol 25 (3), May (2001). Special Issue: 268–278.

Gazzaniga, M. S. (1988). Brain modularity: Towards a philosophy of conscious experience. In A. JH. Marce und E. Bisiach (Hg.), *Consciousness in contemporary science*, 218–238. Oxford: Oxford University Press.

Gelder, B., Teunisse, J. P. und Benson, P. J. (1997). Categorical perception of facial expressions: Categories and their internal structure. *Cognition and Emotion*, 11 (1), 1–23.

Geppert, U., Schmidt und Gallinowski (1997).

Glass, G. V. (1976). Primary, secondary and meta-analysis of research. *Educational Researcher*, 5: 351–379.

Goodall, J. (1986). *The chimpanzee of Gombe*. Patterns of behavior. Cambridge: Harvard University Press.

Gray, J. A. (1982). Precis of the neuropsychology of anxiety (with commentaries). *The Behavioral and Brain Science*, 5, 469–534.

Gur, Skolnick und Gur (1994).

Hall, J. A. und Briton, N. J. (1993). Gender, nonverbal behavior, and expectations. In Buck, R. (1993). *Interpersonal expectations. Theory, Research, and Applications*. Press Syndicate of the University of Cambridge.

Hall, J. A. und Harrigan, J.A. (1995). Nonverbal behavior in clinician-patient interaction. *Applied and Preventive Psychology*, 4 (21), 21–37.

Hall, J. A. (1984). *Nonverbal sex differences:* Communication accuracy and expressive style. Baltimore, MD: The John Hopkins University Press.

Hall, J. A., Carter, J. D. und Horgan, T. G. (2000). Gender differences in nonverbal communication of emotion. In Fischer, A. H. (Hg.). *Gender and emotion. Social psychological perspectives*. Cambridge: University Press.

Hamann, S. B., Stefanacci, L., Squire, L. R., Adolphs, R., Tranel, D., Damasio, H. und Damasio, A. (1996). Recognizing facial emotion [letter]. *Nature*, 379, 497.

Harré, R. (1986). *The social construction of emotion*. Oxford: Basic Blackwell.

Harrigan, J. A., Taing, K. T. (1997). Fooled by a smile: Detecting anxiety in others. *Journal of Nonverbal Behavior*, 21 (3), 203–221.

Harris, C.R. (2003). A Review of sex differences in sexual jealousy, including self-report data, psychophysiological responses, interpersonal violence, and morbid jealousy. *Personality and Social Psychology Review*, 7(2), 102–128

Heit G, Smith ME & Halgren E (1988) Neural encoding of individual words and faces by the human hippocampus and amygdala. *Nature,* 333: 773–775.

Hennig, Laschefski, Opper (1994): \;Biopsychological Changes after Bungee-Jumping: Beta-Endorphin Immunoreactivity as a Mediator of Euphoria\6\6 in *Neuropsychobiology,* 29: 28–32

Hiatt, S., Campos, J. J. und Emde, R. N. (1979). Facial patterning an infant facial expression: Happiness, surprise, and fear. *Child Development,* 50, 1020–1035.

Hjortsjö, C.-H. (1970). *Man's face and mimic language.* Malmö: Studentlitteratur.

Hochschild, A. (1983, 1990). *The managed heart.* The commercialization of human feelings. Berkely, CA: University of California Press. Deutsch 1990, Frankfurt am Main: Campus-Verlag.

Hochschild, Arlie Russell (1979) Emotion Work, Feeling Rules, and Social Structure. *American Journal of Sociology,* 85, 551–575.

Hofstede, G. (1980). Culture's consequences: International differences in work-related values. Newbury Park, CA: Sage.

Hofstede, G. (1986). Cultural differences in teaching and learning. International Journal of Intercultural Relations, 10, 301–320.

Hofstede, G. (1991). Cultures and organizations: Software of the mind. London: McGraw-Hill.

Hofstede, G. und Bond, M. H. (1988). Confucius und economic growth: New trends in culture's consequences. Organizational Dynamics, 16 (4), 4–21.

Hohmann, G.W. (1966). Some effects of spinal cord lesions on experienced emotional feelings. *Psychophysiology,* 3, 143–156.

Hooff, J. A. R. A. van (1982). Categories and sequences of behaviour: Methods of description and analysis. In Scherer, K. und Ekman, P. (Hg.), Handbook of Methods in Nonverbal Behavior Research. Cambridge/London/New York: Cambridge University Press).

Hooff, J. A. R. A. van (1972). A comparative approach to the phylogeny of laughter and smiling. In Hinde, R. A. (Hg.), *Non-verbal communication,* Cambridge: Cambridge University Press.

Hooff, J. A. R. A. van (1976). The comparison of man and higher primates. In Cranach, M. v. (Hg.). Methods of Inference from Animal to Human Behaviour. Chicago: Aldine, Den Haag/Paris: Mouton.

Hufnagel, H., Steimer-Krause, E. und Krause, R. (1991). Mimisches Verhalten und Erleben bei schizophrenen Patienten und bei Gesunden. *Zeitschrift für Klinische Psychologie,* XX, 356–370.

Hupka, R. B., Lenton, A. P., & Hutchison, K. A. (1999). Universal development of emotion categories in natural language. *Journal of Personality and Social Psychology,* 77, 247–278.

Iacono, W. G. und Lykken, D. T. (1997a). The scientific status of research on polygraph techniques: The case against polygraph tests. In D. L. Faigman, D. Kaye, M. J. Saks und J. Sanders (Hg.), Modern scientific evidence: The law and science of expert testimony 582–618. St. Paul, MN: West Publishing.

Iacono, W. G. „Forensic ‚Lie Detection': Procedures Without Scientific Basis," Journal of Forensic Psychology Practice, Vol. 1 (2001), No. 1, 75–86.

Ickes, W., Patterson, M. L., Rajecki, D. W. und Tanford, S. (1982). Behavioral and cognitive consequences of reciprocal versus compensatory responses to pre-interaction expectancies. *Social Cognition,* 160–190.

Izard, C. E. (1979). *The maximally discriminative facial movement coding system (Max).* Newark, DE: Instructional Resource Center, University of Delaware.

Izard, C. E. (1990). Facial Expressions and the Regulation of Emotions. *Journal of Personality and Social Psychology, 58*, 487–498.
Izard, C. E. (1977). *Human emotions*. New York: Plenum Press.
Izard, C. E., Dougherty, L. M. und Hembree, E. A. (1983). *A system for identifying affect expressions by holistic judgements (AFFEX)*. Newark, DE: University of Delaware, Office of Instructional Technology.
Izard, C. (1994). Innate and Universal Facial Expressions [Evidence From Develomental and Cross-Cultural Research]. *Psychological Bulletin, 115*, 288–299.
Jakobs, E., Manstead, S. R. und Fischer, A. H. (2001). Social context effects on facial activity in a negative emotional setting. *Emotion,* 1 (1), 51–69.
James, W. (1884). What is an emotion? *Mind,* 9.188–205.
James, W. (1884). What is an emotion? *Mind,* 9, 188–205
Janke, W. und Debus, G. (1977). *Die Eigenschaftswörterliste, EWL*. Hogrefe.
Kaiser, S. und Scherer, K. (1998). Models of „normal" emotions applied to facial and vocal expression in clinical disorder. In: Flack, W. und Laird, J., *Emotions in psychopathology. Theory and research*. New York, Oxford: Oxford University Press.
Kaiser, S. und Wehrle, T. (1992). Automated coding of facial behavior in human-computer interactions with FACS, *Journal of Nonverbal Behavior,* 16 (2), 67–83.
Kappas, A. (1997). The fascination with faces: are they windows to our soul? *Journal of nonverbal behavior,* 21 (3), 157–162.
Kappas, A. (2001). A Metaphor is a metaphor is a metaphor. In Scherer, K., Schorr, A. und Johnstone, T., *Appraisal processes in emotion*. Oxford: University Press.
Katkin, E. S. (1985). Blood, sweat and tears. Individual differences in autonomic self-perception. *Psychophysiology*.
Kenny, D. A. (1981). Interpersonal perception: A multivariate round-robin analysis. In Brewer, M.B. und Collins, B.E. (Hg.), *Scientific inquiry and the social sciences*. San Francisco: Jossey-Bass.
Kleinginna, P. R. jr. und Kleinginna, A. M. (1981). A categorized list of emotion definitions with suggestions for a consensual definition. *Motivation and Emotion, 5,* 345–379.
Kolb, B., Whishaw, I.Q. (1996). *Fundamentals of human neuropsychology.* 4th edition. New York: Freeman, 1996
Krause, R. und Lütolf, P. (1989). *Mimische Indikatoren von Übertragungsvorgängen – Erste Untersuchungen*. Zeitschrift für Klinische Psychologie, 18, 55–67.
Krause, R. (1981). *Sprache und Affekt*. Stuttgart: Kohlhammer.
Krause, R. (1990). Psychodynamik der Emotionsstörungen. In K. R. Scherer (Hg.). *Psychologie der Emotionen. Enzyklopädie der Psychologie*. Themenbereich C, Theorie und Forschung, Serie IV, Motivation und Emotion, Band 3, Psychologie der Emotion. Göttingen: Hogrefe, 630–705.
Krause, R. (1992). Die Zweierbeziehung als Grundlage der psychoanalytischen Therapie. *Psyche,* 588–618.
Krause, R. (1997). Allgemeine psychoanalytische Krankheitslehre. Band 1: Grundlagen. Stuttgart: Kohlhammer.
Krause, R. (1998). Allgemeine psychoanalytische Krankheitslehre. Band 2: Modelle. Stuttgart: Kohlhammer.
Krause, R., Steimer, E. und Sänger-Alt, C. und W. G. (1989). *Facial expression of schizophrenic patients and their interaction partners*. Psychiatry: Interpersonal and Biological Processes, 52, 1–12.

Krause, R., Steimer-Krause, E. und Ullrich, B. (1992). Anwendung der Affektforschung auf die psychoanalytisch psychotherapeutische Praxis. *Forum der Psychoanalyse,* 8, 238–253.

Krause, R., Steimer-Krause, E., Merten, J. und Ullrich, B. (1998). Dyadic interaction regulation emotion and psychopathology. In W. Flack und J. Laird (Hg.), *Emotions and Psychopathology: Theory and Research.* Oxford: University Press, 70–80.

Kugiumutzakis, G. (1999). Genesis and development of early infant mimesis to facial and vocal models. In Nadel, J., Butterworth, G. (Hg.), *Imitation in infancy.* New York, NY, US: Cambridge University Press.

Labott, S. M., Martin, R. B., Eason, P. S. und Berkey, E. Y. (1991). Social reactions to the expression of emotion. *Cognition and Emotion,* 5, 397–417.

LaFrance, M., & Banaji, M. R. (1992). Toward a reconsideration of the gender-emotion relationship. In M. S. Clark (Ed.), Emotion and social behavior. *Review of Personality and Social Psychology* (Vol. 14, pp. 178–201). Newbury Park, CA: Sage Publications.

Laird, J. (1974). Self-attribution of emotion: The effects of expressive behavior on the quality of emotional experience. *Journal of Personality and Social Psychology,* 29, 475–486.

Laird, J. (1984). The real role of facial response in the experience of emotion: A reply to Tourangeau and Ellsworth, and others. *Journal of Personality and Social Psychology,* 47, 909–917.

Lange, C. G. (1885). *Om Sindsbevoegelser: Et psykofysiologiske Studie.* Kopenhagen: Kronar (deutsch 1887: Ueber Gemüthsbewegungen. Leipzig: Theodor Thomas).

Lange, C.G. (1885). The emotions. A psychophysiological study. In: C.G. Lange & W.James, *The emotions,* 33–90. Baltimore: Williams and Wilkins.

Larsen, R. J., Ksimatis, M. und Frey, K. (1992). Facilitating the furrowed brow: An unobtrusive test of the facial feedback hypothesis applied to unpleasant affect. *Cognition and Emotion, 6, 321–338).*

Lavater's Physiognomik (herausgegeben von Moreau, 1807).

Lazarus, R. S. und Alfert, R. (1964). Short-circuiting of threat by experimentally altering cognitive appraisal. *Journal of Abnormal and Social Psychology,* 69, 195–205.

Lazarus, R. S. (1991). *Emotion and adaptation.* New York: Oxford University Press.

Lazarus, R. S. (1999). The cognition-emotion debate: a bit of history. In Scherer, K.; Schorr, A. und Johnstone, T. (Hg.), *Appraisal processes in emotion.* Oxford: University Press.

LeDoux, J. E. (1996). *The Emotional Brain.* New York: Simon und Schuster.

Levenson et al. (1990). Voluntary facial action generates emotion specific autonomic nervous system activity. *Psychophysiology,* Band 27, 1990, 363 – 384,.

Levenson, R. W., Ekman, P., Heider, K. (1992). Emotion and autonomic nervous system activity in the Minangkabau of West Sumatra. *Journal of Personality und Social Psychology,* Vol 62(6), Jun 1992. 972–988.

Levenson, R. W., Ekman, P. (2002). Difficulty does not account for emotion-specific heart rate changes in the directed facial action task. *Psychophysiology,* Vol 39(3), May 2002. 397–405.

Leventhal, H. und Scherer, K. R. (1987). The relationship of emotion to cognition: A functional approach to a semantic controversy. *Cognition and Emotion,* 1, 3–28.

Levy, R. J. (1984). Emotion, knowing and culture. In Shweder, R. A. und Levine, R. A. (Hg.), *Culture theory: Essays on mind, self, and emotion,* Cambridge: Cambrdige University Press.

Lewis, M., Alessandri, S. M. und Sullivan, M. W. (1990) Violation of expectancy, loss of control and anger expressions in young infants. *Developmental Psychology*, 26 (5), 745–751.
Lutz, C. A. (1988). *Unnatural emotions: Everyday sentiments on a Micronesian atoll and their challenge to Western theory.* Chicago: University Press
Lutz, Catherine A (1988). *Unnatural Emotions*: Everyday Sentiments on a Micronesian Atoll and Their Challenge to Western Theory. xii, 274 p.
Lykken, D. T. (1974). Psychology and the lie detection industry. *American Psychologist*, 29, 725–739.
Lykken, D. T. (1979). The detection of deception. *Psychological Bulletin*, 86, 47–53.
Lykken, D. T. (1981). A Tremor in the Blood: Uses and Abuses of the Lie Detector. New York: McGraw-Hill.
Lyons, W. (1999). The philosophy of cognition and emotion. In Dalgleish, T. und Power, T. (Hg.). *Handbook of cognition and emotion*. Chichester, Weinheim: Wiley.
MacDowell, K.A. und Mandler, G. (1989). Construction of emotion: Discrepancy, arousal, and mood. *Motivation and Emotion*, 13, 105–124.
MacLean (1957). *The triune brain in evolution*. New York: Plenum.
Magnusson, M. S. (1996). Hidden Real-Time Patterns in Intra- and Inter-Individual Behavior: Description and Detection. *European Journal of Psychological Assessment*, Vol. 12, Issue 2, 112–123.
Malatesta, C. Z. (1985). Development course of emotion expression in the human infant. In G. Zivin (Hg.), *The development of expressive behavior-biology-environment interactions*, 183–219, New York: Academic Press.
Mandler, G. (1975). *Mind and emotion*. New York: Wiley.
Mandler, G., Mandler, J. M. und Uviller, E. T. (1958). Autonomic feedback: the perception of autonomic acitivity. *Journal of Abnormal and Social Psychology*, 56, 367–373.
Margraf, J. (1989). *Panik*. Angstanfälle und ihre Behandlung. Berlin; Heidelberg: Springer.
Markus, H. R. und Kitayama, S. (1994). The cultural construction of self and emotion.: Implications for social behavior. In Kitayama, S. und Markus, H. R. (Hg.). *Emotion and culture*. Washington DC: APA).
Marshall, G., und Zimbardo, P. G. (1979). The affective consequence of inadequately explained physiological arousal. *Journal of Personality and Social Psychology*, 37, 970–988.
Mascolo, M. F., Griffin, S. (Hg.) 1998. *What develops in human development*. New York, London: Plenum Press.
Maslach, C. (1979). Negative emotional biasing of unexplained arousal. *Journal of Personality and Social Psychology*, 37, 953–969.
Matsumoto, D. (1990). Cultural similarities and differences in display rules. *Motivation and Emotion*, 14, 195–214.
Matsumoto, D., LeRoux, J., Wilson-Cohn, C. (2000). A new test to measure emotion recognition ability: Matsumoto and Ekman's Japanese and Caucasian Brief Affect Recognition Test (JACBART). *Journal of Nonverbal Behavior*, Vol 24 (3), Fal 2 . 179–209.
Mayer, J. D., & Salovey, P. (1993). The intelligence of emotional intelligence. *Intelligence*, 17(4), 433–442.
Mayer, J.D., Caruso, D.; & Salovey, P. (1999). Emotional intelligence meets traditional standards for an intelligence. *Intelligence*, 27, 267–298

McCaul K, Gladue B & Joppa M. 1992 Winning, loosing, mood, and testosterone. *Hormones and Behavior*, 26, 486–505

McDougall, W. (1908 1960). *An introduction to social psychology* (31nd ed.). London: Methuen. (Original erschienen 1908, deutsch: Grundlagen einer Sozialpsychologie. Jena: Gustav Fischer, 1928).

Mehrabian, A. (1972). *Nonverbal Communication.* Chicago: Aldine-Athertone.

Meltzoff, A.BN. (1985). The roots of social and cognitive development: models of man\9s original nature. In :T.M. Field & N.A. Fox (eds), *Social perception in infants,* 1–30, Norwood, New Jersey: Ablex Publishing Corporation.

Merten, J. & Brunnhuber, S. Facial expression and experience of emotions in psychodynamic interviews with patients suffering from a pain disorder. Indicators of disorders in self- and relationship-regulation in the involuntary facial expression of emotions. *Psychopathology.* Submitted for publication

Merten, J. & Krause, R. (2003). What makes good therapists fail? In: Philippot, P.; Coats, E.J. & Feldman, R.S. (Eds.) *Nonverbal behavior in clinical settings.* Oxford University Press

Merten, J. und Krause, R. (1993). *DAS (Differentielle Affekt Skala).* Institutsarbeit der Fachrichtung Psychologie. Fachbereich Sozial- und Umweltwissenschaften der Universität des Saarlandes, Saarbrücken.

Merten, J. (1988). *Kinetisches Verhalten von Schizophrenen und ihren Gesprächspartnern.* Unveröffentlichte Diplomarbeit, Fachrichtung Psychologie, Universität des Saarlands, Saarbrücken.

Merten, J. (1996a). *Affekte und die Regulation nonverbalen, interaktiven Verhaltens.* Strukturelle Aspekte mimisch-affektiven Verhaltens und die Integration von Affekten in Regulationsmodelle. Bern: Peter Lang.

Merten, J. (1996b). Regulation von Nähe und Distanz in dyadischen Interaktionen mit schizophrenen Patienten. *Gruppenpsychotherapie und Gruppendynamik,* 3, 256–273.

Merten, J. (1997a). Facial-affective behavior, mutual gaze and emotional experience in dyadic interactions. *Journal of Nonverbal Behavior,* 21 (3), 179–201.

Merten, J. (1997b). Wem gelten negative mimische Affekte?. In Posner, R.; Noll, T. und Schmauser, C. (Hrsg), *Körperbewegungen und ihre Bedeutung.*

Merten, J. (2001). *Beziehungsregulation in Psychotherapien.* Maladaptive Beziehungsmuster und der therapeutische Prozess. Stuttgart: Kohlhammer.

Merten, J. (2002a). Decoding facial expressions of basic emotions. A World Wide Web study. *In preparation.* (URL: emotions.psychologie.uni-sb.de/kultur).

Merten, J. (2002b). Context-analysis of facial-affective behavior in clinical populations. In Katsikitis, M. (Hg.) The Human Face: Measurement and Meaning. Kluwer, 131–147.

Merten, J., Ullrich, B., Anstadt, T., Krause, R. und Buchheim, P. (1996). Emotional experiencing and facial expression in the psychotherapeutic-process and its relation to treatment outcome. A pilot-study. *Psychotherapy Research,* 6 (3).

Mesquita, B. und Ellsworth, P. C. (2001). The role of culture in appraisal. In Scherer, K., Schorr, A. und Johnstone, T., *Appraisal processes in emotion.* Oxford: University Press.

Mesquita, B., Frijda, N. H. und Scherer, K. R. (1997). Culture and emotion. In J. E. Berry, P. B. Dasen, und T. S. Saraswathi (Hg.), *Handbook of cross-cultural psychology:* Vol. 2. Basic processes and developmental psychology 255–297. Boston: Allyn und Bacon.

Meyer, W. U., Schützwohl, A. und Reisenzein, R. (1997). *Einführung in die Emotionspsychologie*. Evolutionspsychologische Emotionstheorien. Bern: Huber.
Meyer, W. U., Schützwohl, A. und Reisenzein, R. (2001). *Einführung in die Emotionspsychologie*. Die Emotionstheorien von Watson, James und Schachter. – 2., überarb. Aufl.
Mezzacappa, E. S., Katkin, E. S., & S. N. (1999). Epinephrine, arousal, and emotion: A new look at two-factor theory. *Cognition and Emotion,* 13, 181–199.
Miyake, K., Campos, J., Kagan, J. und Bradshaw, D. L. (1986). Issues in socioemotional development. In Stevenson, H., Azuma, H. und Hakuta, K. (Hg.). *Child development and education in Japan*. New York: Freeman.
Moors, A. und Houwer, J. de (2001). Automatic appraisal of motivational valence: Motivational affective priming and Simon effects. *Cognition and Emotion,* 15 (6). 749–766.
Morris, J. S., Friston, K. J., Buchel, C., Frith, C. D., Young, A. W., Calder, A. J. and Dolan, R. J. (1998) A neuromodulatory role from the human amygdala in processing emotional facial expressions. Brain 121, 47–57.
Morris, J. S., Frith, C. D., Perrett, D. I., Rowland, D., Young, A. W., Calder, A. J., Dolan, R. J. (1996). A differential neural response in the human amygdala to tearful and happy facial expressions. *Nature,* 393, 812–815.
Moser, U., von Zeppelin, I. und Schneider, W. (1987). *A la recherche d'une theorie perdue: Ein neues psychoanalytisches Regulierungsmodell kognitiv-affektiver Prozesse*. Bericht Nr. 18 aus der Interdisziplinären Konfliktforschungsstelle, Zürich.
Musch, J. & Klauer, K.C. (2003). *The psychology of evaluation affective processes in cognition and emotion*. New Jersey: Lawrence Erlbaum
Myslobodsky, M. S., (Hg.) 1997. The Mythomanias – The Nature of Deception and Self-Deception. New York: Lawrence Erlbaum Associates Inc., aus www.
Oatley, K. und Jenkins, J. M. (1996). *Understanding emotions*. Blackwell publishers.
Oatley, K., & Johnson-Laird, P.N. (1987). Towards a cognitive theory of emotions. *Cognition and Emotion,* 1, 29–50
Öhman, A. (1993). Fear and anxiety as emotional phenomena: Clinical phenomenology, evolutionary perspectives, and information processing mechanisms. In M. Lewis & J. M. Haviland (Eds.) *Handbook of emotions*. New York: Guilford
Olds, J. und Milner, P. (1954). Positive reinforcement produced by electrical stimulation of septal area and other regions of rat brain. *Journal of Comparative and Physiological Psychology,* 47, 419–427.
Olweus, D. (1980). Familial and temperamental determinants of aggressive behavior in adolescent boys: A causal analysis. *Developmental Psychology,* 16, 644–660.
Orlinsky, D. E., Grawe, K. und Parks, B. K. (1994). Process and outcome in psychotherapy – noch einmal. In: Bergin A. E. *Handbook of psychotherapy and behavior change*. New York: Wiley.
Ortony, A. und Turner, T., J. (1990). What's basic about basic emotions?. *Psychological Review,* 97, 315–331.
Osgood, C. E. (1980). *Lectures on language performance*. New York :Springer.
O'Sullivan, Ekman, P. und Friesen, W. (1988). The effect of comparisons on detecting deceit. *Journal of Nonverbal Behavior,* 12, 203.
Oster, H. & Rosenstein, D. (1993). *Baby FACS*: Analyzing facial movement in infants.
Otto, J. H., Euler, H. A. und Mandl, H. (2000). Begriffsbestimmungen. In Otto, J. H., Euler, H. A. und Mandl, H. (Hg.), *Emotionspsychologie. Ein Handbuch*. Weinheim: Beltz, Psychologie Verlags Union.

Panksepp, J. (1982). Toward a general psychobiological theory of emotions. *The Behavioral and Brain Sciences*, 5, 407–467.
Panksepp, J. (1998). *Affective Neuroscience*. The foundations of human and animal emotions. New York: Oxford University Press
Papez, J. (1937). A proposed mechanism of emotion. *Archives of Neurology and Psychiatry*, 38, 725–743
Parrot, Gerrod; Hertel, Paula (1999): Research Methods in Cognition and Emotion. *Handbook of Cognition and Emotion*. Edited by T. Dalgleish, M. Power. John Wiley & Sons Ltd.
Patterson, M., L. (1991). A functional approach to nonverbal exchange. In R. Feldman S. and Rime, Bernhard (Ed.), *Fundamentals of nonverbal behavior* (pp. 458–495). New York Port Chester Melbourne Syndey: Cambridge University Press.
Patterson, M. L. und Powell, J. L. (1991). Interpersonal expectancies and social anxiety in anticipating interaction. *Journal of Social and Clinical Psychology*, 10, 414–423.
Pennebaker, J. W. und Roberts, T. A. (1992). Toward a his and her theory of emotion: Gender differences in visceral perception. *Journal of Social and Clinical Psychology*, 11, 199–212.
Phillips, M.L., Young, A.W., Scott, S. K., Calder, A.J., Andrew, C., Giampetro, V., Williams, S. C.R., Bullmore, E.T., Brammer, M. and Gray, J.A. (1998). Neural responses to facial and vocal expressions of fear and disgust. Proceedings of the Royal Society: Biological Sciences, B 265, 1809–1817.
Plutchik, R. (1962). *Facts, theorys and a new model*. New York: Random House.
Plutchik, R. (1980). *Emotion. A psychoevolutionary synthesis*. New York: Harper und Row.
Power, M. und Dalgleish, T. (1997). *Cognition and Emotion* (From Order to Disorder). Cambridge, UK: Psychology Press.
Raskin, D. C. (1978). Scientific assessment of the accuracy of detection of deception. Psychophysiology, 15, 143–147.
Raskin, D. C. (1982). The scientific basis of polygraph techniques and their uses in the judicial process. In A. Trankell (Hg.), Reconstructing the Past: The Role of Psychologists in the Criminal Trial. Stockholm, Sweden: Norsted und Soners.
Redican, W. (1975). Facial expressions in nonhuman primates. In Rosenblum, L. A. (Hg.), *Primate Behavior*, Vol. 4, London: Academic Press.
Roberts, R.D., Zeidner, M., and Matthews, G. (2001). Does Emotional Intelligence Meet Traditional Standards for an Intelligence? Emotion, 1(3), 196–231
Rosenthal, A., Hall, J. A., DiMatteo, M. R., Rogers, P. L. und Archer, D. (1979). *Sensitivity to nonverbal communication. The Pons-Test*. Baltimore: John Hopkins Press.
Rosenthal, R. und Rubin, D. B. (1978). Interpersonal expectancy effects: The first 345 studies. *The Behavioral and Brain Sciences*, 3, 377–386.
Rosenthal, R. 1995. Writing meta-analytical reviews. *Psychological Bulletin*, 118: 183–192.
Roth, G. (1997). *Das Gehirn und seine Wirklichkeit*. Kognitive Neurobiologie und ihre philosophischen Konsequenzen. Frankfurt am Main: Suhrkamp.
Rubinow, David R.; Schmidt, Peter J. (1996). Androgens, brain, and behavior. *American Journal of Psychiatry*, Vol. 153(8), Aug 1996. pp. 974–984.
Rummer, R. und Engelkamp, J.(2000) Sprache und Emotion. In Otto, J.H., Euler, H.A. und Mandl, H. (Hg.), *Emotionspsychologie. Ein Handbuch*. Weinheim: Beltz, Psychologie Verlags Union.

Literatur

Russell, J. A. (1994). Is there universal recognition of emotion from facial expression? A review of the cross-cultural studies. *Psychological Bulletin*, 115, 102–141.

Sabatelli, R., Buck, R. and Dreyer, A. (1982). Nonverbal communication accuracy in married couples: Relationships with marital complaints. *Journal of Personality and Social Psychology*, 43, 1088–1097.

Sackeim, H. A., Greenberg, M. S., Weiman, A. L., Gur, R. C., Hungerbuhler, J. P. und Geschwind, N. (1982). Hemispheric asymmetry in the expression of positive and negative emotions: Neurological evidence. *Archives in Neurology*, 39, 210–218.

Saß, H., Wittchen, H. U. und Zaudig, M. (1996). *Diagnostisches und statistisches Manual Psychsicher Störungen. DSM-IV. Göttingen:* Hogrefe.

Schachter, S. und Singer, J. C. (1962). Cognitive, social and physiological determinants of emotional state. *Psychological Review*, 379–399.

Scherer, K. R. und Wallbott, H. (1990). Ausdruck von Emotionen. In K. Scherer (Hg.), *Enzyklopädie der Psychologie. Psychologie der Emotion* (Band 3, 345–422). Göttingen, Toronto, Zürich: Hogrefe.

Scherer, K. R. (1984). On the nature and function of emotion: A component process approach. In K. R. Scherer und P. Ekman (Hg.), Approaches to emotion, 293–317. Hillsdale, NJ: Erlbaum.

Scherer, K. R. (1997). Profiles of emotion-antecedent appraisal: testing theoretical predictions across cultures. *Cognition and Emotion*, 11, 113–150.

Scherer, K. R. (2001). Appraisal considered as a process of multilevel sequential chekking. In Scherer, K., Schorr, A., Johnstone, T. (2001). *Appraisal process in emotion.* Oxford University Press.

Scherer, K. R. und Wallbott, H. (1977). *Nonverbale Kommunikation.* Weinheim: Beltz.

Scherer, K. R.(1979). Entwicklung der Emotionen. In Hetzer, H., Todt, J., Zieiffe-Krenke, und Arbinger, J. (Hg.), *Angewandte Entwicklungspsychologie des Kindes- und Jugendalters*, Heidelberg: Quelle und Meyer.

Scherer, K. R. und Wallbott, H. G. (1994). Evidence for universality and cultural variation of differential emotion response patterning. *Journal of Personality and Social Psychology*, 66, 310–328.

Scherer, K. R., Banse, R. und Wallbott, H. G. (2001). Emotion inferences from vocal expression correlate across languages and cultures. *Journal of Cross-Cultural Psychology*, 32(1), 76–92.

Schiff, B. B. und Lamon, M. (1994). Inducing emotion by unilateral contraction of hand muscles. *Cortex*, 30, 247–254.

Schlosberg, H. (1954). Three dimensions of emotion, *Psychological Review*, 61 (2), 81–88.

Schmidt-Atzert, L. (2000). Struktur der Emotionen. In Otto, J. H., Euler, H. A. und Mandl, H. (Hg.), *Emotionspsychologie. Ein Handbuch.* Weinheim: Beltz, Psychologie Verlags Union.

Schneider K,& Dittrich W (1989). Functions and evolution of emotions (Germ.). in: K.Scherer (ed.) *Enzyklopaedie der Psychologie*, Bd. C/IV/3 (pp. 41–115). Goettingen:Hogrefe

Schönpflug, W. (2000). Geschichte der Emotionskonzepte. Otto, J. H., Euler, H. A. und Mandl, H. (Hg.), *Emotionspsychologie. Ein Handbuch.* Weinheim: Beltz, Psychologie Verlags Union.

Schulkin, Jay (Ed); 1993. *Hormonally induced changes in mind and brain.* Academic Press

Schwarz, N. (2000): Emotion, cognition, and decision making. In: *Cognition and Emotion,* 14 (4), 425–440. Psychology Press Ltd, East Sussex.

Schwartz, G. (1977). *Biofeedback*. New York: Academic Press.
Scott, J.P. (1958). *Animal behavior*. Chicago: University of Chicago Press.
Sergent, J., Otha, S., MacDonald, B., Zuck, E. (1994) Segregated processing of facial identity and emotion in the human brain: A PET study. In: Object and Face Recognition: A Special Issue of Visual Cognition, Vol 1, No. 2/3, Vicki Bruce and G.Humphreys, eds Hove: Erlbaum, 349–369.
Shapiro und Penrod (1986).
Shields, S. A. (1984). Reports of bodily change in anxiety, sadness and anger. *Motivation and Emotion*, 8, 1–21.
Shaver, P. R., Wu, S. und Schwartz, J. C. (1992). Cross-cultural similarities and differences in emotion and its representation: A prototype approach. In: Clark, M. S. (Hg.), *Emotion*, Newbury Park, CA: Sage.
Smith, C. A. und Lazarus, R. S. (1993). Appraisal components, core relational themes, and the emotions. *Cognition and Emotion*, 7, 233–268.
Smith, C.A. (1989). Managing emotions in medical school: Students\9 contacts with the living and the dead. *Social Psychology Quarterly*, 52, 56–69.
Soussignan, R. (2002). Duchene smile, emotional experience, and autonomic reacitivity: A test of the facial feedback hypothesis. *Emotion*, 2 (1), 52–74.
Spasojevic, J. und Alloy, L. B. (2001). Rumination as a common mechanism relating depressive risk factors to depression. *Emotion*, 1 (1), 25–37.
Speismann, J. C., Lazarzus, R. S., Mordkoff, A. und Davison, L. (1964). Experimental reduction of stress based on ego-defense theory. *Journal of Abnormal and Social Psychology*, 68, 367–380.
Steimer-Krause, E., Krause, R. und Wagner, G. (1990). Prozesse der Interaktionsregulierung bei schizophrenen und psychosomatisch erkrankten Patienten – Studien zum mimischen Verhalten in dyadischen Interaktionen. *Zeitschrift für Klinische Psychologie*, 19, 32–49.
Steimer-Krause, E. (1996). *Übertragung, Affekt und Beziehung*. Theorie und Analyse nonverbaler Interaktionen schizophrener Patienten. Bern: Peter Lang.
Stemmler (1996). Psychophysiologie der Emotionen. *Zeitschrift für Psychosomatische Medizin und Psychoanalyse*, 3, 235–260.
Stemmler, G. (1992). The vagueness of specificity: Models of peripheral physiological emotion specificity in emotion theories and their experimental discriminability. *Journal of Psychophysiology*, 6, 17–28.
Stemmler, G. (1998). Emotionen. In F. Rösler (Hg.), *Enzyklopädie der Psychologie*. Ergebnisse und Anwendungen der Psychophysiologie (Vol. C, I, 5, 95–163). Göttingen: Hogrefe Verlag für Psychologie.
Stemmler, G. (2001). Grundlagen psychophysiologischer Methodik. In F. Rösler (Hg.), Grundlagen und Methoden der Psychophysiologie. *Enzyklopädie der Psychologie*, Band 4, Serie I, Themenbereich C (1–84). Göttingen: Hogrefe.
Stemmler, G., Heldmann, M., Pauls, C. A. und Scherer, T. (2001). Constraints for emotion specificity in fear and anger: The context counts. *Psychophysiology*, 38, 275–291.
Stern, D. (1992). *Die Lebenserfahrung des Säuglings*. Stuttgart: Klett-Cotta Design.
Strack, F., Martin, L. L. und Stepper, S. (1988). Inhibiting and facilitating conditions of the human smile: A nonobstrusive test of the facial feedback hypothesis. *Journal of Personality and Social Psychology*, 54, 768–777.
Susman EJ, Inhoff-Germain G, Nottelmann ED, Loriaux DL, Cutler GB & Chrousos GP. 1987 Hormones, emotional dispositions, and aggressive attributes in young adolescents. *Child Development*, 58, 1114–1134

Thomas, S. P. (1989). Gender differences in anger expression: Health implications, *Research in Nursing and Health,* 12, 389–398

Tomkins, S. S. (1962, 1963). Affect, imagery, consciousness. Bd.1, New York. Ders. Bd. 2, New York).

Tooby, J., Cosmides, L. (1992). The psychological foundation of culture. In: Barkow, C. L., Tooby, J. The adapted mind. New York: Oxford University Press.

Tramitz, C. (1990). ... *auf den ersten Blick.* über die ersten dreißig Sekunden einer Begegnung von Mann und Frau. Opladen: Westdeutscher Verlag.

Traue, H. C. (1998). *Emotion und Gesundheit.* Die psychobiologische Regulation durch Hemmungen. Heidelberg Berlin: Spektrum Akademischer Verlag.

Tucker und Friedman (1993).

Tucker, D. M., Frederick, S. L. (1989). Emotion and brain lateralization. In Wagner, H. und Manstead, A. (Hg.), *Handbook of social psychophysiology,* 27–70. Chichester: Wiley

Tucker, J. S. und Riggio, R. E. (1988). The role of social skills in encoding posed and spontaneous facial expressions. *Journal of Nonverbal Behavior,* 12, 87–97.

Ulich, D., Kienbaum, J. und Volland, C. (1998). *Emotionale Schemata in der Aktual- und Ontogenese von Emotionen.* Institutsarbeit. Universität Augsburg.

Valins, S. (1966). cognitive effects of false heart-rate feedback. *Journla of Personality and Social Psychology,* 4, 400–408.

Vingerhoets, A. und Becht, M. (1996) The ISAC study: Some preliminary findings. Paper presented at the International Study on Adult Crying Symposium, Tilburg, the Netherlands.

Wagner, H. L. (1993). On measuring performance in category judgements studies of nonverbal behavior. *Journal of Nonverbal Behavior,* 17 (1), Spring, 3–28.

Wallbott, H. G. (1990). *Mimik im Kontext.* Göttingen, Toronto, Zürich: Hogrefe.

Wallbott, H.G. Scherer, K.R. (1986). How universal and specific is emotional experience? Evidence from 27 countries on five continents. *Social Science Information,* 25, 763–795

Wallbott, H.G. & Scherer, K.R. (1986). How universal and specific is emotional experience? Evidence from 27 countries on five continents. *Social Science Information,* 25, 763–795.

Weiss, J., Sampson, H. und the Mount Zion Psychotherapy Research Group (1986). *The psychoanalytic process: Theory, clinical observations and empirical research.* New York: Guilford Press.

Westermann, R., Spies, K., Stahl, G. und Hesse, F. W. (1996). Relative effectiveness and validity of mood induction precedures: A meta-analysis. European Journal of Social Psychology, 26, 557–580.

Westermann, R., Spies, K., Stahl, G. und Hesse, F. W. (1996). Relative effectiveness and validity of mood induction procedures: A meta-analysis. *European Journal of Social Psychology,* 26, 557–580.

Whalen, P. J., Rauch, S. L., Etcoff, N. L., McInerney, S. C., Lee, M. B. and Jenike, M. A. (1998). Masked presentations of emotional facial expressions modulate amygdala activity without explicit knowledge. J. Neurosci. 18, 411–418.

Wierzbicka, A. (1994). Emotion, Language, and Cultural Skripts. In S. Kitayama und Markus, H. R. (Hg.), *Emotion and Culture,* Washington DC: APS.

Winton, W. M. (1986). The role of facial response in self-reports of emotion: A critique of Laird. *Journal of Personality and Social Psychology,* 50, 808–812.

Literatur

Wundt, Wilhelm *Grundzüge der physiologischen Psychologie* (1874). Edited by Robert H. Wozniak. Distributed for the Thoemmes Press. 897 p. 1998 Series: (T-CP) Thoemmes Press – Classics in Psychology

Young, A.W., Hellawell, D.J., van de Wal, C. and Johnson, M. (1996). Facial expression processing after amygdalotomy. *Neuropsychologia,* 34, 31–39.

Zajonc, R. B. (1980). Feeling and thinking: Preferences need no inferences. *American Psychologists*, 35, 151–175.

Zajonc, R. B. (1994). Can emotions be unconscious. In Ekman, P. und Davidson, R. J. (Hg.). *The nature of emotions: fundamental questions.* 293–297. New York: Oxford University Press.

Zajonc, R. B., Murphy, S. T. und Inglehart, M. (1989). Feeling facial efference: Implications of the vascular theory of emotion. *Psychological Review*, 96, 395–416.

Zentner, M. und Scherer, K. (2000). Partikuläre und integrative Ansätze. In Otto, J. H., Euler, H. A. und Mandl, H. (Hg.), *Emotionspsychologie. Ein Handbuch.* Weinheim: Beltz, Psychologie Verlags Union.

Stichwortverzeichnis

accuracy 145
adaptive Anpassung an Umweltbedingungen 13
Adrenalin-Noradrenalin-Hypothese 78
Affekt 11
affective style 90
Aktivierungskomponent 78
Aktivität 20
Amae 130
Amygdala 90
Amygdala, direkter Weg 94
Anhedoniephänomen 173
Anpassungsphänomen 173
Ärger Typ I 40
Ärger Typ II 40
aristotelisch-stoische Sichtweise 24
Augengruß 41

BART (Brief-Affect-Recognition-Test) 147
Baby FACS 44
basic emotions bei *Ekman* 60
behavioral ecological view 38
Beziehung, Regulation 161
Beziehungsmuster 168
Brokaw-Fehler 142
Brunswiksche Linsenmodell 145

Cannon 67
CARAT (Communication of Affect Receiving Ability) 147
cold cognition 86
Control-Question-Test 142
Coping-Potenzial 117
core relatinal themes 109
court-ship behavior 31

Darwin's Prinzipien, des Gegensatzes 36
Darwin's Prinzipien, konstituionelle Erregung 36
Darwin's Prinzipien, zweckmäßig 36
Darwins Missionarsstudie 46
Dekodierungskompetenz 144
Differential Emotion Scale 18
Differentielle Affekt Skala 18
Dimension 125
Dimensionalisierung auch des Emotionswortes 22
directed facial action task 81
display rules 61, 128
distale 35
distaler Hinweisreiz 145
Duchenne Smiles 30
Durchenne de Bologne 39

Efferenzkopie 82
EMFACS 31
emotional 13
Emotion als Passsion 133
emotion-focused versus problem-focused coping 110
Emotionale Intelligenz 149
Emotionsinduktion, Effektivität von Induktionsmethoden 29
Emotionsinduktion, kognitiver Prozess 28
Emotionsinduktion, motivationale Ebene 28
Emotionsinduktion, neuronale Ebene 28
Emotionsinduktion, sensumotorische Ebene 28
Emotionsprofil 74
Empathie 11, 146

Enkodierungskompetenz 144
Entscheidungsprozess 13
environment of evolutionary adaptedness, EEA 63
equilibrium theory 162
evolutionäre psychische Mechnismen 63
evolutionsbiologische Tradition 26
expressiver Prozess 15

FACS 31
Facia – Analysis – Tool 31
Facia-Feedback-Hypothese 79
Fago 130
feeling rules 129
Flexibilisierung des Verhaltens 17
Fore-Studie 47
Frijda 57
Funktion mimisch-emotionalen Verhaltens 164

Gefühl 10
general-purpose processing system 56
Geschlecht, Kultur und Emotion 156
Geschlechterstereotyp 151
Geschlechtsspezifischer Unterschied in der Expressivität 154
Geschlechtsspezifischer Unterschied in der Expressivität, Situationsabhängigkeit 157
Gesetze der Emotion nach *Frijda* 58
Guilty-Knowledge-Test 143

Handlungsbereitschaft 14, 57
Hofstede 125
hot cognition 86
hypercognized 126
hypocognized 126

idiomotorische Reaktion 146
Ifaluk 125
Instinkt 17
Intensität 20
intrinsische hedonische Qualität 114
Involvement 162

JACBART 147
JACFEE (Japanese and Caucasian Facial Expression of Emotions) 49
James 67

Kluver-Bucy-Syndrom 92
kognitiv-motivational-relationale Theorie 106
kognitive Komponente 16
kognitiver Prozess 15
kognitives Appraisal 105
kognitives Appraisal und kulturelle Unterschiede 131
kognitives Appraisal, primär und sekundär 107
kognitives Appraisal, Reappraisal 108
Kommunikative Funktion 38
Komponent 15
Kontextprofil 74
ker 130

Lächeln 40
Lachen 40
Lange 67
Lateralisierungshypothesen 88
leakage 139
Leitaffekt 168
limbisches System 90
Lippenschmatzen 41
Lokalisation der Emotion 23
Lügen 138
Lügendetektor 142

makoto 129
maladaptives Beziehungsmuster 174
maluwelu 130
Masking smiles 140
McDougall 54
Micromomentary expressions 141
Mitgefühl 11
motivationaler Prozess 15
Multi-Factor Intelligence Scale (MEIS) 150
multi-level processing models 104

neurokulturelle Theorie der Basisemotion 59
neurophysiologischer Prozess 15

Opioide 99
optischer Agnosie 92
Organismische Funktion 38
Othello-Fehler 141

199

Papez-Schleife 91
Phineas Gage 87
physiologischer Spezifität emotionalen Verhaltens 71
pleasure center 91
Plutchik 54
PONS (Profile of Nonverbal Sensitivity) 147
Potenz 20
präfrontaler Kortex 96
primary affect 17
PRIME primary motivational-emotional system 17
PRIMES 56
proximales Perzept 145
proximate 35
psychische Störung und Emotion 120

rational 13
read-out 17, 56
Reduktionsphänomen 173
Reflex 17
round-robin-Design 149

SAME (Somtovisceral Afference Model of Emotion) 84
Schachter, S. 75
Schizophrenie 169
Schlosberg 19
Selektionsvorteil von Emotionen 38
Singer, J.E. 75
slide-viewing 147
song 129
sozial-konstruktivistische Theorie 132
special-purpose processing system 56
split-brain-Patient 88

Stimme, Grundfrequenz 52
Stimme, Perturbation 52
Stimme, Spektrum 52
Stimmung 11
Stimulus-Evaluation-Check 112
Stress 106

Täuschen 138
Testosteron 101
Tradition der Emotionspsychologie 25
transitory social role 133
Trieb 17
triune brain 91

Universalitätshypothese des mimischen Ausdrucks 46
unnatural emotion 128

Valenz 20
Variablenvalidität 73
Verhaltenssystem von *Gray*, Annäherungssystem (behavioral approach system) 83
Verhaltenssystem von *Gray*, Kampf-Flucht-System FFS 83
Verhaltenssystem von *Gray*, Stopp- oder Verhaltenshemmungssystem (behavioral inhibition system) 83
Verhaltenstendenz 13
Verheimlichen 138

Wundt 19
WWW-Studie 50

Zirbeldrüse 23